中國學術思想 研究輯刊

二九編

林慶彰 主編

第5冊

六朝仙道身體觀與修行理論探討（上）

張億平 著

花木蘭文化事業有限公司

國家圖書館出版品預行編目資料

六朝仙道身體觀與修行理論探討（上）／張億平 著 — 初版 —
新北市：花木蘭文化事業有限公司，2019〔民 108〕
目 4+184 面；19×26 公分
（中國學術思想研究輯刊 二九編；第 5 冊）
ISBN 978-986-485-707-4（精裝）
1. 道教修練 2. 魏晉南北朝

030.8   108001204

中國學術思想研究輯刊
二九編 第 五 冊   ISBN：978-986-485-707-4

六朝仙道身體觀與修行理論探討（上）

作　　者　張億平
主　　編　林慶彰
總 編 輯　杜潔祥
副總編輯　楊嘉樂
編　　輯　許郁翎、王 筑 美術編輯 陳逸婷
出　　版　花木蘭文化事業有限公司
發 行 人　高小娟
聯絡地址　235 新北市中和區中安街七二號十三樓
　　　　　電話：02-2923-1455／傳真：02-2923-1452
網　　址　http://www.huamulan.tw 信箱 hml 810518@gmail.com
印　　刷　普羅文化出版廣告事業
封面設計　劉開工作室
初　　版　2019 年 3 月
全書字數　293011 字
定　　價　二九編 15 冊（精裝）新台幣 28,000 元

六朝仙道身體觀與修行理論探討（上）

張億平　著

作者簡介

張億平，新竹人，一九七七年生，國立臺灣大學中國文學系研究所博士。深愛中國傳統文化，雅好詩詞、志怪小說，對中國思想尤爲傾心，潛究佛學、老莊。冀能養性修命、明心見性作爲志業，以此終老，乃人生至福也。碩士論文爲魏晉南北朝民間信仰研究，博士論文爲六朝仙道身體觀與修行理論探討。

提　要

　　修煉成仙乃是道教中實踐的核心。六朝處於上接秦漢道家、黃老，下開唐宋內丹學之承先啓後位置，主要憑藉自力進行內在修煉，以求轉化生命性質，得道成仙，其修仙理論開道教內在修煉之肇端，可視爲該時代道教內涵的一大範疇。修仙理論以中國傳統思想爲基底，宜從神仙信仰、天道論、氣化論、天人論、工夫論等來追本溯源。至於爲何能夠修仙，本文分析生命轉化的可能性，人體如何能夠轉化，以及修練轉化之目標、方向及原理。六朝時仙道建立了獨特的身體觀，從人體發生、人體結構、精氣流行等面相，得悉身體觀實爲配合修練之藍圖。根據仙道身體觀：己身既是修煉之工具，也是修煉之對象，且是修煉之指引。本文還探討當時具有代表性的幾類修行方術，如辟穀、服食、服氣、存思、守一等，可歸納出內在修煉建立於「心與氣通、神與道通、人與天通」的根本理路上，打破了身內、身外，及個人、宇宙之界限分別。這樣的修煉理路在六朝仙道修煉法門中透顯出來，立足最爲穩固、通說最爲無礙，故六朝以下的仙道修煉理論漸以內修法門爲大宗。本研究之貢獻，即在於全面觀照又不失深入地呈顯構成六朝仙道信仰的豐富思想文化內涵。

目

次

第一章　緒　論

第一節　研究動機與研究價值

　　道教乃中國本土宗教，以中國傳統思維理路、文化內涵爲基礎，融會中國諸般養生哲理、民間信仰等，逐漸孕育發展而成。陳攖寧在〈道教起源〉中說：「商周時代的巫祝祭祀鬼神，戰國秦漢時代的方士求仙采藥，雖不能算正式道教，但後來道教卻是由這些因素演變而來。」〔註1〕大體而言，商周以來的神靈崇拜，戰國秦漢時代的方仙道，先秦兩漢諸子中的道家與黃老之學，是道教主要的淵源。道教內涵龐雜、義理繁多，欲探入精微，當先辨清方向。（南朝梁）劉勰〈滅惑論〉言：「案道家立法，厥品有三：上標老子，次述神仙，下襲張陵。」〔註2〕他站在佛教立場來批評道教，倒是扼要點出道教內容三大主軸：在哲思義理方面主要闡述道家思想，在信仰宗旨方面主要提倡修煉成仙，在宗教儀軌方面主要是符籙祈禳。雖然所言過於粗略，恰好可由此區分出幾個研究範圍。本文關注的部份，放在六朝道教中修煉成仙的理論體系。

　　道教以神仙信仰爲其宗教內涵的中心。若只是仰慕道家思想、澡雪精神，毋須特別信仰道教；若是爲了消災避禍、崇敬神靈，也不必以道教信仰爲生活之重心。會全心投入道教信仰的信眾，常是企求修煉成仙、長生延年，相

〔註1〕陳攖寧：《道教與養生・道教起源》（北京：華文出版社，1989），P.40。
〔註2〕（清）嚴可均輯：《全上古三代秦漢三國六朝文・全梁文・滅惑論》（北京：中華書局，1991）卷60，P.3309-2。

信確有神仙，以及神仙可學，願意爲了成仙，積年累月虔敬一心修煉。專重道家思想，此乃哲學；專重祈禳符籙，此乃巫術；唯有堅定的信仰與修煉，才構成道教作爲宗教所必備的精神。可知修煉成仙乃是道教中實踐的核心，既接軌道論等形上哲思，又與現實生命、生活的狀態密不可分。此所以本文選擇關注修煉成仙的道教理論體系。

在道家、道教共同論述形構的大框架下，先秦道家對道、氣、天人論、工夫論等思想上的創發，早已深受肯定，於思想史上地位舉足輕重；魏晉玄學則是首次以嚴謹的哲思詮釋道家經典，不僅發揮道家義理，且建立自己一家之說；唐宋以來，內丹學煉精化氣、煉氣化神、煉神還虛、煉虛合道的進程，以及形神相合、性命雙修的理論，是後世所謂修仙之正路，又與佛教、儒家三教共同成爲知識分子探索生命意義的主流觀點。至於六朝，乃道教同時興盛於朝廷與民間、流播於士人與庶民的時期，三洞經系在此時大體形成，修煉成仙的法門如雨後春筍般發展。但目前學界對於六朝時道教之修仙理論的學術定位尚未明朗。這樣的定位不明，實因爲研究六朝道教有一定的困難度。從道教內部來說，當時派系、經典眾多，每循著一條脈絡切入研究，將牽涉、延伸到更多脈絡，難以完整梳理；若單就某一主題探討，便可能淪入見樹不見林的狀況，全面性不足。從道教外圍而言，學者的眼光多係由自成系統之思想出發來觀照道教史，容易偏重先秦道家、魏晉玄學、唐宋內丹學等，而對於六朝道教中的龐雜牽蔓的修仙理論未遑深入，僅能略舉數例，概述帶過，甚至視六朝仙道爲從道家轉出內丹學的過渡階段，抑或是道教文化的世俗面相。然而六朝道教既然處於承先啓後之位置，當其時道經紛出大有百家爭鳴之勢，修仙理論應也頗有創發奠基，實爲該時代道教內涵的一大範疇，不容忽視。

神仙之說，先秦已有，成仙之方，多途歧出。六朝以下的道教修行者在外丹修煉、祈禳符籙之外，還逐漸組織種種憑藉自力成仙的實踐方法開宗立派，推廣流衍。凡是宗教，其義理最終都應回歸自身、內省自心，修行過程亦當觀照於內、從內起修。從唐、五代直至現代，道教的內在修煉理論與技術已成修行之主流，當代學術研究中以「內丹學」稱之。唐代之前的道教並非沒有內在修煉的理論，只是此前尚無「內丹」之名稱，雖有內修之法，還未統攝於「內丹」的名下而構建成完整、貫通的內丹修行理論。但就道教修行所承襲的傳統，與道教宗旨的發展來看，內在修煉乃是道教修行實踐的必

然趨向。本文特別著眼於內丹理論初起的六朝階段，因爲道教於此一時期大力發展起來的修煉成仙理論，可以說是道教內修體系成爲主流修仙方式之肇端。故爾六朝仙道爲本文所擬探討之主要對象。六朝以迄唐宋，以長生不死、成仙逍遙爲目標，以內在修煉爲主軸的道教修行理論及方式，本文概用「仙道」一詞——既指追求修煉成仙的道教派系，也指向修煉成仙之道。

　　六朝仙道在修煉成仙方面的理論繼承先秦以來的「踐形」傳統，努力拓展自身生命轉化的可能，一方面蒐羅先秦至漢代相關的鍛形、煉氣、養生等方術，一方面又參考虛心、守靜、存思、專一等工夫論，另外還根據自身修行的觀察與體悟，逐步建構起修仙方法的體系。六朝道教學者雖仍呼喊唯有煉成金丹才能眞正成仙，但依循先秦兩漢的養生方術，利用服食、服氣來修煉者，不乏記載；當時也已經出現上清一系提倡存思、守一以修仙的道經，非僅煉丹一途。這些修仙方法無法用簡單的觀點就分出截然清楚的類別。例如煉丹或服食、服氣等修煉方式皆蘊含著「假外以修內」的觀念，亦即採取精氣用以轉化自身；至於存思、守一之操作在現代人眼中容易歸於純然著重心念運作的內在修煉。不過，同樣是「假外以修內」，服氣與服食丹藥最大的差異在於：服氣者本身的意念具有關鍵的影響。這當中所要操縱掌控的，不是外在實質的藥物、火候，而是自己的身體，包括生理與心理的狀態。如果「以意修煉」是判定是否爲內在修煉的標準，那麼服氣自然可以納入內在修煉的一類。另一方面，若檢視存思、守一這些看似殆無疑義的內修法，就會發現，存思、守一並非完全倚仗自力，仍須在意念之中感通於天以獲得助益，即知所謂內在修煉也不是單靠自身就能成就的獨立系統。本文認爲，六朝仙道的理論雖未必全爲內丹學所襲用，但不能否定其間有思想上的承傳關係，甚至可說其中已具有內丹學的雛形。這也是本文的另一個關懷重心，期能找出六朝仙道主要修煉法門的異同特性，並證成六朝仙道的內在化趨勢。

　　六朝仙道的確是修仙理論轉出內丹學的過渡階段，不過，本文仍希望能闡明六朝仙道在道教思想與文化中的意義。該過渡階段既承接了道家、陰陽家、神仙家的學說以及修養工夫的傳統，並汲取醫家、養生方術對於生命、身體的觀點，轉化爲具有理論又可以實踐的修行體系，下啓唐宋內丹學的理路，其定位不可謂不重要。藉由對六朝仙道身體觀與修行理論的探討，本文試圖整合六朝仙道中共通的概念與邏輯，跳出派系之上，建構一套修煉成仙的理論典型。如此典型應極具參考、比較價值，能幫助道教思想史或宗教文

化史釐清六朝仙道原本模糊的面貌。此爲本文自許達成之研究目標。

　　修煉成仙或許爲仙道的議題，但議題中反映的，是人們對身體自主的嘗試、生命目標的思索、天人關係的定位；當然，也依然有生死問題的關切——顯然關切生的層面較多，怎麼才能持續生存，不只是活著，還要活得逍遙，活出生命的質感。這個切身的期求非關社會價值、社稷安寧等文明活動的大義，只在乎一己之長生，看似過於自私，卻是當時知識分子普遍的人生關懷之一。仙道是六朝文化史的一個重要面相，營構了六朝歷史中的宗教氛圍，自不待言；可仙道又不只如此而已，其追尋的議題還超過了六朝文化史，是每個具有意識的生命都會碰到、無可避免要提出的大哉問。

第二節　問題意識與論文架構

　　近年來，道教研究大爲流行，有關六朝道教之各類研究爲數頗多，或從科技史、物理、化學方面研究煉丹原理，如姜生、湯偉俠主編：《中國道教科學技術史‧漢魏兩晉卷》（2002）、《中國道教科學技術史‧南北朝隋唐五代卷》（2010）。

　　或從歷史、文化方面談當時道教與社會之關係、六朝至隋唐的道教發展史，如湯一介著：《魏晉南北朝時期的道教》（1991），游建西撰：《道家道教史略論稿》（2006）。

　　或比較佛教、道教兩方之拮抗、交流，如蕭登福著：《道教與佛教》（1995）、《道家道教影響下的佛教經籍》（2005）。

　　或綜論道教教義的諸般層面，與道教和其他方家之關係，如楊玉輝撰：《道教人學研究》（2001），李養正著：《道教概論》（2001）、《道教義理綜論》（2009），戰佳陽撰：《道家、道教與《黃帝內經》》（2004）。

　　或討論神仙信仰的淵源、內涵與意義，如張文安撰：《周秦兩漢神仙信仰研究》（2005），余平撰：《漢晉神仙信仰的現象學詮釋——對幾部早期重要道經的縱深解讀》（2006）。

　　或討論六朝道教中各派系之思想源流與修煉理論，如張超然撰：《六朝道教上清經派存思法研究》（1999），羅正孝撰：《《太平經》生命觀之研究》（2004），林永勝撰：《南朝隋唐重玄學派的工夫論》（2008），蕭登福著：《六朝道教上清派研究》（2005）、《六朝道教靈寶派研究》（2008）。

　　對於何謂內丹、內丹學的流變，近年學界亦有不少論文專著，如戈國龍：《道教內丹學探微》（2001）、《道教內丹學溯源》（2004），蔡林波撰：《神藥之殤——道教丹術轉型的文化闡釋》（2008）。還有從各個角度討論分析內丹學原理及其所反映的哲思，更是眾家各擅勝場，如盧國龍著：《道教哲學》（1998），張欽著：《道教煉養心理學引論》（1999），沈文華：《內丹生命哲學》（2006），謝建亮撰：《道教內丹學中的順逆理論闡釋》（2010）云云。

　　學界論述方興未艾，略舉數家為例而已。與六朝仙道理論相關之著作，通論者多半只從大方向切入，論其大旨，論據未能集中於六朝，故無法代表六朝仙道修煉情況；專精主題者則集中於目標材料來處理問題，較少著眼於六朝仙道修煉的整體概括。六朝修仙理論的大旨，是惡死樂生，因而利用各式各樣的修行方法，試圖使人修煉成仙、長生不死。前賢於此並無異說，但關於六朝修煉方法及理論所反映的概念與思維，包括如何修煉、為何可以如此修煉等，猶欠整合而貫通之學術討論。本文以為，撮其大要固然眉目清楚，專精研究亦洞見幽微，但介乎其間，通觀六朝道教、梳理當時仙道修煉邏輯與內部細節，以概括秦漢道教淵源，並銜接唐宋內丹學的論著，猶付之闕如。然則學界目前所呈現之六朝仙道理論有輪廓、有焦點，可是整體內容尚有開拓的空間，此即本文著力甚深且具研究意義之特色。

　　本文將運用具有代表性的主要修行理論與方術為例，嘗試解析蘊藏其中、支持仙道修煉可行可成的各種預設或信念，如修行原則、觀念前提、內在邏輯等，希望能全面觀照又不失深入地呈顯構成六朝仙道信仰的豐富思想文化內涵。

　　本文並非要討論六朝道教教派流變分合之歷史，也不打算從歷史角度討論六朝仙道如何發展到內丹學，是以本文論述中不特別區分派系，亦略去道經之史料考證。所關注者，乃仙道理論之信仰體系、修行理論中的各種相通或相近的觀點與思想，欲從較為高廣的視野看到其中的共法和共相。若放在思想史的時間軸上，向前看可以比較與陰陽家、道家、醫家觀念之異同，展現六朝仙道對傳統文化之承繼與創新；向後看可以發現六朝仙道對生命轉化、修煉成仙的理論中已具有唐宋內丹學的要素及演變趨勢。

　　本文研究材料集中於《道藏》，然而六朝道經繁多，無法一一列舉探討，必得舉其要者以為代表，如此挂一漏萬在所難免，但分析文獻時已盡量把握當時的道教發展軌跡；並且以仙道修煉的生命觀和基本原則為核心，解讀文

獻時也盡可能避免過度引申解釋，將偏頗誤判的機率降至最低。所參考《道藏》經典主要以六朝爲範圍，在撰作年代判定上，本文依蕭登福撰：《正統道藏總目提要》爲準。〔註3〕

另外，綜論六朝的道經，容易發生兩種困難，亦須小心處理。謹說明如下：

第一，六朝時候的仙道並非一人、一時、一地構造形成的統一體系，而是散於各處的道教學者、神仙家，在前後相異的年代中逐漸匯集理論與方術而形成。本文大抵從《道藏》中擷取資料，平鋪來看，以此證彼、互通有無，所呈顯的其實是潛流於當時思想文化中的仙道修煉典型，而非經過整合且有嚴密架構的某一仙道修煉體系。本文對《道藏》既不能逐一全面分析，那麼如何保證所架構的仙道修煉典型具有代表性？

典型之所以可成立，是因爲道教思想藉由民間信仰（如太平道、五斗米道）與世家士族之喜好來傳播，〔註4〕在當時可謂雷厲風行，蔚爲顯學，從而在社會上形成整體的道教氛圍。在此氛圍的籠罩下，道教乃當時上下共通的文化面相之一，彼此的言辭、概念、邏輯均有相通之意義。何況，一套言之成理、具有魅力、可供實踐的修煉成仙理論，自當流傳廣遠。反過來說，如果在年代相近的道經中一而再、再而三地看到類似的術語、觀點、甚至是修煉方法，便可以證明，這些仙道修行的理論典型應該普爲當時道教學者所採納。而這些共通中又有某些相異處，則是時人對修仙理論的不同詮釋或改良修正，正可見此典型之小異大同。

第二，本文所稱的「六朝」取其泛稱，並不嚴格劃定範圍。事實上，來自《道藏》的許多早期道教材料本身也無法完全確定其年代。若以魏晉南北朝來認定，大略上早者可追及東漢末期，晚者或已下達於初唐肇建，約四世紀至於七世紀。這麼長的年代中，道經紛出，託名而傳，大多只能約略推測撰於何世，難以考究其確切細節，是以討論中幾乎無法用繫年法來考訂或確認各種觀念或思想的因果傳承、先後環節。

〔註3〕 蕭登福撰：《正統道藏總目提要》（台北：文津出版社，2011）。以下不再特別說明。

〔註4〕 道教至於唐代，已對魏晉以來各代社會世家士族有很大影響，士大夫不僅言論演老莊之自然，教育後代安身立命，也主要是五斗米道的思想，說明道教之擴張廣泛。見游建西：《道家道教史略論稿・道家的起源》（北京：光明日報出版社，2006），P.24。

　　不過，思想的發展有其一定的現象可循，在同樣文化氛圍下，憑藉術語、理路的溝通交流，思想便在傳遞的過程中逐漸演進。後人還是可以從概念的分合、異同中找出其中演變關係。思想發展的情況，大致不出延伸、合併等原則。延伸者，由此及彼，原先只討論在某處，但隨後可能拓展至別處。故單一爲先，多支爲後。合併者，將不同觀念拼湊合論，原先僅含有單純的要素，隨後乃見有多種要素同時雜揉。故簡易爲先，繁複爲後。本文憑藉這樣的概念，仍能將仙道理論及其發展的路向與軌跡勾勒出來。

　　以下略述本文架構，提綱挈領以明條理。

　　緒論第三節乃是本文進入正式討論前的預備工作。先說明爲何人會企求神仙，修煉神仙的動機爲何，以及先秦乃至六朝對於神仙之傳說與描繪，從而建立起「神仙」此一美好的生命型態，形成神仙信仰。附帶也提到六朝時神仙信仰的一些特色。

　　第二章談先秦與漢代相關思想背景，觀察從先秦到兩漢，有何傳統文化、思維可供六朝仙道修煉作爲思想背景，甚至作爲修煉理論之前提。這在諸子思想論述中相當豐富而完整。總體言之，不脫三個方面：第一、天地萬物共同遵循之律則，本文稱爲「天道論」，其內涵爲道的認識與掌握，析之而爲陰陽原理、五行系統。第二、天地萬物生化與互滲之根源，可統歸爲「氣」。討論氣如何生化萬物、如何賦予萬物性質、如何解釋萬物之間的交流作用，本文稱爲「氣化論」。第三、知曉天地與人、萬物與人之間的關係，由此始能確定人的定位、人如何可以模仿自然、人力能做到什麼，本文稱爲「天人論」——涉及天人合一的理想，與天人相應的建立。除以上觀念背景之外，仙道藉自力修行的模式來求仙，不只具有宗教上的意義，更因爲中國傳統思想中本有以心領氣——修心以養氣、養氣以踐形的工夫論，建立性德成就的主觀實踐根據，本文稱爲「工夫論」。

　　第三章，在思想背景的基礎上，進一步探究修煉成仙、生命轉化的可能性。首先，敘述道家、醫家和道教的生命觀。道教吸收道家、醫家對生命的看法，但爲了能夠支持其仙道理論，又產生了獨到的思考面相，而這樣的生命觀正是仙道修煉理論的基底。其次，從凡人修煉成仙，其實踐會涉及生命性質的轉化。在氣化論的邏輯下，變化如何可能？人應該能照一己之意志來變化，如此才有可能進行修煉。接著要討論仙道修煉的轉化要朝向何種方向才正確？修煉轉化的原則爲何？修煉自身便是肯定心帥氣、心主身的理路；

主一虛靜以守養精氣的思維前有所承，而且也影響六朝的仙道修行理論。

仙道以成仙為目的，以修煉自身為主要方式，則一己之肉身生命必有成仙之潛力。然則對形成生命活動的身體構造須了解透徹，對身體中的精氣如何運行要能清楚掌握。看待身體的觀點與應用身體來修煉的理路會互相牽涉。故第四章擬剖析六朝仙道的身體觀：第一、論身體於胚胎發育過程之發生與形成。此關乎身體構造的主從輕重，以及逆反修煉的程序。第二、論身體作為整體系統，其體系如何建構，也略及身神信仰。第三、修煉即是形、氣、神的轉化，於是討論精氣在身體中的作用，精氣神之關係，與意志、魂魄等內涵與功能。第四、論六朝仙道所關注、涉及修煉的身體重要構造；由此番觀察可見仙道身體觀焦點的轉移。

第五章實際討論六朝仙道修煉時主要採用的方法為何，若相信這些方法能夠有效，其中會涉及什麼樣的觀念、邏輯。第一節談當時常用的幾種小術。第二節談辟穀與服食。第三節談主要的幾種服氣法。第四節談存思之各種應用。第五節談不同脈絡下守一之意義。

第六章收結前文，總結前面幾個章節的討論重點，歸納出六朝仙道身體觀與修行理論的典型與特色。

末章補充餘論，以明六朝仙道過渡至唐宋內丹學的因素：首先，交代唐宋逐漸發展起來的內丹學基本架構為何，與六朝仙道理論有何連結，以及六朝仙道轉向內丹學的可能原因。再者，六朝仙道修煉過渡至內丹學，修行方式最大的改變在於回歸道家的修養工夫，而此種反有為、反刻意修煉的省思在六朝仙道理論中已發其端，可以略窺一二。

透過以上幾個層次，本文希望能將六朝仙道理論的內容作概括扼要的探討，並且看到仙道擷取並化用陰陽五行觀念、道家、煉丹術、醫家，甚至佛教的痕跡，用來呈現當時宗教文化的重要面相，作為內丹學源流的重要參考。

總之，本文主要運用六朝時的道經、養生修煉論述等資料，匯整其中所反映的概念，然後詳細分析修煉方法中蘊含的信仰邏輯，以及背後支持修行理論的思維背景。據此梳理六朝仙道的身體觀與修行系統，為六朝仙道理論找到其內在理路；指出其中可供唐宋內丹理論發展、取用的材料與概念；並從修仙的諸般論述中找出與道家修道觀、傳統煉養方術、醫家理論之間的共通和相異之處，以顯露彼此相互交流的生命修養傳統，還有因歸趣不同而發展出的獨特觀點。透過本文研究，吾人能清晰描摹六朝仙道學術系統與修行

方式的來龍去脈、得失變通；且六朝仙道理論在學術上及宗教上的定位與價值，也可以得到準確的衡定。

第三節　修仙的動機：傳統神仙信仰

仙道以修煉成仙爲最終目標，神仙之說是仙道修煉的主要誘因：相信實有神仙，對神仙之逍遙充滿嚮往，認爲此乃生命之圓滿狀態，方會致力於求仙。本節先略述中國傳統迄於六朝的不死及神仙信仰，所摹畫仙人長生不死的性質與逍遙自在的美好狀態，於是形成神仙信仰，對照凡人在時空方面的限制和生活上的痛苦、煩惱，如此可明瞭道徒修煉神仙的動機。

存活、求生是生物的本能，世界各地民族文明初起之際，必然意識到生死，產生對死亡的恐懼。其次，隨先民智慧逐漸開展，一定會察覺生活中有諸多苦難、人之一身有種種限制，而生命終將邁向死亡。源於這些困惑，上古神話中乃有「女娃游于東海，溺而不返，故爲精衛，常銜西山之木石，以堙于東海」、「形天與帝至此爭神，帝斷其首，葬之常羊之山，乃以乳爲目，以臍爲口，操干戚以舞」等故事，以一己之意志或心願，竟能轉變生命、變形再生；或「開明東有巫彭、巫抵、巫陽、巫履、巫凡、巫相，夾窫窳之尸，皆操不死之藥以距之」憑靠外力幫助來阻擋死亡的記載；再如「夸父不量力，欲追日景，逮之于禺谷」〔註5〕之追日神話，象徵渴望留住時間，隱含對時間流逝的焦慮。

企求生命延續、抵抗時間流逝的極致，便是想像生命可以不死，《左傳·昭公二十年》已有「古而無死，其樂若何」〔註6〕之討論。這種想像之發展，導致更多民俗神話傳說之產生，像《山海經·海外南經》記載海外有不死之民族：「不死民在其東，其爲人黑色，壽，不死。」〔註7〕或不死之國度，《呂氏春秋·慎行論·求人》：「南至交阯、孫樸、續橫之國，丹粟、漆樹、沸水、漂漂、九陽之山，羽人、裸民之處，不死之鄉；西至三危之國，巫山之下，飲露、吸氣之民，積金之山，共肱、一臂、三面之鄉。」〔註8〕或讓人不死之

〔註5〕　以上，分見〈北山經〉、〈海外西經〉、〈海內西經〉、〈大荒北經〉，袁珂校注：《山海經校注》（上海：上海古籍出版社，1983），P.92、214、301、427。
〔註6〕　楊伯峻撰：《春秋左傳注·昭公二十年》（北京：中華書局，2000），P.1420。
〔註7〕　《山海經校注·海外南經》卷1，P.196。
〔註8〕　陳奇猷校注：《呂氏春秋新校釋·慎行論》（上海：上海古籍出版社，2002）

藥，如《淮南子‧覽冥訓》的神話：「羿請不死之藥於西王母，姮娥竊以奔月，悵然有喪，無以續之。何則？不知不死之藥所由生也。」〔註9〕總之，求生懼死可說是宗教與醫術發展的原始動機。上古時巫醫不分，皆同樣在處理生命與死亡的問題，亦同樣希望掌控自然之力、操縱生死。治癒傷病、延長壽命等願望的推擴延伸，即進而追求長生不死，這樣的想法先民應當早已有之。

春秋戰國時期人們對於不死的期求還止於信仰的層面，到了秦漢時期，神仙似乎已成為可追求的現實。陸賈《新語‧慎微》描述：「苦身勞形，入深山，求神仙，棄二親，捐骨肉，絕五穀，廢詩、書，背天地之寶，求不死之道。」〔註10〕後世民間流傳的仙話骨幹大抵如是。不死之道為何？若以醫者治病延命的思路，設想不死之藥的存在其實頗為自然。戰國齊威王、宣王及燕昭王，以至秦始皇、漢武帝幾次大規模地遣使往渤海中尋覓蓬萊、方丈、瀛洲三神山，求取不死之藥，可知這類說法之流行。海外求索不得，轉而自己研發，是為煉丹之起源。估計戰國末年已有煉丹術，到了漢初尊黃老，則煉丹亦盛行於王家。〔註11〕且看《史記‧孝武本紀》有名的記載：「是時而李少君亦以祠竈、穀道、卻老方見上，上尊之。」〔註12〕「穀道」可能指服食、導引，抑或指辟穀之道；「祠竈」據胡三省注《資治通鑑》云：「祠竈者，祭竈以致鬼物，化丹砂以為黃金，以為飲食器，可以延年。」〔註13〕即是一種煉丹術。若偏向巫者的思維，則「祠竈」可能是透過向神靈禱祀來求得不死，故「祠竈」也帶有祭祀神靈的部分。一言以蔽之，恐懼死亡、希冀長生，實為宗教或信仰的主要起源動機之一。馬里諾夫斯基說：

> 人類對於生命繼續的堅確信念，乃是宗教底無上賜與之一，因為有
> 了這種信念，遇到生命繼續底希望和生命消滅的恐懼彼此衝突的時
> 候，自存自保的使命選擇了較好的一端，才選擇了生命的繼續。相
> 信生命的繼續，相信不死，結果便相信了靈底存在。構成靈的實質

卷22，P.1514。

〔註9〕 劉文典撰：《淮南鴻烈集解‧覽冥訓》（北京：中華書局，1989）卷6，P.217。

〔註10〕 王利器撰：《新語校注‧慎微》（北京：中華書局，1996）卷上，P.93。

〔註11〕 關於秦漢時求仙情況的演進詳述，可參蕭登福：《先秦兩漢冥界及神仙思想探原‧第三章》（台北：文津出版社，2001），P.232-253。

〔註12〕 （漢）司馬遷撰；（南朝宋）裴駰集解；（唐）司馬貞索隱；張守節正義：《新校本史記三家注‧孝武本紀》（台北：鼎文書局，1981）卷12，P.453。

〔註13〕 （宋）司馬光編著；（元）胡三省音註：《資治通鑑‧漢紀十‧世宗孝武皇帝‧元光二年》（北京：古籍出版社，1956）卷18，P.579。

的，乃正是生的欲求的所有的豐富熱情，而不是渺渺茫茫在夢中或錯覺中所見到的東西。宗教解放了人類，使人類不投降於死亡與毀滅。〔註14〕

世界各民族莫不如是。中國也是從不死的神話逐漸形成神仙信仰，將長生不死者稱為仙（僊），如《說文解字‧人部》卷8：「僊，長生僊去。」《釋名‧釋長幼》亦言：「老而不死曰仙。仙，遷也，遷入山也。故其制字，人旁作山也。」〔註15〕道教正是直接回應人對死亡的恐懼而形成的應對體系，〔註16〕融合諸般信仰傳統而發展出崇羨長生不死、追求神仙逍遙為理想的中國宗教。

　　至於中國神仙信仰的內容，先秦至兩漢都相信仙人生有羽翼，如《楚辭‧遠遊》：「仍羽人於丹丘兮，留不死之舊鄉。」〔註17〕今傳世漢石刻，若大將軍竇武墓門畫像，或武梁祠石刻伏羲與女媧交尾圖象中，遊戲雲中之人皆生有翅翼。《意林》引仲長統《昌言》云：「得道者生六翮于臂，長毛羽于腹，飛無階之蒼天，度無窮之世俗。」〔註18〕王充《論衡‧無形篇》亦云：「圖仙人之形，體生毛，臂變為翼，行於雲，則年增矣，千歲不死。」〔註19〕可見漢人用鳥類自由飛行之狀來想像仙人，翅翼不僅飛度了空間，也象徵跨越時間。從〈遠遊〉所謂「不死」與「羽人」來看，對仙人的想像至少含有兩種層次：長生不死固為仙人信仰之特色，但長生不死之外，還可以身生毛羽而遐舉飛仙。漢代神仙信仰中的仙人生有羽翼來去自如，正表徵仙人快樂的心境，故殷芸《小說》云：「漢王瑗遇鬼物，言蔡邕作仙人，飛去飛來，甚快樂也。」〔註20〕生有羽翼只是神仙之表象，仙人的快樂逍遙才是歷代神仙信仰不衰的中心意涵。

〔註14〕馬里諾夫斯基（Bronislaw Malinowski）著；李安宅編譯：《巫術科學宗教與神話‧第三章》（上海：上海文藝出版社，1987），P.47。

〔註15〕以上，（東漢）許慎撰：《說文解字》（北京：中華書局，1963），P.167下。（東漢）劉熙撰；（清）王謨輯：《釋名‧釋長幼》（台北：大化書局，1979）卷2，P.854-2。

〔註16〕姜生、湯偉俠主編：《中國道教科學技術史‧南北朝隋唐五代卷》（北京：科學出版社，2010），P.24。

〔註17〕（宋）洪興祖撰；白化文等點校：《楚辭補注‧遠遊》（北京：中華書局，2000年）卷5，P.167。

〔註18〕《全上古三代秦漢三國六朝文‧全後漢文》卷89，P.955-2。

〔註19〕黃暉撰：《論衡校釋‧無形》（北京：中華書局，1990）卷2，P.66。

〔註20〕（南朝齊）殷芸：《小說》，收於魯迅輯：《古小說鉤沉》（香港：新藝出版社，1967），P.107。

　　言神仙之快樂，其中自然以道家的說法最爲引人。道家主張與道相合、順道自然，對於修道的境界多有描繪，尤其《莊子》書中關於神人、至人、眞人的描述，可謂多矣！〈逍遙遊〉：「藐姑射之山，有神人居焉，肌膚若冰雪，淖約若處子。不食五穀，吸風飲露。乘雲氣，御飛龍，而遊乎四海之外。」〈齊物論〉：「至人神矣！大澤焚而不能熱，河、漢沍而不能寒，疾雷破山、風振海而不能驚。若然者，乘雲氣，騎日月，而遊乎四海之外。死生無變於已，而況利害之端乎！」〈大宗師〉：「古之眞人，不知說生，不知惡死；其出不訢，其入不距；翛然而往，翛然而來而已矣。不忘其所始，不求其所終；受而喜之，忘而復之。是之謂不以心捐道，不以人助天。是之謂眞人。」〔註21〕「神人」肌膚若冰雪、不食人間食物，表示超脫一般生物的形態；「至人」身處天地變動而不受影響，是跳出生命的限制；「眞人」對生死無縈於懷、對終始無所在意，其境界越出了世間存在的範疇。這些《莊子》書中描繪的得道者，與其說是肉身不死，毋寧更近於「道」的人格呈現。

　　《漢書・藝文志・方技略》所定義的神仙家則是：「神僊者，所以保性命之眞，而游求於其外者也。聊以盪意平心，同死生之域，而無怵惕於胸中。」〔註22〕「游求於其外者」表現神仙家求取仙方的一面。盪意平心，使心中無怵惕於生死，未必就是要長生不死，但道家思想中對於合道之人延年益壽的設想又確實能往長生成仙發揮引申，如《莊子・在宥》廣成子自言：「我守其一，以處其和，故我修身千二百歲矣，吾形未嘗衰。」〈天地〉：「千歲厭世，去而上僊，乘彼白雲，至於帝鄉。」〔註23〕都描繪了長生延命、生活自在的仙人型態。後來道教有關仙人「不死」、「長生」、「逍遙」的觀念，可以說主要繼承自此，也成爲道教教義之特色。至於神仙思想中修道以「保性命之眞」的法門，在六朝仙道至唐宋內丹學的發展中逐漸醞釀、發酵，終至形成後世道教性命雙修的主要修仙理論。

　　不同階層的人們對於生命境界的理解不同，想像中的神仙面貌亦有不同。像是早期道教繼承了方士、神仙家的傳統，在《太平經》中多論神仙，然而這些出自民間的關於「仙」的說法，又與史料文獻中知識分子對「仙」

〔註21〕以上，（清）王先謙撰：《莊子集解》（北京：中華書局，1999）卷1，P.5、23；卷2，P.56。

〔註22〕（漢）班固撰；（唐）顏師古注：《新校本漢書集注・藝文志・方技略》（台北：鼎文書局，1986）卷30，P.1780。

〔註23〕以上，《莊子集解》卷3，P.94、103。

的描繪有所差異，可見神仙信仰的多元。《太平經・九天消先王災法》中就談到不同層次的生命型態。內中說宇宙間共有九種人，即無形委氣之神人、大神人、眞人、仙人、大道人、聖人、賢人、凡民、奴婢，九種人各有其天職：

> 凡事各以類相理。無形委氣之神人與元氣相似，故理元氣。大神人有形而大神，與天相似，故理天。眞人專又信，與地相似，故理地。仙人變化與四時相似，故理四時也。大道人長於占知吉凶，與五行相似，故理五行。聖人主和氣，與陰陽相似，故理陰陽。賢人治文便言，與文相似，故理文書。凡民亂憒無知，與萬物相似，故理萬物。奴婢致財，與財貨相似，富則有，貧則無，可通往來，故理財貨也。〔註24〕

天地運行乃至人事運作之所以井井有條，都靠著不同性德之「人」居中協調、贊天地之化育，這解釋了三才中何以「人」能與天地並列，對「人」之存在價值給予極高的肯定。此處的神仙代表的是《太平經》對清平世界的期望。而「人」之高低則由其成就的性德所決定。

《太平經・九天消先王災法》所說九種「人」，其境界高下似以生命型態到達的境界不同而分判。然則六朝仙道相信依據修煉轉化生命的程度，仙人也可以分別層次，或僅能長生、或羽化飛昇，葛洪《神仙傳・劉根》載韓眾仙人對劉根說：「夫仙道有昇天躡雲者，有遊行五嶽者，有食穀不死者，有尸解而仙者，要在於服藥。服藥有上下，故仙有數品也。」〔註25〕認爲所服之藥效力有高下強弱，使人身轉化的程度、所能達到的神通便不同，因此判出仙人的品級；另外，《抱朴子・論仙》引《仙經》將仙人分爲三等：「上士舉形昇虛，謂之天仙。中士遊於名山，謂之地仙。下士先死後蛻，謂之尸解仙。」〔註26〕其中的尸解仙因無法如天仙、地仙一般肉身不死，不得以肉身任意逍遙，明顯落於下乘。約出於魏晉的《老子中經》乃現存最早敘述神仙階次的道經，〈第五十四神仙〉談仙人亦分眞人、中仙、下仙：「仙人衣襆衣，生毛羽；眞人無影，衣五綵朱衣。其居無常處，東春、南夏、西秋、北冬，浮游名山，崑崙、蓬萊、大郚、九域之上，時上謁上皇。故眞人得道，八千萬歲，

〔註24〕 王明編：《太平經合校・丙部・九天消先王災法》（北京：中華書局，1985）卷42，P.88-89。

〔註25〕 （晉）葛洪撰：胡守爲校釋：《神仙傳校釋・劉根》（北京：中華書局，2010）卷8，P.300。

〔註26〕 王明撰：《抱朴子內篇校釋・論仙》（台北：里仁書局，1981）卷2，P.18。

乘珠玉雲氣之車，駕無極之馬，時乘六飛龍，佐上皇治。中仙之士，中天而上，乘雲往來，歷越海江。下仙之士，法當尸解，晦日朝會拜禮，不得懈息，當爲神使。」提到「居無常處，東春、南夏、西秋、北冬」的說法，類似〈九天消先王災法〉「仙人變化與四時相似」；「佐上皇治」還保留《太平經》對於成就仙眞後，有其輔佐天地運行之責任的期許。周秦以來至於六朝之仙傳，尸解者不在少數，但六朝道教學者又認爲修成尸解的下仙並不輕鬆，近乎神仙中的奴僕。〔註27〕這雖然鼓勵求仙者以中仙、上仙爲目標而勤修，下仙的形象卻悖離人們對仙人逍遙自在之期望。修煉成就有高有低，實屬自然，不過爲何會設想出不自由的尸解仙？現實、世俗是人類描摹超自然之基礎，仙道亦不例外，也許尸解仙反映了時人不自覺的、難以擺脫的階級觀念吧。

同樣都是修道，《老子中經·第五十四神仙》謂「道非有所異也，但有尊卑之故耳」，不過尊卑等級與性德無關，取決於修煉年歲的長短：

> 故百歲之人，黃頭髮。二百歲之人，兩權起。三百歲之人，萬物耳。
> 四百歲之人，面縱理。五百歲之人，方瞳子。六百歲之人，脅肋胼。
> 七百歲之人，骨體塡。八百歲之人，腸爲筋。九百歲之人，延耳生。
> 千歲之人，飛上天，上謁上皇太一爲仙。眞人重瞳子，故能徹視八
> 方。食芝服丹，即不老。人萬八千歲更爲童子。〔註28〕

前述仙人生毛羽、眞人無影，和此處的方瞳、重瞳、脅肋胼、更爲童子等描述，俱可見六朝仙道繼承神話與道家中對於得道之人的想像。持續修道不輟，則身體將持續轉化而異形。這些看似怪異的身體特徵，是仙人生命型態與凡人不同的表徵，也是修仙與生命轉化互爲因果的旁證；記述的方式則類似魏晉志怪中詳細說明年深日久妖怪特徵的《博物志》。如果仙人的階次只是以修煉長久的程度來分高下，卻不在乎所成就的性德如何，那麼修行要體證的「天道性命相貫通」意義就被弱化，修煉成仙與人之存在價值的關聯便顯得無謂，此所以道教作爲世間的宗教，在成仙的條件中必須加入善功圓滿，加強求仙

〔註27〕尸解仙地位低下之外，尚有其他不便，如：若欲尸解，可服用尸解方，但往往死前極度痛苦；而尸解之後也須經過經年累月之太陰鍊質，或生前須積功施惠方得南宮火鍊，才能徹底轉化肉質凡胎。關於尸解，詳參蕭登福：《六朝道教上清派研究·周秦至六朝道經及上清派道經中所見的尸解仙》（台北：文津出版社，2005）。

〔註28〕以上，《雲笈七籤·三洞經教部·老子中經》卷19，（明）張宇初、邵以正、張國祥編纂：《正統道藏·太玄部》（台北：新文豐，1985）冊37，P.319-2。

者對世間應負的責任。

　　而原本神仙表現為生命存在之性德成就，與道氣相感通，可贊天地之化育的美好想法，要是著眼於高下等級，亦會鎖死成僵化的位階而已。（南朝梁）陶弘景《真靈位業圖》即是仿照官僚體制，以朝班品位，分神仙為七級，是為玉清、上清、太極、太清、九宮、洞天、太陰。其末之太陰指的是「太陰鍊質」，乃為尸解仙而設。〔註29〕北周編纂的《無上祕要‧道人名品》以得道成仙者之視角來說明，依仙人修煉之程度，從下至上分為八個層次，比之《真靈位業圖》，增加了「得鬼官道人」的說法，為尚未煉成即死的修行者提供了一個地位。在神仙系譜中，神多指先天自然之神，出於天地未分之前或是天地間自成自化之神，為道、氣、日月星辰之神格化；仙是依法修煉、心志專一而得道的超脫世俗之人。《真靈位業圖》和《無上祕要‧道人名品》是六朝的道教首次編撰了神仙體系，將神祇與仙人放在同一系統中。隨著神話與宗教發展，東西方對於神祇莫不定出系譜──這是人類理解世界的一種方法，將事物劃分歸類以成系統。最容易比照神仙治理天地的系統，就是人自己的政治體制，此亦有其不得不然的社會背景因素。

　　「仙」除了隱含對人類生命來源於道、終能回歸於道的肯定外，更重要的是對完美生命品質與境界的想望。一旦比擬世俗朝班，分出神仙品位，意味著神仙所在的天上也如人間一般有職司、有分工、有管理。本為逍遙快樂而求仙，若修成神仙跳出世俗後，又需套上一副枷鎖，何苦來哉！是以，神仙體系的編撰雖在道教史上有著重要地位，也是道教作為宗教的正常發展，但本文認為，神仙品位的高低，對於六朝修煉求仙的理念並沒有太大影響。《抱朴子‧對俗》已言：

> 人道當食甘旨，服輕煖，通陰陽，處官秩，耳目聰明，骨節堅強，
> 顏色悅懌，老而不衰，延年久視，出處任意，寒溫風濕不能傷，鬼
> 神眾精不能犯，五兵百毒不能中，憂喜毀譽不為累，乃為貴耳。若
> 委棄妻子，獨處山澤，邈然斷絕人理，塊然與木石為鄰，不足多也。
> 昔安期先生、龍眉甯公、修羊公、陰長生，皆服金液半劑者也。其
> 止世間，或近千年，然後去耳。篤而論之，求長生者，正惜今日之
> 所欲耳，本不汲汲於昇虛，以飛騰為勝於地上也。若幸可止家而不

〔註29〕關於「太陰鍊質」，詳參蕭登福：《六朝道教上清派研究‧周秦至六朝道經及上清派道經中所見的尸解仙》，P.437-444。

死者，亦何必求於速登天乎？〔註30〕

寧可不要達到修仙的最高境界，只需要生命能轉化到無所煩惱恐懼，在地上反而可以享受人生。《抱朴子・勤求》亦云：「是以上士先營長生之事，長生定可任意。若未昇玄去世，可且地仙人間。若彭祖、老子，止人中數百歲，不失人理之懽，然後徐徐登遐，亦盛事也。」〔註31〕先求得長生，當生命不再急促，便可從容修煉直至登遐。《神仙傳・馬鳴生》也提到：「乃受太清神丹經三卷，歸入山合藥服之，不樂昇天，但服半劑，爲地仙矣。」〔註32〕仙人形象所包括的兩種內涵中，當飛昇不再表徵逍遙自在，則修仙反以長生爲主流。受魏晉士風崇尚自然、不受束縛的影響，當時的神仙傳說除了表達仙人可學，更流行神仙應當自由快活的觀念——經過修煉而得道的地仙，既長生不死又可在世上逍遙，如此更符合人生於世上的理想。說到底，這才是最相應於道家或神仙家原本對於仙人的構想。

道家並不以爲仙人乃異域殊類或是天生命定，而是人合於道所成就，因此道教繼承道家典籍中仙人境界的同時，也繼承了修道以成仙的概念。於是道教的仙道一系同樣把「仙」看作是「藉由修煉而長生不死的人」，成仙是修行者理想的生命境界，「得道成仙」就成了仙道修煉之宗旨。若粗略以東西方宗教區分，西方的宗教並不主張肉體不死，而是傾向死後未來的復活；相較於此，東方的宗教則注重養生延命，並且在祭祀、祈禱神靈之外，還發展出依靠自力、藉著可實踐的技術，企圖達到不死。如印度信仰中雖有輪迴，但亦有瑜珈修行系統。東方宗教的信仰中，唯有道教中的仙道一系特別主張不死的神仙信仰，強調煉形成仙、仙人逍遙的重要性，與幻想靈魂進入天堂、來世復活或者解脫輪迴等其他信仰均異其趣。神仙信仰跟佛教的根本差異，主要在於解脫世間痛苦的方式，〔註33〕顯示出較之世界其他宗教體系更強的

〔註30〕《抱朴子內篇校釋・對俗》卷3，P.47。

〔註31〕《抱朴子內篇校釋・勤求》卷14，P.231。

〔註32〕《神仙傳校釋・馬鳴生》卷5，P.167。

〔註33〕如（唐）般剌蜜帝譯：《大佛頂如來密因修證了義諸菩薩萬行首楞嚴經》卷8載十種仙人：「阿難！復有從人不依正覺修三摩地，別修妄念存想固形，遊於山林人不及處，有十仙種。阿難！彼諸眾生，堅固服餌而不休息，食道圓成，名地行仙；堅固草木而不休息，藥道圓成，名飛行仙；堅固金石而不休息，化道圓成，名遊行仙；堅固動止而不休息，氣精圓成，名空行仙；堅固津液而不休息，潤德圓成，名天行仙；堅固精色而不休息，吸粹圓成，名通行仙；堅固咒禁而不休息，術法圓成，名道行仙；堅固思念而不休息，思憶圓成，

現世性。仙道修煉所爲基本上是出世的，但仙道修仙的動機卻有極大的世俗企盼：不只想要擺脫生命固有的苦痛，而且還追求現實享受之持續。出世修煉是爲了快活住世，乃六朝仙道的一大特色。

　　本文認爲六朝仙道以神仙信仰爲其宗教內涵的主要面相。神仙信仰當然包括對於神仙之崇敬，不過更爲核心的，則是相信神仙可學、自身亦有機會成仙，而後者對信徒解脫生命苦痛的吸引力毋寧更爲強大。其實，崇敬神仙除了羨慕前賢、立志踵武之外，也因爲關於神仙之記述或神仙傳給世人的道經提供了信徒摸索、依循的修煉途徑和指引。是以親身實踐仙道理論乃是神仙信仰必備的成分，其中不僅包含身體可以轉化的信念，還包含對於修煉法門確有效驗的信賴。

名照行仙；堅固交遘而不休息，感應圓成，名精行仙；堅固變化而不休息，覺悟圓成，名絕行仙。阿難！是等皆於人中錬心，不循正覺，別得生理壽千萬歲，休止深山或大海島絕於人境，斯亦輪迴妄想流轉，不修三昧，報盡還來散入諸趣。」（見《大正新修大藏經》冊 19，No.0945）佛雖說十種仙人修行成就，神通廣大，但告誡阿難，固形不死乃是妄念，非佛所認可之解脫正道。

第二章　六朝仙道的思想背景

　　道教源遠流長，思想主脈可溯自先秦道家、方仙道乃至漢代煉丹、神仙傳，亦旁及神話、民間傳說、養生方術、陰陽家與醫家等，於東漢年間傳入的佛教亦間有採納。之所以來源駁雜，一方面道教作爲中國本土宗教，根植於固有文化，自然以傳統思維爲背景，在道教系統逐漸成形、高舉道教之標幟時，相關各方資訊便會匯集、整合，歸入道教名下；再一方面，則是道教中作爲主軸的道家思想本身即具有包含眾術的性格。且看司馬談〈論六家要旨〉所稱的道家：

> 道家使人精神專一，動合無形，贍足萬物。其爲術也，因陰陽之大順，采儒墨之善，撮名法之要，與時遷移，應物變化，立俗施事，無所不宜，指約而易操，事少而功多。道家無爲，又曰無不爲。其實易行，其辭難知。其術以虛無爲本，以因循爲用。無成勢，無常形，故能究萬物之情。不爲物先，不爲物後，故能爲萬物主。〔註1〕

〈論六家要旨〉所稱的「道家」頗爲廣義，包含老莊之道家，以及「黃老之學」。黃老之學的內涵，據近人研究，指的是戰國中期以來，在立說上託名黃帝與老子，學說雖有異於老、莊道家，仍以「道」爲究竟，而兼取百家之學用來治國、治性、治身的學說。丁原明嘗總結「黃老學」有幾個共同的特點：一、以「道論」爲出發點，也就是用「氣化論」或「規律論」作爲學說的根本；二、具有「虛無爲本，因循爲用」的實用特色，透過無爲、無欲、虛靜、簡約的工夫，達到國家治理、長壽養生等目的；三、對於其他百家之學皆有

〔註1〕　《新校本史記三家注・太史公自序》卷130，P.3289。

採取，「因陰陽之大順，採儒墨之善，撮名法之要」，圍繞著「道」的氛圍以解決疑難。〔註2〕就第三點來看，道家之術乃是統御諸術之術，將各家的學說納於道的系統中，以爲天下方術千變萬化卻不離其宗。〔註3〕「黃老之學」的發展，經齊國「稷下學宮」的整理發酵，到《呂氏春秋》、《淮南子》等集成臻至頂峰。西漢中期，獨尊儒術，黃老學風淡出朝廷，卻轉入民間活動，頗有影響。〔註4〕

道家納諸術於一道的態度爲後來的道教所繼承，如《道藏》中所收不僅僅是道經，只要能與道有所關連的文獻著作，皆兼而收之，包括諸子、方術、醫技等。張廣保即言道教甚重術：

> 道教以道家的根本道論爲核心，依據術道合一的原則揉合、吸收各
> 種流行於中國古代民間的方術，尤其是各種養生方術，從而發展出
> 各種具體的證道之術，此即構成道教基本內容的外丹術、內丹術、
> 符籙法術及齋醮術。道教通過對道論和方術的整合，便構成一種頗
> 爲獨特的以術證道、術道合一的獨特宗教體系。〔註5〕

道教中的仙道一系在形成的過程中，便將與生命、身體有關的觀點與養生方術都一一納入，先廣泛包羅，然後逐漸消化吸收、配置形成系統，並發展出統一的詮釋路徑。六朝正值仙道系統初具規模之際，修行方式尙多分歧，但目標方向大致成形。

道教之所謂「道」雖然形上而詮釋不一，不過可知諸宗諸派總是以「道」作爲修煉求仙的根柢，想要成仙必須循道、順道、合道；而「道」之所以能作爲依歸，在於「道」具有根源義、創生義、規範義。作爲天地萬物的根由，道可以解釋萬物起源、交流關係與變化規律。無形的「道」如何落實？中國傳統思想中，已發明關於萬物現象的發生、規律、變化之構造功能思想，如陰陽五行說、氣化論、天人關係等，闡明宇宙與人體的基本屬性和機能運作，而這些學說就構成相當實際、靈活、能多方化用、便於理解各種事物的道之

〔註2〕 參丁原明：《黃老學論綱・導言》（濟南：山東大學出版社，1997），P.4。
〔註3〕 蔡林波云：「司馬談所謂『道家之術』實際上是一種駕馭他術之『術』——它不僅不排斥他術各自的作用，而且它本身必須通過眾術的實行來體現自己的功能。」見氏撰：《神藥之殤——道教丹術轉型的文化闡釋・第一章》（成都：巴蜀書社，2008），P.61。
〔註4〕 參周紹賢：《漢代哲學》（台北：臺灣中華書局，1983），P.17-34。
〔註5〕 張廣保：《唐宋內丹道教・引言》（上海：上海文化出版社，2001），P.2-3。

內涵。另外，中國思想向來關注自身性命，在天人相應的前提下，探究人該如何鍛鍊乃至提昇自己的身心狀態，以成就自身之性德，使生命樣貌契合天道之應然。此一命題則藉由修養心氣的工夫論來提供指引。

　　本章將要討論這些爲六朝仙道修煉理論廣泛承認且應用的理論基底，以了解先秦、兩漢的傳統思想如何爲仙道修煉提供了前提與背景。

第一節　天道論

　　天道虛無縹渺，其中實情難測難知，可是人仍須盡力理解天道，方能在世上安身立命。天道最基礎的表現在於事物現象，雖然看似品類萬殊、變化萬端，其中仍當有規律可循，使世界井然有序。因此，古人試圖歸納諸多事例，從具體中擷取共通的抽象觀念，並建立運作之原則，然後便利用此套原則，以不變應萬變，將紛然雜亂的事態都納入有條不紊的系統中。中國傳統觀念中用來詮釋事物現象的理路雖多，基本上都衍自陰陽與五行，故本節談陰陽、五行，作爲天道原則之代表。

一、陰陽

　　陰、陽大約乃是中國古代觀念中最爲世人所熟知者，其外延幾可涵括諸般對立且相互關連的二元事物、屬性、態勢。劉長林在談及「中國系統思維」裡的陰陽概念時，使用兩組相反趨向的性質樣態總結陰陽兩類之屬性：「一類趨向爲明亮、活躍、向前、向上、溫熱、充實、外露、伸張、擴展、開放等；另一類趨向爲暗晦、沉靜、向後、向下、寒涼、虛空、內藏、壓縮、凝聚、閉闔等。」〔註6〕前一類屬性所指是「陽」，後一類屬性所指是「陰」，以此特質可以區分各種事物。

　　早在周代，陰陽已被用來解釋自然現象，儘管陰陽之內涵細節不甚清楚。如《左傳》中，醫和以「天有六氣，降生五味，發爲五色，徵爲五聲。淫生六疾」（〈昭公元年〉）和「則天之明，因地之性，生其六氣，用其五行。氣爲五味，發爲五色，章爲五聲。淫則昏亂，民失其性。…民有好惡、喜怒、哀樂，生于六氣」（〈昭公二十五年〉）說到六氣與疾病、情志的關係，表示天地中本有陰陽風雨晦明之六氣爲基礎，可用來解釋諸多事物以及人的心理現象

〔註6〕　參劉長林：《中國系統思維》（北京：中國社會科學出版社，1991），P.283。

爲何出現。又如魯僖公十六年春，發生五顆隕石墜於宋，以及六鶂退飛過宋都，叔興以爲：「是陰陽之事，非吉凶所在也。吉凶由人。」（〈僖公十六年〉）〔註7〕以「陰陽之事」解釋隕星掉落、六鶂退飛等罕見現象，認爲這仍是天地自然現象，無關吉凶。《國語‧周語上》記虢文公以陰陽兩氣的分布論時令：「古者，太史順時覛土，陽癉憤盈，土氣震發，農祥晨正，日月底于天廟，土乃脈發。先時九日，太史告稷曰：『自今至于初吉，陽氣俱蒸，土膏其動。弗震弗渝，脈其滿眚，穀乃不殖。』稷以告王曰：『史帥陽官以命我司事曰：「距今九日，土其俱動，王其祗祓，監農不易。」』」將整個宇宙視爲交相融貫的有機體，因此陽氣蒸動會帶來土氣震發，影響到農作物的生長，所以人也要相應有所作爲。還有，記伯陽父以陰陽之理來論天地之序、三川皆地震之原因，甚至關涉到國家興亡的預言：「周將亡矣！夫天地之氣，不失其序；若過其序，民亂之也。陽伏而不能出，陰迫而不能烝，於是有地震。今三川實震，是陽失其所而鎮陰也。陽失而在陰，川源必塞；源塞，國必亡。夫水土演而民用也。水土無所演，民乏財用，不亡何待？」〔註8〕因爲陽伏而迫陰，終使陰陽失衡而導致水土問題，將令民生大亂。《左傳》和《國語》均記錄了傳統中國早已用陰陽論理的方式來解釋自然，大略可見到陰、陽表現爲自然界中兩股對立交流的勢力。

　　陰陽不是只用來描述事物性質，所謂屬陰、屬陽也不是固定不變。對陰陽二字來歷的討論，前賢已多論之，〔註9〕從字形涵義來理解，「陰陽」與光影明暗或地形向陽背陽有關。可知陰與陽乃相對而立，不存在無陰之陽或無陽之陰：

　　　　（陰陽）「一分爲二」不當解釋成一個實體切割成兩個不相干涉的部
　　　　分，而應理解爲存有或存有物裡「內在」的兩個「相對的」、或曰「相
　　　　偶」的原理。〔註10〕

再者，根據日光照射的有無來分陰、陽，這一來源說法成立的話，陰陽二字本身還包括「時」與「位」的考量，亦即用陰陽二分事物不是絕對的、靜態

〔註7〕　以上，《春秋左傳注》，P.1222、1457-1458。
〔註8〕　以上，《國語‧周語上》（上海：上海古籍出版社，1978）卷1，P.16-17、25-26。
〔註9〕　例如梁啟超：〈陰陽五行之來歷〉，收於《古史辨》冊5（台北：藍燈文化，1987）；鄺芷人：《陰陽五行及其體系》（台北：文津出版社，1992）。
〔註10〕陳德興撰：《氣論釋物的身體哲學：陰陽、五行、精氣理論的身體形構‧第三章》（台北：五南，2009），P.97。

的截然分立，隨著外在的時之變遷，或主、客位之移轉，就會有陰陽的交替、轉換。兩種相反的事物屬性，相互對立而互相依存，在運動中消長轉移，如此考慮陰陽，便進入了辯證思想的範疇。

　　《周易》之卦爻便是由陰陽所組成，藉卦象談萬物在時空中的變化。〈說卦傳〉解釋《易》之由來：「昔者聖人之作《易》也，幽贊於神明而生著，參天兩地而倚數，觀變於陰陽而立卦。」是古人以大量的卜筮經驗歸納萬物變化的現象，貫以變化之理並加以掌握。〈繫辭上〉說「一陰一陽之謂道」，《周易》的確是以陰陽概念來演繹宇宙與人事，用象數結構描述現象的起滅、發展和變化。其中原則或可簡述如下：首先，六十四卦每一卦、每一爻都是表現陰陽，隨著初爻乃至上爻，就是陰陽隨著時間不斷消長，象徵事物現象的陰陽屬性更易，因此沒有永恆不變的陰陽、也沒有必然強勢或弱勢的陰陽。其次，陰、陽隱含的時、位考量，在《周易》中發揮極致，例如得不得位指的是陰爻或陽爻是否在適當的爻位上，是否與上下之爻有所承應，故得位者爻辭多稱為「中」、「中正」，顯示此時的陰陽態勢恰好平衡適當。復次，〈繫辭下〉云：「乾坤其易之門邪？乾，陽物也。坤，陰物也。陰陽合德，而剛柔有體，以體天地之撰，以通神明之德，以類萬物之情。」〔註11〕即知陰陽不只作為區分萬物的基本性質，也是人類用以體察天地法則的方式，人類看到陰陽合德的相反相成、配合無間，才知道天地乃是具有規律的有機整體。「一陰一陽之謂道」便含有體性相對待的陰與陽相互一來一往，在相互作用的交感中又相互攝受的意義；「道」在此指謂陰陽之間交互作用與相互攝受所依循的形上律則。〔註12〕又，〈繫辭上〉以陰陽詮釋形物之「變化」尚與人的主動性有關：

　　　　是故闔戶謂之坤，闢戶謂之乾，一闔一闢謂之變，往來不窮謂之通，見乃謂之象，形乃謂之器，制而用之謂之法，利用出入、民咸用之謂之神。〔註13〕

「闢」或象雙手推門而開，「闔」則象兩戶閂以重鎖。推開門戶，使光線射入，物因而可見其象而得形容之，此即「陽」之象，亦即「乾」之象。門戶緊閉，

〔註11〕以上，《重刊宋本十三經注疏・周易注疏・周易兼義》（台北：藝文印書館，1965）卷9，P.182-1至182-2；卷7，P.148-1；卷8，P.172-1。

〔註12〕李霖生：《辭與物：《易傳》釋物的秩序》，臺灣大學哲學研究所博士論文（1996），P.294。

〔註13〕《重刊宋本十三經注疏・周易注疏・周易兼義》卷8，P.156-2。

門內之不可見則是「陰」之象，亦即「坤」之象。〔註14〕陰陽在此已經具有無窮變化，而且還能影響事物的隱顯——隱或顯，不是事物性質的轉變，乃是外在的觀察或運用方式造成的現象轉變。這就表示，陰陽的態勢不只是自然現象的屬性或變動原則，還可因為觀察者身處角度的不同、操作的不同而改變。「制而用之」、「利用出入」兩句點出人如果掌握了陰陽法則便可以利用陰陽。

　　由於《周易》中陰陽的變化性質，仙道常利用易理以解釋修煉變化或操作藥物之陰陽以合於道。《周易參同契》已可清楚看到將易理應用於煉丹，略述數例說明，如〈火記金丹章〉：「火記不虛作，演易以明之。」視「易」為煉丹變化的中心規範；〈天地設位章〉云：

> 天地設位，而易行乎其中矣。天地者，乾坤之象也；設位者，列陰
> 陽配合之位也。易謂坎離，坎離者，乾坤二用。二用無爻位，周流
> 行六虛，往來既不定，上下亦無常，幽潛淪匿，變化于中，包囊萬
> 物，為道紀綱。以無制有，器用者空，故推消息，坎離沒亡。

乾坤為先天之體，《參同契》中以坎水、離火為乾坤或陰陽二氣具體的運用、展現，故云「易謂坎離」。「周流行六虛，往來既不定，上下亦無常，幽潛淪匿，變化於中」描述坎離、水火或陰陽彼長此消、相續不絕，周旋流行於時空之中。「易」之能包囊萬物，乃因為易就是不同能量的勢力消長規律，「以無治有、器用者空」則點出變中不變的綱紀或場域。又如〈二氣感化章〉：「陽燧以取火，非日不生光。方諸非星月，安能得水漿？二氣玄且遠，感化尚相通，何況近存身？切在于心胸。陰陽配日月，水火為效徵。」〔註15〕則把日月看成陰陽的代表，泛指陰陽、水火等等諸能量形態。藉陽燧點火、方諸凝水來證明陰陽二氣的感通，不拘於距離，同類便能相感，是以身中或爐鼎中的水火也會相應於天地日月的陰陽二氣。

　　在中國傳統思想中，「陰陽」是中國對宇宙中一切相互對立又相互依賴的兩類事物之總概括，以陰陽指稱事物性質便已含有辯證發展的意涵。先秦以來，陰陽不止是宇宙本體論上的基本觀念，也成為天文、曆算、醫學等學門

〔註14〕參李霖生：《辭與物：《易傳》釋物的秩序》，臺灣大學哲學研究所博士論文（1996），P.30-31。

〔註15〕以上，（南宋）朱熹註：《周易參同契註》，《正統道藏・太玄部》冊34，P.244-2、240-1 至 240-2、250-2。

共用乃至共通的闡釋語言，深入各門學科理論的根柢。如《黃帝內經》即是繼承此一陰陽觀念的脈絡發展而來，作為醫家理論的奠基。《素問・陰陽應象大論》云：「陰陽者，天地之道也，萬物之綱紀，變化之父母，生殺之本始。」〔註16〕是以抽象的象徵符號歸納化約所觀察到的複雜生命樣貌，呈現出如何用陰陽觀念來掌握生命與醫療的法則。

　　醫家視陰陽為宇宙最初的兩種型態，萬物生成的根本與開端，天地現象變化的兩端；《素問・陰陽應象大論》：「陰陽者，萬物之能始也。」能始，即本始也。陰陽觀念之所以能用於人身，是因為一切生命都本於天地，人自不例外，《素問・生氣通天論》即云：「自古通天者，生之本，本於陰陽。天地之間，六合之內，其氣九州、九竅、五藏、十二節，皆通於天氣。」其中溝通天地與個體生命的本原與中介質素乃是氣，留待下節氣化論討論。生之本既然本於陰陽，陰陽就又拿來說明個體生命中彼此關係相對的性質，《素問・寶命全形論》乃言：「人生有形，不離陰陽。」人身如何不離陰陽？例如醫家用陰陽定位人體腹背、上下、內外，見《素問・金匱眞言論》：

> 夫言人之陰陽，則外為陽，內為陰。言人身之陰陽，則背為陽，腹
> 為陰。言人身之藏府中陰陽。則藏者為陰，府者為陽。肝心脾肺腎
> 五藏皆為陰。膽胃大腸小腸膀胱三焦六府皆為陽。所以欲知陰中之
> 陰、陽中之陽者，何也？為冬病在陰，夏病在陽，春病在陰，秋病
> 在陽，皆視其所在，為施鍼石也。故背為陽，陽中之陽，心也；背
> 為陽，陽中之陰，肺也；腹為陰，陰中之陰，腎也；腹為陰，陰中
> 之陽，肝也；腹為陰，陰中之至陰，脾也。此皆陰陽表裡內外雌雄
> 相輸應也，故以應天之陰陽也。

以身體部位來說，人之上部為陽，下部為陰；體表為陽，體內為陰；背屬陽，腹屬陰。以臟腑來分：肝、心、脾、肺、腎五臟屬裡，藏精氣而不泄，故為陰；膽、小腸、胃、大腸、膀胱、三焦六腑屬表，傳化物而不藏，故為陽。就身體中性質來說的話，對人體具有推動、溫煦、興奮等作用者，統歸於「陽」；而對人體具有凝聚、滋潤、抑制等作用者，統歸於「陰」，《素問・陰陽應象大論》歸結為：「陰靜陽燥（應為躁），陽生陰長，陽殺陰藏，陽化氣、陰成

〔註16〕楊維傑編：《黃帝內經素問譯解・陰陽應象大論》（台北：台聯國風出版社，
　　　　1984），P.42。

形。」〔註17〕其中「陽化氣、陰成形」指生命物質屬陰、生命功能屬陽，亦即陰陽也可以說明體、用層次。再從「陽殺陰藏」來看，推動也可能是扼殺；抑制也可能是蓄積，表現出陰陽相互辯證，不可只從單一面相簡略、僵固的解讀它們。

　　陰陽既對立又相依，並不獨立存在，《素問‧陰陽應象大論》：「陰在內，陽之守也；陽在外，陰之使也。」〔註18〕見其相互搭配。陰陽中有著物極必反的原則，如《靈樞‧論疾診尺》云：「四時之變，寒暑之勝，重陰必陽，重陽必陰，故陰主寒，陽主熱；故寒甚則熱，熱甚則寒，故曰寒生熱，熱生寒。此陰陽之變也。」〔註19〕說明陰陽彼此不停消長，且在極點處轉化，故爾解釋了天地四季何以變化、人之寒熱如何轉換症狀。

　　上文〈金匱眞言論〉尚提到，因位置分布關係，則五臟自有陰陽；肺與心雖同在陽位，但肺與心相較則偏於陰。如此陽中之陽、陽中之陰、陰中之陰、陰中之陽等敘述，是陰陽中還能分陰陽，顯示陰陽之歸屬乃相對而來。是以《靈樞‧陰陽繫日月》云：「且夫陰陽者，有名而無形。故數之可十，離之可百，散之可千，推之可萬，此之謂也。」〔註20〕中國傳統思想中，陰陽實乃詮釋事物之基礎，論理莫不運用陰陽。掌握了陰陽觀念的靈活性，凡有判分，皆應以陰陽，故合言則混沌、太極，析之則陰陽、兩儀，隨觀察層次不同，陰陽便可無窮推演：

> 就作爲一種分類法而言，「陰、陽」指出內在於事物中一組相對相因的模態或勢能，以此作爲分類的標準；這個分類的法則尚且可以層層相因，發展如樹枝狀的綱紀網絡。作爲一種歸納法，便可依上述的分類標準，循物物間「類固相召，氣同則合」的「類比」關係，將萬物對號入座；而後據此二種模態或勢能的消長關係，辯證、演繹人與生存境遇的互動、身體病機進展之原委與秩序。〔註21〕

總之，陰陽觀念貫徹於易數與醫理，爲中國傳統思想中理解宇宙與人的中心概念之一，其對立、消長之原則可以應用無窮。

〔註17〕以上，《黃帝內經素問譯解》，P.52、20、218、37-38、43。
〔註18〕《黃帝內經素問譯解‧陰陽應象大論》，P.52。
〔註19〕楊維傑編：《黃帝內經靈樞譯解‧論疾診尺》（台北：台聯國風出版社，1984），P.528。
〔註20〕《黃帝內經靈樞譯解‧陰陽繫日月》，P.323。
〔註21〕陳德興撰：《氣論釋物的身體哲學‧第三章》，P.97-98。

二、五行

　　與陰陽同樣重要，作為另一種對天地萬物分類認識的觀念系統即是水、火、木、金、土五行。《尚書‧洪範》傳云：「水火者，百姓之所飲食也；金木者，百姓之所興作也；土者，萬物之所資生，是為人用。」這裡推測水、火、金、木、土五者原為人類生活中日用普遍的自然物中歸納出的五種基本材質，人類文明啟蒙便自然而然注意到這五類材質，蓋缺之、乏之則不成事，甚且危及生活。此乃五行觀念的素樸起源，亦反映古人自然哲學的內涵與其生產實踐活動密切相關。《尚書‧洪範》還進行了更為抽象的思考，所說五行已脫離具體可見的自然物，而從材質中提取出現象的屬性：

　　　　水曰潤下，火曰炎上，木曰曲直，金曰從革，土爰稼穡。潤下作鹹，

　　　　炎上作苦，曲直作酸，從革作辛，稼穡作甘。〔註22〕

濕潤而向下流動者屬水，炎熱而向上竄動者屬火，能生長發生或伸展蔓衍者屬木，可以分離、劃分或收斂、肅清者屬金，〔註23〕承載受納並且能滋養化育者屬土。此處的五行已非五種人倫日用之資材，而轉為五種抽象的物性或屬性。〈洪範〉由此種抽象性質出發，欲將五種屬性擴展至飲食氣味的鹹、苦、酸、辛、甘，透露了用五行作為分類原則來歸類一切事物或現象的意圖。從此流衍發展，逐漸形成後來五行類象的內容。秦漢時的五行分類應用可見於《禮記‧月令》或《呂氏春秋‧十二紀》，〔註24〕本文不贅。

　　五行生剋說的發展過程並不清楚，只能合理推想：五行乃對世間萬物屬性的分類歸納，而事象之間莫不連結，五行想當然耳亦需要可清楚分立卻又互相牽連的特徵。五行之間的牽連與陰陽的單純消長不同，若從五類事物的

〔註22〕以上，《重刊宋本十三經注疏‧尚書注疏》卷12，P.169-2。

〔註23〕「曲直」、「從革」之釋義，學者向來意見不一。本文以為，五行屬性並不重複，而且表現的是不同的面相，參照五行類象與後世之運用，可推得「木」是代表生長、伸展、蔓衍之特性，不論是曲是直，都是生長或伸展。革意指去毛且經過加工處理的獸皮，《說文解字‧革部》：「革，獸皮治去其毛，革更之。」（《說文解字》，P.60下）去毛往往藉由「金」來完成，乃引申出變更、除去的動詞義，故從革大約是順其表面、紋理、縫隙而革除的意思。其次，「金」與「木」相對，相對於木之生長、蔓衍，金代表肅殺、收斂、劃分之特性也就可以理解。《素問‧天元紀大論》云：「水火者，陰陽之徵兆也，金木者，生成之終始也。」（《黃帝內經素問譯解》，P.493）說金、木是生成之終結與開始，就是如此理解金與木的。

〔註24〕整理可參看鄺芷人著：《陰陽五行及其體系‧第一章》，P.25-26。

現象來觀察，便易創出所謂的生剋關係；而且五行之間恆常彼此牽制、襄助達到平衡，如此的生剋關係才能形成嚴謹的自然哲學。五行循環生剋理論在《淮南子》和《春秋繁露》中有完整的表述，舉《淮南子・天文訓》爲例：

> 水生木，木生火，火生土，土生金，金生水。

《淮南子・墜形訓》將四季套入五行類象，再用五行生剋的規則來解釋莊稼的生長規律：「木勝土，土勝水，水勝火，火勝金，金勝木，故禾春生秋死，菽夏生冬死，麥秋生夏死，薺冬生中夏死。」就是利用五行系統釋物與自然秩序的成功嘗試。結合五行類象，則事物的變化也可用五行生剋解釋，如〈墜形訓〉還談到：「鍊土生木，鍊木生火，鍊火生雲，鍊雲生水，鍊水反土。鍊甘生酸，鍊酸生辛，鍊辛生苦，鍊苦生鹹，鍊鹹反甘。變宮生徵，變徵生商，變商生羽，變羽生角，變角生宮。是故以水和土，以土和火，以火化金，以金治木，木復反土。五行相治，所以成器用。」〔註25〕事物從形象上言，變化大體是依循五行相生；若從五味來看，變化是逆行五行相剋。至於人爲的器用，則不限於單一方向的生剋，端看所需而或生或剋，所以稱爲「五行相治」。「治」之一字，與人對於陰陽的態度類似，透露著人可以掌握事物現象變化的五行系統規律而活用之。

其實，五行間的生剋關係更早已在鄒衍「五德終始說」中發揮、應用於政治的更迭，「五德終始」的說法詳見於《呂氏春秋・有始覽・應同》：

> 凡帝王者之將興也，天必先見祥乎下民。黃帝之時，天先見大螾大螻，黃帝曰「土氣勝」，土氣勝，故其色尚黃，其事則土。及禹之時，天先見草木秋冬不殺，禹曰「木氣勝」，木氣勝，故其色尚青，其事則木。及湯之時，天先見金刃生於水，湯曰「金氣勝」，金氣勝，故其色尚白，其事則金。及文王之時，天先見火，赤鳥銜丹書集於周社，文王曰「火氣勝」，火氣勝，故其色尚赤，其事則火。代火者必將水，天且先見水氣勝，水氣勝，故其色尚黑，其事則水。〔註26〕

引文中五行指五種氣的樣態，與氣論相結合，則成爲氣運流轉的五行之氣，是以人事興衰、朝代更替的底蘊受到五氣的盛衰遞嬗影響。在一氣流轉中復加入生剋順逆的法則，五行生剋因而也爲事物的興衰變化現象提供了更多詮釋的空間。至漢代，《白虎通義・五行》乃說：「言行者，欲言爲天行氣之義

〔註25〕以上，《淮南鴻烈集解・墜形訓》卷3，P.124；卷4，P.146-147。
〔註26〕《呂氏春秋新校釋・有始覽・應同》卷13，P.677。

也。」〔註27〕認爲五行亦爲會變化的五種氣，或者更精確地說，是氣運行的五種型態。從先秦至漢代，五行系統逐漸被用來解釋「氣」的運動模型。

生剋原則不只是一行生剋一行，被生剋的一行還會生剋下一行，是以《淮南子‧墜形訓》說：「木壯，水老，火生，金囚，土死；火壯，木老，土生，水囚，金死；土壯，火老，金生，木囚，水死；金壯，土老，水生，火囚，木死，水壯，金老，木生，土囚，火死。」〔註28〕這是漢代在五行生剋理論基礎上提出的五行休王理論，認爲隨著季節的更替，木火土金水都有生、壯、老、囚、死五個演化階段。《白虎通義‧五行》則說：「五行所以更王何？以其轉相生，故有終始也。木生火，火生土，土生金，金生水，水生木。是以木王，火相，土死，金囚，水休。」〔註29〕歸結出隨五行遞嬗之主氣不同，五行之氣自有生剋造成的強弱階段。作爲五大類事物屬性的象徵，利用五行建構的事物循環發展模式，大可用以詮釋諸般事物的周期性變動現象。五行系統於是形成牽一髮而動全身，緊密影響的動態平衡系統。

醫家理論運用五行系統的頻率不少於陰陽，而且可能比陰陽概念更爲實用，如將五臟器官配以五行：木可曲可直的生發特性合乎醫家理論中肝喜條達而惡抑鬱，功能上主疏泄，故以肝屬木；火溫熱的特性與心陽溫煦身體之功類似，故以心屬火；土生化萬物的特性對應到脾運化水穀，爲氣血生化之源，功能上營養人身，故以脾屬土；金則清肅、收斂，較類似肺運輸宗氣下達，以肅降爲順，故以肺屬金；水有寒潤、下行、閉藏的特性，類比腎有藏精、主水等功能，故以腎屬水。然而，五臟不只配了五行而已，由於五行可作爲一切事物的分類原則，一切事物也因此與五臟聯繫起來，且舉肝爲例：

> 東方青色，入通於肝，開竅於目，藏精於肝，其病發驚駭，其味酸，
> 其類草木，其畜雞，其穀麥，其應四時，上爲歲星，是以春氣在頭
> 也，其音角，其數八，是以知病之在筋也，其臭臊。
>
> 東方生風，風生木，木生酸，酸生肝，肝生筋，筋生心，肝主目。
> 其在天爲玄，在人爲道，在地爲化。化爲五味，道生智，玄生神，
> 神在天爲風，在地爲木，在體爲筋，在藏爲肝。在色爲蒼，在音爲
> 角，在聲爲呼，在變動爲握，在竅爲目，在味爲酸，在志爲怒。怒

〔註27〕　（清）陳立撰：《白虎通疏證‧五行》（北京：中華書局，1997）卷4，P.166。
〔註28〕　《淮南鴻烈集解‧墜形訓》卷4，P.146。
〔註29〕　《白虎通疏證‧五行》卷4，P.187-188。

傷肝，悲勝怒；風傷筋，燥勝風；酸傷筋，辛勝酸。〔註30〕

儘管不知道彼此間如何影響，但人體內外的器官被視爲共組一個系統，而身體與心志也不是各行其道。最重要的，這裡不僅說明了方位、季節、星宿等怎麼與臟腑關連的天人相應詳細規則，還對食物、氣味會導致身體怎麼運送、作用於何處提供了解釋，使醫家毋須解剖或者反覆測試，便可以思考病灶與用藥。《黃帝內經》將五臟配入五行，聯繫六腑、五官、五體、五志、五聲、五情，形成龐大的藏象系統，張其成說：「其類分的原則都是依據功能特性、動態聯繫。將功能相同、行爲方式相同、動態或靜態屬性相同、能相互感應的事物歸爲一類。體現了『天人相應』、『天人合一』的整體觀念與全息思想。」〔註31〕此所以五行分類系統成爲古代醫家整理實際經驗、構造理論體系的主要工具；也成爲天人相應的邏輯之一。

五行的生剋法則同樣爲醫家所襲用，且作爲療治的重要原則。如上文〈陰陽應象大論〉云「怒傷肝，悲勝怒，風傷筋，燥勝風，酸傷筋，辛勝酸」，是因爲情志中的憂悲、六氣中的燥、五味中的辛均屬金，以金剋木來對治因爲屬木的憤怒、風氣、酸味造成肝氣過旺引起的身心疾病。五行處於宇宙系統中，一年四季各自具有興衰變化，醫家也認爲人體中的五臟生理功能同樣隨著季節不同而有強弱變化，因此不同季節的養生要點必須調整。張其成談五行系統解釋生命現象：「五行的宇宙生命關係網是通過五行之間的生剋、乘侮、勝復、制化編織而成的。五行生剋反映宇宙生命運行的相互生發和制約關係，乘侮反映宇宙生命體內部的非平衡關係，勝復則反映這種非平衡態下的一種自我復救的關係，亢害承制反映的不僅是兩行之間而且是多行之間的生化制約的關係，如此則構成一幅環環相連、立體、多維的宇宙生命關係網。」〔註32〕正由於五行彼此緊密連動，每段關係的變動都會逐漸傳導到整個系統，影響到下一個五行循環，因此生剋消長、強弱關係並非僵固不易，複雜的程度頗爲適合說明現實中萬物構成有機網絡的微妙關係。

五行既具有分類象徵意義，又有生剋休王的循環變化，故《周易參同契》中大量使用五行來描述煉丹的訣竅與現象，如〈兩孔穴法章〉：「金爲水母，母隱子胎。水者金子，子藏母胞。」用金生水之關係，言金、水因果的可逆。

〔註30〕分見於〈金匱眞言論〉、〈陰陽應象大論〉，《黃帝內經素問譯解》，P.38、49-50。
〔註31〕張其成：《易學與中醫——東方生命花園》（臺北：志遠書局，2002），P.112。
〔註32〕張其成：《易學與中醫——東方生命花園》，P.76。

〈流珠金華章〉：「五行錯王，相據以生，火性銷金，金伐木榮。」則是說煉丹要顛倒五行。順行即自然生死，逆行才可返本長生，因此主張經火煉之金、經金伐之木乃能去粗存精、始成大器。〈姹女黃芽章〉：「金化爲水，水性周章，火化爲土，水不得行。」指交感變化需相互配合，始有節制。同章又言：「丹砂木精，得金乃并，金水合處，木火爲侶。四者混沌，列爲龍虎，龍陽數奇，虎陰數偶。肝青爲父，肺白爲母，心赤爲女，腎黑爲子，子五行始，脾黃爲祖，三物一家，都歸戊己。」〔註33〕可以看到類似於醫家的配置，五行如何對應五色、五臟。本段引文還談及五臟之本末關係，當與修煉順序或輕重有關：肝木爲心火之父、肺金爲腎水之母，以肝、肺之氣相合，乃生心、腎之氣；然而，腎水雖爲子，卻又是未來五行之發端；而肺金與腎水、心火與肝木各自配合，分列龍虎，最終同歸於戊己脾黃之土，是脾土爲修練五臟之核心。《參同契》的丹法活用五行系統，但多用隱語，實際如何操作，目前仍難有定論。附帶一提，《周易參同契》雖是煉丹術經典之作，不過既然談到五臟之五行，或許書中也含有內觀身體以配合丹藥運行的修煉法。

三、陰陽與五行的結合

陰陽與五行本是兩套互不相涉的觀念，當陰陽與五行逐漸滲入一切學問之中，成爲事物與生命的基本認識與理解模式，兩套觀念當須相容、會通，避免各說各話的情況發生；更重要的，如此才保證世界上天道原則相通不悖。作爲兩漢學問彙整的官方版本，《白虎通義·五行》顯然責無旁貸：

> 五行之性，或上或下何？火者，陽也。尊，故上。水者，陰也。卑，故下。木者少陽，金者少陰，有中和之性，故可曲直從革。土者最大，苞含物將生者出，將歸者入，不嫌清濁爲萬物（母）。〔註34〕

此處用易卦兩儀分四象來劃分五行。水、火的對立最爲明顯，故水屬重陰、火屬重陽；金、木則兼有陰陽而不等，金是陽上加陰爲少陰，木是陰上加陽爲少陽；至於土則不言陰陽，乃陰陽相等而平衡的中和狀態。以陰陽釋五行，是視陰陽較五行更爲基礎，並符合由寡分多的想法。

醫家亦合陰陽五行而言，形成一套與天與地配、天地又與人配的生命系

〔註33〕 以上，《周易參同契註》，《正統道藏·太玄部》冊34，P.244-1、251-1、251-1至251-2。

〔註34〕 《白虎通疏證·五行》卷4，P.169-170。

統，《素問·天元紀大論》可能出於唐代王冰之手，總結了先秦以來陰陽五行在醫家理論中的應用：「寒、暑、燥、溼、風、火，天之陰陽也，三陰三陽上奉之。木、火、土、金、水，地之陰陽也，生、長、化、收、藏下應之。…所以欲知天地之陰陽者，應天之氣，動而不息，故五歲而右遷；應地之氣，靜而守位，故六期而環會。動靜相召，上下相臨，陰陽相錯，而變由生也。」此處的六氣反映出節氣的樣貌：太陽寒水、陽明燥金、少陽相火、太陰濕土、少陰君火、厥陰風木，依陰陽多寡而分置六象，與《周易》太陰、太陽、少陰、少陽四象的劃分相類又相異。三陰三陽的六氣是天之陰陽節氣流轉，同時也是人體主要的六路運行經脈；五行乃地上生物之四季變化，人的生命過程也可以用生、長、化、收、藏的五行流轉過程來說明，凡此皆表示天地與人共享同樣的理則，還有著共通的運作模型，故〈天元紀大論〉綜之云：「在天爲氣，在地成形，形氣相感而化生萬物矣。然天地者，萬物之上下也，左右者，陰陽之道路也。水火者，陰陽之徵兆也，金木者，生成之終始也。」〔註35〕至此，醫家用以診斷人體狀況、功能、疾病與外在環境影響的詮釋架構大體已備。

　　陰陽、五行的原則或系統作爲個體與萬物的分類法則，並連結了人與事物關係的天人法則；不僅是生命構成的質素性質，亦可解釋生命盛衰流轉的動態運行規律：

> 陰陽學說、乃至五行系統的「綱紀」意義，在於爲紛陳之萬殊提供
> 一個具有陰陽、五行爲度的存在座標，以此計算物與物之間交互作
> 用之關係，以爲醫家辨證論治之用。〔註36〕

陰陽、五行觀念是儒學、諸子、醫家乃至道教用來認識生命的共同思維理路，約撰成於漢魏之際的《西昇經·生道章》就說：

> 告子生道本，示子之自然。至於萬物生，情行相結連，如壞復成，
> 如滅復生，以成五行，陰與陽并，輾轉變化，遂爲物精。〔註37〕

人們相信一切事物現象都有規律，再怎麼樣不合常理的現象背後，必然也有可以合理解釋的緣由，而陰陽、五行觀念就給予中國文化詮釋現象變化的框架，在這套框架上建立對世界原理或眞相的認知。生命的運轉變化既然不出

〔註35〕以上，《黃帝內經素問譯解》，P.496、493。
〔註36〕陳德興撰：《氣論釋物的身體哲學·第三章》，P.98。
〔註37〕《西昇經》卷上，《正統道藏·洞神部·本文類》冊19，P.241-1。

陰陽、五行之架構，仙道若掌握陰陽、五行，就可以用來解讀身體的運作、進一步應用來轉化身體。

第二節　氣化論

「氣」是中國傳統思想的重要概念之一，可能是建構仙道理論體系中最重要的基底概念，沒有「氣」便不足以解釋仙道信仰中的巫術邏輯。仙道理論與修煉法中諸多意象之所以能夠成立、操作之所以有效，其背後必有「用氣作為互滲中介」之後設前提。〔註38〕

一、氣之觀念的起源

氣的觀念起源甚早，《說文解字·气部》謂：「气，雲气也，象形。」〔註39〕從文化史來考察，先民在天地的自然現象中必然觀察到各種聚散變化的雲霧煙嵐，氳氤縹緲；而用火炊煮時，也會認識到水沸騰蒸發而化為蒸氣，其象如自然界中的雲，不久消散為無形；從水而來的蒸氣會凝而成露；火燒而產生的煙氣，則落而為塵。劉長林說：「氣概念在一開始是直觀的，就是指能夠被人的感覺器官所感知的空氣和其他氣態物質，由直接把握得來。」〔註40〕當民智漸開、能思惟抽象，這些神祕的變化現象便逐漸用一個統一的觀念「氣」來概括。隨著文化的進步，人類在營生實踐和理性認知的過程裡，逐步豐富「氣」的意涵。然後在所觀察的氣之現象中察覺到遞嬗循環，又進一步定義出氣的不同樣態，來說明自然界的秩序和普遍聯繫。如《國語·周語上》記周幽王二年，國中頻傳地震，伯陽父解釋並預言：

> 周將亡矣！夫天地之氣，不失其序；若過其序，民亂之也。陽伏而
> 不能出，陰迫而不能烝，於是有地震。今三川實震，是陽失其所而

〔註38〕Lucien Lévy-Bruhl 提出「互滲」（participation）作為交感巫術成立的後設基礎，即從巫術思維來看，客體、存在物或現象可以同時是它們自身，又是其他東西，或者事件發生的因果關係，都是因為在特定神祕性質的條件下，事物之間有神祕屬性發送與接納的交流。參見氏著：丁由譯：《原始思維》（台北：臺灣商務印書館，2001）〈緒論〉、〈第一章〉。

〔註39〕《說文解字》，P.14 下。

〔註40〕劉長林撰：〈說「氣」〉，收於楊儒賓主編：《中國古代思想中的氣論及身體觀》（台北：巨流圖書，1993），P.117。

鎮陰也；陽失而在陰，川源必塞；源塞，國必亡。〔註41〕

此以天地間的陰陽之氣不能正常抒發終至失控，解釋了地震現象。氣已經與陰陽的觀念結合起來，有著陰陽屬性的動態變化、對立辯證。氣也作為事物乃至人事變化的根本原因，氣的調和與否便牽連到天地人事的治亂，如《左傳・昭公元年》載醫和答晉平公之問：

> 天有六氣，降生五味，發為五色，徵為五聲，淫生六疾。六氣曰：
> 陰、陽、風、雨、晦、明也，分為四時，序為五節，過則為菑：陰
> 淫寒疾，陽淫熱疾，風淫末疾，雨淫腹疾，晦淫惑疾，明淫心疾。
> 〔註42〕

從天候現象歸納出自然界有六氣為基礎，用六氣來解釋五味、五色、四時、五節之成立，人受用六氣過度則生不同災疾。《素問・六節藏象論》便把「氣」納入陰陽四季的節氣遞嬗循環之中，成為道的一部分：「五日謂之候，三候謂之氣，六氣謂之時，四時謂之歲，而各從其主治焉。」〔註43〕經由《內經》揭示的律則，人知道如何依循陰陽之道，使自身之氣與天地之氣和諧相應。《淮南子・本經訓》云：「天地之合和，陰陽之陶化萬物，皆乘人氣者也。」〔註44〕甚至認為人之作為是影響自然現象變化的重要因素。以上，可以看到氣論廣泛涉及天地事物，透顯出從周代以來天人相應的思想，以及古人試圖解析大自然背後奧祕的努力。

二、元氣生化萬物

戰國時出現把氣看作為構成天地萬物的原始材料的思想，我們稱之為元氣論，這是對萬殊物象的內涵與變化因由找到統一來源的嘗試，把紛雜的氣象化約為最基礎的一氣。《老子》中沒有提出明確的氣論，但《老子・42章》：「道生一，一生二，二生三，三生万物。万物負陰而抱陽，沖氣以為和。」〔註45〕從宇宙生成的歷程開顯出兩股對立、消長的陰陽勢能，兩股勢能相互交沖而成為混融之氣的狀態，這可能即是《老子》所想像的產生及構造萬物的材質，或是天地初始、陰陽二氣混沌未分的宇宙胚胎。戰國後期成書的《鶡冠

〔註41〕《國語・周語上》卷1，P.26-27。
〔註42〕《春秋左傳注・昭公元年》，P.1222。
〔註43〕《黃帝內經素問譯解・六節藏象論》，P.84。
〔註44〕《淮南鴻烈集解・本經訓》卷8，P.249。
〔註45〕朱謙之撰：《老子校釋》，見《老子釋譯》（台北：里仁書局，1985），P.174-175。

子‧泰錄》說:「精微者,天地之始也」、「天地成於元氣,萬物乘於天地」。〔註46〕即明示了元氣論的大要:先有元氣,之後才有天地、萬物。《淮南子‧天文訓》闡發得更精細:「道始于虛霩,虛霩生宇宙,宇宙生氣。氣有涯垠,清陽者薄靡而爲天,重濁者凝滯而爲地。」〔註47〕說「氣有涯垠」,表示氣具有形質,而且至少分爲輕重兩種屬性。《太平御覽》引讖緯《河圖》:「元氣無形,洶洶蒙蒙,偃者爲地,伏者爲天也。」又引《禮統》:「天地者,元氣之所生,萬物之所自焉。」〔註48〕可見漢代已普遍用「元氣」當作太初之時宇宙最早的存有,無形之元氣爲本原,再逐漸演化出有形有象的天地與萬物。元氣一旦分化便有陰陽、五行等樣態,董仲舒《春秋繁露‧五行相生》:「天地之氣,合而爲一,分爲陰陽,判爲四時,列爲五行。」〔註49〕與《左傳‧昭公元年》醫和之說彷彿相似,只是《左傳》用以言人之疾病,而董仲舒卻借來申論君王分工治理之道德邏輯。

　　氣既無形,又能構成有形,這樣的想法早在春秋時已有之,《春秋公羊傳‧隱公元年》:「元者,氣也,無形以起,有形以分,造起天地,天地之始也。」〔註50〕氣之所以能爲萬物本原,正是因爲具有無形與有形兩種面相,是以一切事物都可由氣所積聚而成。賦予氣遊走在有無之間的特性,使得氣能夠自由形塑,然則由氣構成的事物理當隨氣之變化而變化。《莊子‧至樂》就論述到氣的形象不定,所以一切物象也因而變化萬端:

> 察其始而本無生,非徒無生也而本無形,非徒無形也而本無氣。雜乎芒芴之間,變而有氣,氣變而有形,形變而有生,今又變而之死,是相與爲春秋冬夏四時行也。

氣是從無形變爲有形的中間階段,變化範圍包含了天地及萬物。由於氣有如此大的自由度,所以只需設定最爲基本構成元素是氣,便能構築一切事物所需的材質、形貌。《莊子‧知北遊》就明白提出萬物乃一氣變化的見解:

> 生也死之徒,死也生之始,孰知其紀!人之生,氣之聚也,聚則爲

〔註46〕　(宋)陸佃解:《鶡冠子‧泰錄》(台北:臺灣中華書局,1981)卷中,P.83。

〔註47〕　《淮南鴻烈集解‧天文訓》卷3,P.79。

〔註48〕　(宋)李昉等編:《太平御覽‧天部一》(台北:臺灣商務印書館,1975)卷1,P.130-1。

〔註49〕　董仲舒撰;曾振宇、傅永聚注:《春秋繁露新注‧五行相生》(北京:商務印書館,2010),P.334。

〔註50〕　《重刊宋本十三經注疏‧春秋公羊注疏‧隱公元年》(台北:藝文印書館,1965)卷1,P.8-1。

> 生，散則爲死。若死生爲徒，吾又何患！故萬物一也。是其所美者
> 爲神奇，其所惡者爲臭腐；臭腐復化爲神奇，神奇復化爲臭腐。故
> 曰：「通天下一氣耳」。聖人故貴一。〔註51〕

生死交替，美醜轉換，相與爲徒，萬物雖然殊異不均，究其根本皆是一氣所爲。《素問‧五常致大論》也有同樣的主張：「氣始而生化，氣散而有形，氣布而蕃育，氣終而象變，其致一也。」不過，單一的氣如何能變萬殊？《素問‧靈蘭秘典論》認爲構成事物的元素雖然單一，由於細微不可察，聚散的方式不受限定，遂能以各種數量積累，構成無窮的變化：

> 至道在微，變化無窮，孰知其原？……恍惚之數，生於毫氂；毫氂之
> 數，起於度量。千之萬之，可以益之；推之大之，其形乃制。〔註52〕

當萬物之殊異、變化都可由一氣聚散來解釋，則萬物之間也藉一氣聯繫起來，宇宙一切事物出於同一本源，彼此間存在連通相承的可能性也順理成章。這樣的一氣，就可以作爲往後不論是巫術或仙道信仰解釋事物之間各自性質能互滲的因由。

道教形成後，全盤吸取了道家的思想與先秦至於漢代的氣論，如《抱朴子‧塞難》：「渾茫剖判，清濁以陳，或昇而動，或降而靜，彼天地猶不知所以然也。萬物感氣，並亦自然，與彼天地，各爲一物，但成有先後，體有巨細耳。」謂清濁之氣的運動自然而然地形成天地，萬物同樣是自然而然地感氣而生，其中不需要特別的意志，與今日天文學的大霹靂假說頗有雷同之處；《抱朴子‧至理》：「夫人在氣中，氣在人中。自天地至於萬物，無不須氣以生者也。」〔註53〕則說到萬物的化生，皆被看作氣之變化的結果，氣既然存在於萬物內外，則氣作爲萬物與外在溝通的中介乃理所當然。

道教又把氣論與道論相合，將道家的「道」與「氣」從此掛勾，難解難分。《老子想爾注》注「載營魄抱一能無離」曰：「一者道也。……一散形爲氣，聚形爲太上老君。」〔註54〕氣是道的表現，不僅混沌無形，還可以神格化。東漢末年所出的早期道經《太平經‧安樂王者法》直言道爲本體，道生元氣：「道無所不能化，故元氣守道，乃行其氣，乃生天地。」元氣守道而行，

〔註51〕以上，《莊子集解》卷5，P.150-151；卷6，P.186；253-254。
〔註52〕以上，《黃帝內經素問譯解》，P.341、79。
〔註53〕以上，《抱朴子內篇校釋》卷7，P.124；卷5，P.103。
〔註54〕《老子想爾注校箋》，P.13。

怎麼運行呢？在《太平經》的宇宙生成想像中，認為：

> 元氣恍惚自然，共凝成一（應作「天」），名為天（應作「一」）也；
> 分而生陰而成地，名為二也；因為上天下地，陰陽相合施生人，名
> 為三也。
>
> 天者常下施，其氣下流也。地者常上求，其氣上合也。兩氣交於中
> 央。人者，居其中為正也。兩氣者常交用事，合於中央，乃共生萬
> 物。萬物悉受此二氣以成形，合為情性；無此二氣，不能生成也。
> 故萬物命繫此二氣，二氣交相於形中。〔註55〕

《太平經》談氣的相合與上下運動，明顯承自《老子》並說明更詳。同一元
氣分出陰、陽而成天、地，由天地之氣在當中互相交合而成形萬物。此種天
地間陰陽二氣的升降運動，再加上氣在萬物間的出入運動，表現宇宙蓬勃的
生機，雖然氣之運動還不是生命，卻是生命之所以能活動不息的動力來源。

三、精氣賦予生命

氣的運動關乎生命變化，醫家亦有同樣的看法，《素問・六微旨大論》闡
釋得十分生動：

> 出入廢，則神機化滅；升降息，則氣立孤危。故非出入，則無以生、
> 長、壯、老、已，非升降，則無以生、長、化、收、藏。是以升降
> 出入，無器不有。故器者，生化之宇，器散則分之，生化息矣。故
> 無不出入，無不升降。〔註56〕

人與萬物都生於天地氣交之中，人有氣之升降出入則現生、長、壯、老、已，
萬物有氣之升降出入則現生、長、化、收、藏，故氣之闔闢往來在天地萬物
都是相通的。引文言「器」是把萬物都當成盛裝「氣」的器皿，〔註57〕器皿
中氣多氣少、氣的種類、氣的出入就會影響器皿的狀態。

〔註55〕 以上，分見〈乙部〉、〈戊部〉、〈太平經鈔辛部〉，《太平經合校》，P.21、305、
694。

〔註56〕 《黃帝內經素問譯解・六微旨大論》，P.527-528。

〔註57〕 湯淺泰雄：「在中國傳統哲學裡，人是氣的能量之容器。而在醫學的場合裡，
則把這種思考方式具體化，將人體最基本的存在模式，當作經絡系統中氣的
流動體系來看待。」參氏著；盧瑞容譯：〈「氣之身體觀」在東亞哲學與科學
中的探討——及其與西洋的比較考察〉，收入楊儒賓主編：《中國古代思想中
的氣論及身體觀》，P.76。

順著此番思維，就會涉及氣與生命的關係。如王充《論衡‧談天》云：「含氣之類，無有不長。」〔註 58〕萬物內含著氣，才會生長。醫家則設想萬物受納之氣供給了萬物生命活動的能量，特用「氣」指稱身體內部流動的精微物質。其中稟賦於父母，先身而生的乃是先天之氣，此即上文所說化生萬物的元氣一類。另外，單靠元氣還不足以維持生命，人要活著，須持續從外攝入氣；《素問‧六節藏象論》：「天食人以五氣，地食人以五味。五氣入鼻，藏於心肺，…五味入口，藏於腸胃。味有所藏，以養五氣。」供應人活動的能量來源，不只是用口所攝取的飲食化成的水穀之氣而已，還包括用鼻所攝進的清氣。飲食入腸胃運化，所成的水穀之氣依五味而輸布五臟，同樣的，清氣入心肺運化，也依五行之氣而輸布五臟。如此，氣之供應與否與生死至為相關。早在《管子‧樞言》即說：「有氣則生，無氣則死，生者以其氣。」〔註59〕《難經‧八難》也云：「氣者，人之根本也。根絕則莖葉枯矣。」〔註 60〕都視氣為生命之所以存活的關鍵。

「以氣維持生命」這樣的想法並不只是單純說有呼吸、氣息就能存活而已，還可視為元氣論的進一步延伸。蓋元氣既然形構事物，想當然耳，事物若失去元氣的話就形貌不再。前引《莊子‧知北遊》即認為：「人之生，氣之聚也；聚則為生，散則為死。」類似但更為細緻的闡述見於王充《論衡‧論死》：

> 人之所以生者，精氣也，死而精氣滅。能為精氣者，血脈也。人死血脈竭，竭而精氣滅，滅而形體朽，朽而成灰土…氣之生人，猶水之為冰也。水凝為冰，氣凝為人。
>
> 人生於天地之間，其猶冰也。陰陽之氣，凝而為人，年終壽盡，死還為氣。〔註61〕

王充用氣之凝聚與否來解釋生死。氣凝聚而生人，像水凝而成冰，意味著氣的凝聚造成層級上的躍進，氣不再只是純粹的氣之狀態，而是凝聚成生命狀態，有個體的形質與活動。又認為人能存活是因為血脈推送，其中精氣存而不失，精氣和血脈是相互依存的關係。（梁）陶弘景《養性延命錄‧服氣療病

〔註 58〕黃暉撰：《論衡校釋‧談天》（北京：中華書局，1990）卷 11，P.473。
〔註 59〕（清）戴望校正：《管子‧樞言》（上海：商務印書館，1936）冊 1，卷 4，P.53。
〔註 60〕林輝鎮編撰：《難經本義新解‧八難》（台北：益群，1986）卷上，P.59。
〔註 61〕以上，《論衡校釋‧論死》卷 20，P.871、877。

篇》有同樣的理路：「精者，血脈之川流，守骨之靈神也。精去則骨枯，骨枯則死矣。是以爲道務寶其精。」〔註62〕王充與陶弘景的主張，大抵也是普及於六朝仙道思想中的觀念。然而爲何精氣能賦予生命？此則純以耳目觀察物理現象仍不得而解，唯有歸之於神祕——氣不只是形構萬物的基本材料，還具有神祕的本質或蘊含能量、力量，如此之氣特稱爲精氣，涉及氣論中的精氣說。

　　精氣說早於先秦時已出現。戰國時期稷下黃老學派的代表作《管子·內業》便設想「精也者，氣之精者也」，是把氣中最精微、或帶有神祕力量者稱爲精：

> 凡物之精，此則爲生，下生五穀，上爲列星。流於天地之間，謂之鬼神；藏於胸中，謂之聖人。〔註63〕

萬物之中具有特別性質者，如五穀可滋養生命、列星可發光等，是因爲這些事物不只是由氣所構成，乃是帶有神祕性質的精氣。鬼神之所以爲鬼神，聖人之所以爲聖人，這些特殊的活動表現，都是精氣賦予了神祕的力量。〔註64〕《呂氏春秋·季春紀·盡數》云：「精氣之集也，必有入也。集於羽鳥與爲飛揚，集於走獸與爲流行，集於珠玉與爲精朗，集於樹木與爲茂長，集於聖人與爲夐明。」〔註65〕精氣顯然不止於維持生命活動，還關乎動、植、礦物以及聖人的生命功能，連品格、意識、智慧等層面也稟賦自氣。像《管子·內業》即認爲人的意識由「氣」構成：「氣道乃生，生乃思，思乃知，知乃止矣。」〔註66〕是精氣既作爲生命的來源，也作爲聖人智慧的來源。若是「氣道乃生，生乃思」，飛禽、走獸、茂樹、珠玉中皆有精氣，何以只有人的思維能力特別發達？《管子》未進一步解釋，大抵因爲人所稟賦的精氣較其他物種爲多，精氣積累到足夠才從量變產生質變。唐末閭丘方遠摘錄《太平經》而成的《太平經聖君祕旨》認爲：「夫人本生混沌之氣，氣生精，精生神，神生明。本於

〔註62〕（南朝梁）陶弘景撰：《養性延命錄·服氣療病篇第四》卷下，《正統道藏·洞神部·方法類》冊31，P.89-2。

〔註63〕以上，《管子·內業》冊2，卷16，P.101、99。

〔註64〕不禁讓人聯想到《左傳·昭公七年》子產答趙景子之語：「人生始化曰魄，既生魄，陽曰魂。用物精多，則魂魄強，是以有精爽至於神明。」（《春秋左傳注·昭公七年》，P.1292）可見子產相信，攝取之精多，會令魂魄取得更多的力量，以至於死後魂魄仍有神明（具有人格、意志）。

〔註65〕《呂氏春秋新校釋·季春紀·盡數》卷3，P.136。

〔註66〕《管子·內業》冊2，卷16，P.101。

陰陽之氣，氣轉爲精，精轉爲神，神轉爲明。」〔註67〕呼應氣的凝聚造成質變，氣的層次理當逐漸提昇，逐漸從混沌而分陰陽而越來越凝鍊、具有條理；或者，精氣的種類能互相調和，因此產生更高層級的作用，《素問·六節藏象論》的「氣和而生，津液相成，神乃自生」，〔註68〕就是說「神」這樣的生命層次要由五臟之氣與津液的相和、相成乃能產生。由此得見黃老道家、醫家與道教觀點相通不悖。

所謂的精，是氣之精微者，或氣之凝聚者。所謂的神，則是更高的精氣層次，或者是氣表現出來的神妙作用；在人體來說，就是生命活動的表現，如臟腑能自動運作等。所謂的明，則是生命活動的高級功能的展現，大略相當現代的心理意識層面；然又不只是單純的意識或思考，其中隱含洞察事物的能力。當「神明」連用，乃指稱通達生命或道的意識狀態或思維，故人心虛壹清靜方稱神明，而人身之外的神祇也稱神明。此皆氣之表現層次不同。馬非白說：「《管子·內業》等四篇的精氣論中，道、精、氣、神、性等字幾乎都可以代換互通。」〔註69〕既然當初使用不同之字詞來表達，道、精、氣、神理當各有其不可替換的獨特性質，不過實際檢證文獻會發現，不只是《管子》，凡是黃老道家的典籍，其「道」、「精」、「氣」、「神」，乃至「德」字若互通而觀，往往容易釐清、解讀其中義理。因爲這些字詞大多放在精氣說的範疇中來闡釋生命現象，所以皆有相通的部分。單從其基礎面去看雖不免淺化概念，有時卻能跳出文字障之糾纏，而得到簡明扼要的解析。

再從「氣道乃生，生乃思，思乃知，知乃止矣」來論，氣像是道的載體，或者，氣就是道的實質表現。氣循道運作而後有生命，有生命而後有思想，有求知的能力和要求，由身到心乃是氣一貫的發展，而非互不相干。〔註70〕前引《太平經合校·太平經鈔辛部》承繼之：「萬物悉受此（天地）二氣以成形，合爲情性。」就提到氣賦予萬物生命的內容，包括外在的形體與內在的情性。前節論五行時提過醫家的藏象學說，臟腑會關聯情志，也是因爲氣相

〔註67〕《太平經合校·太平經佚文》，P.739。
〔註68〕《黃帝內經素問譯解·六節藏象論》，P.88。
〔註69〕馬非白：〈《管子·內業》篇之精神學說及其他〉，《管子學刊》第四期（1998），
　　　　P.4-7。又可參胡家聰：《管子新探》（北京：中國社會科學，1995），P.93-94。
〔註70〕湯淺泰雄：「這個體系並非單純的生理學之物，同時也具有心理學的特質。」
　　　　見湯淺泰雄著；盧瑞容譯：〈「氣之身體觀」在東亞哲學與科學中的探討——
　　　　及其與西洋的比較考察〉，《中國古代思想中的氣論及身體觀》，P.77。

通於物質層面的身體和意識層面的身體。《論衡・論死》有類似的論點：

> 人之所以聰明智惠者，以含五常之氣也；五常之氣所以在人者，以
> 五藏在形中也。五藏不傷，則人智惠；五藏有病，則人荒忽，荒忽
> 則愚癡矣。〔註71〕

應對人事而表現的聰明智慧，是因爲人體內含五常之氣，由五臟分別司理。
生理上五臟有病，不能理氣，心理上也會有病。

　　道教承襲精氣與生命的論點，想像事物性質各殊的原因也在於氣，例如
《抱朴子・論仙》：「若謂受氣皆有一定，則雉之爲蜃，雀之爲蛤，壞蟲假翼，
川蛙翻飛，水蠆爲蛉，芬苓爲蛆，田鼠爲鴽，腐草爲螢，黿之爲虎，蛇之爲
龍，皆不然乎？若謂人稟正性，不同凡物，皇天賦命，無有彼此，則牛哀成
虎，楚嫗爲黿，枝離爲柳，秦女爲石，死而更生，男女易形，老彭之壽，殤
子之夭，其何故哉？苟有不同，則其異有何限乎？」〔註72〕壽命長短和萬物
的特性，也都取決於稟氣的多寡與差異。氣作爲事物——尤其是生物——的
內涵，使得「器」盛裝了不同的氣，「器」之性質也就不同。這就是仙道修煉
要攝取精氣的主因之一，而且可以解釋修煉法中爲何要依特定的季節方位來
服日月星辰精氣，因爲如此才可以採取特定的、相應身體構造的精氣。爰此，
當能理解中國古人把「精氣」作爲「一切神祕的東西裡面的有效本原」〔註73〕，
以之釋物，關切點在於氣化宇宙中那股令萬物活靈活現的神祕之「力」，特別
強調氣對於生命——不論是生理還是心理——造成的變化潛能。這樣在萬物
之間溝通、傳遞，影響萬物的互滲功能，大約類同於原始思維中的「mana」。
〔註74〕

　　總之，一方面，「氣」立足於「材料」的意義上，爲萬物的存在提供一個共
同的「原初質素」（Original Matter）、「物質底基」（Material Substratum）；〔註75〕

〔註71〕《論衡校釋・論死》卷20，P.875。
〔註72〕《抱朴子內篇校釋・論仙》卷2，P.13。
〔註73〕裘錫圭：〈稷下道家精氣說研究〉，收入《文史叢稿——上古思想、民俗與古
　　　　文字學史》（上海：上海遠東出版社，1996），P.54。
〔註74〕裘錫圭在〈稷下道家精氣說研究〉中比較原始思維中的「馬那」（mana）：「以
　　　　爲萬物的活動都是由於這種魔力注入其中，即精靈本身也是因爲這種魔力附
　　　　於其上方能靈動。這種魔力是一種渾渾沌沌的氣，瀰漫於宇宙之間，無論何
　　　　物，得之便能靈動，不得便不能；他只能憑附於萬物以自表現，自己本身是
　　　　非人格的。」（裘錫圭：《文史叢稿——上古思想、民俗與古文字學史》，P.38）
〔註75〕陳德興撰：《氣論釋物的身體哲學・第三章》，P.76。

另一方面，氣由道化生，是道的載體，氣的運動也就是道之具體呈現。因為有氣作為構成形體的基礎質料，事物之形體才得以存在；因為有共通之一氣來連結、溝通、傳遞，事物間的作用、互滲、影響等才有了中介；因為有氣之聚散、遞嬗，事物才得以發生、化育和消亡；因為氣蘊含了神祕的性質，生命得以活動，甚至產生意識、聰明智慧。也就是說，「氣」是一切有無、變化之本體底蘊。以氣論來認識事物，意味著事物基底是連續的、流動的、整體的，若再配合陰陽概念、五行系統，即能摹畫出世界的樣貌：

> 「氣化宇宙」的認識是就天地人間的「同質」處著手，「陰陽」、「五行」的釋物則從天地人間的「同構」處立論，基此認知以演繹天地人間「交感」、「互滲」之義理。〔註76〕

六朝以來，仙道興起，氣對生命既然如此重要，求仙者自然而然會特別關注氣的得失，所以有志求仙之學者多從煉氣養生的角度談氣。《抱朴子內篇‧至理》認為「人在氣中，氣在人中，自天地至於萬物，無不須氣以生者也」，是以失氣則身亡，「身勞則神散，氣竭則命終」〔註77〕，主張應該寶精養氣。這並非道教獨有，早在《管子‧中匡》中就借齊桓公與管仲的對話談到治氣以養生、修心、成德：「公曰：『請問為身？』對曰：『道（導）血氣以求長年、長心、長德，此為身也。』」〔註78〕文中所言「導血氣」應該有具體的藥方或功法，或者還包含心理方面的要求。還有後世出土的戰國時期〈行氣銘〉：

> 行氣，深則蓄，蓄則伸，伸則下，下則定，定則固，固則萌，萌則長，長則復，復則天；天几本在上，地几本在下，從則生，逆則死。
>
> 〔註79〕

更是早期行氣養生方術的代表。道教中的服氣、行氣、胎息等諸家氣法可謂前有所承，奠基於悠久的氣論傳統，其理論面承自養氣工夫論，見本章第四節；技術面承自養生方術而有所發揮，關於仙道服氣之討論詳見第五章。

〔註76〕陳德興撰：《氣論釋物的身體哲學‧第三章》，P.73。

〔註77〕以上，《抱朴子內篇校釋‧至理》卷5，P.103、99。

〔註78〕《管子‧中匡》冊1，卷8，，P.97。

〔註79〕原拓片見羅振玉編：《三代吉金文存》（北京：中華書局，1983）卷20，P.49。隸定依杜正勝撰：《從眉壽到長生：醫療文化與中國古代生命觀‧養形與延年》（台北：三民書局，2005），P.273-274。

第三節　天人論

　　先秦以下，中國思想莫不認爲「天道」和「人道」並無不同——創造宇宙的法則與條件必然也創造了萬物生命，包括人類；因而引導宇宙運轉、萬物生息的規律必然也引導人類的生命活動；故能夠解讀、掌握宇宙奧祕的智慧必然也能理解與應用在人類身上。湯淺泰雄的一段話正好適切地表達了「天人合一」的意義：

> 宇宙中人類的位置及其特質，便可以藉由此種預先調整好的秩序來體認辨識。整個宇宙現象，非但不能視爲是和人類分離的客觀現象，而且還要經常把人類放進去來觀察。人類站在「自我」這一點上，就可以把內與外兩個廣大的宇宙（outer and inner cosmos）結合起來。〔註80〕

「天人合一」的信念應當來自於上古先民的原始信仰，一代代傳承至信史年代。彼時先民自我意識未顯，群體的存在感大於個體，而人在天地中渺小如滄海一粟，卻與萬物平起平坐、共享天地之庇護，正像《莊子‧齊物論》所說的「天地與我並生，萬物與我爲一」，因此原始思維中「天人合一」——也就是「生命一體化」（solidarity of life）〔註81〕的信仰油然而生。

　　當智識發展突破了限制，自我與他者的界線清晰起來，人的思維開始具有強烈的懷疑態度與主體操控欲，文化發展出明確的政治與宗教體系，人與天地萬物就愈加隔閡。自此之後，「天人合一」這樣的信念便顯得太過素樸，人需要爲自己和天地的連結找尋更多的解釋、更可靠的契應，因此便有了各種「天人相應」的說法，用來具體說明獨立於人類意識之外的客觀存在「天」，與具有意識的自我主體「人」，有著統一的本原、屬性、結構和規律。比如卜筮，其原理便是在人與自然之間設定對應的關係，以此關係作爲卜筮的根據，因此人爲設定推衍的易數可以描述自然現象，而且現象變化中有著穩定的秩序；反過來說，易數中的宇宙秩序觀也能用來解釋人事、指引人事的方向。先秦諸子承繼傳統信念與思維，思想中常蘊含並反思天人之關係，錢穆先生

〔註80〕湯淺泰雄著；盧瑞容譯：〈「氣之身體觀」在東亞哲學與科學中的探討——及其與西洋的比較考察〉，收入楊儒賓主編：《中國古代思想中的氣論及身體觀》，P.98。

〔註81〕「生命一體化」可見 Ernst Cassirer 著；甘陽譯：《人論》（台北：桂冠圖書，1990），P.122。

言：「雖孔、孟、莊、老，尋其底蘊，蓋莫不有一種天人相應之觀念默存於其胸臆間，特所從言之有異耳，非自陰陽家乃始有此意見也。」〔註82〕「天人合一」在原始思維中，是主客未分、道術尚未爲天下裂的素樸信仰；不過，在人的主體性彰顯之後，也可以說爲生命的理想境界，是哲人與求道者終生希冀追尋的失落樂園。

一、天人相應的邏輯

《莊子‧漁父》：「同類相從，同聲相應，固天之理也。」〔註83〕《周易‧乾卦‧文言》：「同聲相應，同氣相求。水流溼，火就燥，雲從龍，風從虎，聖人作而萬物覩。本乎天者親上，本乎地者親下，則各從其類也。」〔註84〕秦漢諸子典籍類似的說法頗多，是古哲觀察自然後作出的重大思考結論。藉由觀察事物之間類同或相從的現象，歸納出：事物若有相似的共相或性質，便有呼應與聚合的趨向：「類固相召，氣同則合，聲比則應。鼓宮而宮動，鼓角而角動。平地注水，水流溼。均薪施火，火就燥。」〔註85〕此中最具說服力的論據是聲音的共鳴，「鼓宮而宮動，鼓角而角動」，頻率越相近、共鳴便越強，古人雖然不知道是什麼造成兩者之間的聯繫，但顯然兩者遵循同一理則而有了交流感應。

同類相從、同氣相求、同聲相應，是「天人相應」得以成立的普遍邏輯，例如解釋《呂氏春秋‧有始覽‧應同》的五德終始：聖王何以受命於天？因爲黃帝、禹、湯、文王等見禎祥而知五行中之勝氣，故起而相應。那麼爲何不是他人，獨獨是該位聖王見禎祥而起事？此皆因同具五行之一德性的聖人與當時天之勝氣恰得相應，乃能成事，天命因而具有了客觀的根據。同類相從、同氣相求的邏輯恰好也爲董仲舒天人感應論找到操作的方式：

> 百物去其所與異，而從其所與同。故氣同則會，聲比則應，其驗皦然也。試調琴瑟而錯之，鼓其宮，則他宮應之，鼓其商，而他商應之，五音比而自鳴，非有神，其數然也。美事召美類，惡事召惡類，

〔註82〕錢穆：《中國學術思想史論叢（二）‧與繆彥威書論戰國秦漢間新儒家》，《錢賓四先生全集》（台北：聯經，1995），P.80。

〔註83〕《莊子集解‧漁父》卷8，P.274。

〔註84〕《重刊宋本十三經注疏‧周易注疏‧周易兼義》P.15-1。

〔註85〕《呂氏春秋新校釋‧有始覽‧應同》卷13，P.678。

類之相應而起也，如馬鳴則馬應之，牛鳴則牛應之。〔註86〕

然則相應的共相在哪？董仲舒竭力找出天人之間的相似性，作爲天人感應論的論據。而最好的相應莫過於數：

> 物疢疾莫能偶天地，唯人獨能偶天地。人有三百六十節，偶天之數也；形體骨肉，偶地之厚也；上有耳目聰明，日月之象也；體有空竅理脈，川谷之象也；心有哀樂喜怒，神氣之類也；觀人之體，一何高物之甚，而類於天也。…是故人之身，首妢而員，象天容也；髮，象星辰也；耳目戾戾，象日月也；鼻口呼吸，象風氣也；胸中達知，象神明也；腹胞實虛，象百物也。…天以終歲之數，成人之身，故小節三百六十六，副日數也；大節十二分，副月數也；內有五臟，副五行數也；外有四肢，副四時數也；乍視乍暝，副晝夜也；乍剛乍柔，副冬夏也；乍哀乍樂，副陰陽也；心有計慮，副度數也；行有倫理，副天地也。此皆暗膚著身，與人俱生，比而偶之弇合。
>
> 於其可數也，副數；不可數者，副類，皆當同而副天，一也。〔註87〕

人身中可數的部分拿來與天地之數一一對應。至於不可數的部分，如人的樣貌、品性、情感和生理，便將天地比擬爲人，找尋可供對照的現象。

〈人副天數〉目的在於論證人與天的密切對應：「天地之符，陰陽之副，常設於身，身猶天也，數與之相參，故命與之相連也。」言人之身體猶如天，意味人身並非只是天地的一部分，人身就是一個整體，是天地的縮影，天地爲大宇宙、人身便是小宇宙。〔註88〕

〔註86〕《春秋繁露新注・同類相動》，P.269。

〔註87〕《春秋繁露新注・人副天數》卷13，P.265-267。如果《文子》的年代確出於先秦，則董仲舒言人副天數或可能取自道家觀點，見《文子・九守》：「頭圓法天，足方象地。天有四時、五行、九曜、三百六十日，人有四支、五藏、九竅、三百六十節。天有風雨寒暑，人有取與喜怒。膽爲雲，肺爲氣，脾爲風，腎爲雨，肝爲雷。人與天地相類而心爲之主。耳目者，日月也。血氣者，風雨也。」（《文子・九守》，P.15-16。收於《鄧析子、鬼谷子、文子》合訂本（台北：臺灣中華書局，1978））

〔註88〕大小宇宙的相應，在印度佛教中似未曾見，但（隋）智顗：《釋禪波羅密次第法門》卷8借用以描述「通明觀」的初禪修證境界之一「內世間與外國土義相關相」：「行者三昧智慧願智之力諦觀身時，即知此身具彷天地一切法俗之事，所以者何？如此身相頭圓象天，足方法地，內有空種即是虛空，腹溫暖法春夏，背剛強法秋冬，四支體法四時，大節十二法十二月，小節三百六十法三百六十日，鼻口出氣息法山澤谿谷中之風氣，眼目法日月，眼開閉法晝

　　若人身包括了天地的全體信息，依照「氣同則會，聲比則應」的原則，人與天地的狀態會不會互相呼應呢？答案無疑是肯定的。在周秦典籍中不少處都透露出天人相應的信念，如《老子‧79 章》：「天道無親，常與善人。」〔註89〕《左傳‧僖公五年》：「皇天無親，惟德是輔。」〔註90〕《易經‧坤卦‧文言》：「積善之家必有餘慶，積不善之家必有餘殃。」〔註91〕相信天和人彼此聯繫，人的作爲必會感通於天，然後反饋於人。董仲舒的天人感應論中則舉自然界現象爲證：

> 天將陰雨，人之病故爲之先動，是陰相應而起也；天將欲陰雨，又使人欲睡臥者，陰氣也。有憂，亦使人臥者，是陰相求也；有喜者，使人不欲臥者，是陽相索也；水得夜，益長數分，東風而酒湛溢；病者至夜，而疾益甚；雞至幾明，皆鳴而相薄。其氣益精，故陽益陽，而陰益陰，陰陽之氣因可以類相益損也。天有陰陽，人亦有陰陽。天地之陰氣起，而人之陰氣應之而起；人之陰氣起，天地之陰氣亦宜應之而起，其道一也。明於此者，欲致雨，則動陰以起陰；欲止雨，則動陽以起陽。故致雨，非神也，而疑於神者，其理微妙也。〔註92〕

董仲舒所舉之例證在今天看來，可能覺得過於粗糙，犯了將不同範疇扯在一起的謬誤，不過依其理路看，用陰陽相應就可解釋現象，正是他理想中以簡御繁的神妙之道，蓋陰陽二氣瀰漫於天地，現象之因果皆可化歸爲陰陽二氣的感應。天地的氣變造成人身生理、心理與行爲的反應；反之，人也能靠著

夜，髮法星辰，眉爲北斗，脈爲江河，骨爲玉石，皮肉爲地土，毛法叢林，五臟在內，在天法五星，在地法五岳，在陰陽法五行，在世間法五諦。內爲五神，修爲五德，使者爲八卦，治罪爲五刑，主領爲五官，昇爲五雲，化爲五龍：心爲朱雀，腎爲玄武，肝爲青龍，肺爲白虎，脾爲句陳，此五種眾生則攝一切世間禽獸悉在其內。亦爲五姓，謂宮商角徵羽，一切萬姓並在其內。對書典則爲五經，一切書史並從此出。若對工巧，即是五明六藝，一切技術悉出其間。當知此身雖小，義與天地相關，如是說身非但直是五陰世間，亦是國土世間。」（見《大正新修大藏經》冊 46，No.1916，P.532）極可能參考自先秦兩漢的天人相應說。

〔註89〕《老子校釋》，見《老子釋譯》，P.306。
〔註90〕《春秋左傳注‧僖公五年》，P.309。
〔註91〕（清）阮元審定；盧宣旬校：《重刊宋本十三經注疏‧周易注疏》（台北：藝文印書館，1965），P.20-2。
〔註92〕以上，分見〈人副天數〉、〈同類相動〉，《春秋繁露新注》，P.266、P.269-270。

自身的行為影響天地，所以「欲致雨，則動陰以起陰；欲止雨，則動陽以起陽」。這其實是以氣論、天人感應論包裝的政治神學，在類似巫術的神學中彰顯出人文化成的積極精神。相類似的「人能感天」想法，也見於《淮南子‧本經訓》：

> 天地之合和，陰陽之陶化萬物，皆乘人氣者也。…天地宇宙，一人之身也；六合之內，一人之制也。是故明於性者，天地不能脅也；審於符者，怪物不能惑也。故聖人者，由近知遠，而萬殊為一。〔註93〕

天地宇宙如一人之身，人類若能和睦太平，天地乘此和氣便風調雨順；故治天下即從治身做起，著重在人對於世界盛衰具有掌控的力量。這裡天人相應的中介是氣，由氣的溝通與對氣性之了解可令萬殊為一。如此以人為主、能參天地造化的思考模式，乃上承先秦諸子，可溯源至西周，而下啟如《抱朴子‧黃白》引龜甲文云「我命在我不在天，還丹成金億萬年」〔註94〕的仙道思路，亦即人可以透過了解、進而應用天道運行之理則，更易生命軌轍、提昇生命素質。

　　董仲舒「天人感應論」與《淮南子‧本經訓》的論述目的是為了治理國家，且置而不論；其思想背景均與巫術或道家有所關連，因而容易延伸到宗教層面。先秦至兩漢所發揮的「天人相應」觀念，其證據常是簡單的類比思考，論證效力有限，但卻可以讓此種觀念經由朝廷與學術而流行於世，加上中國素來具有「人文化成」之思想，為後世仙道提供了知天道以修煉、藉人力以改造化的修行理論背景。

二、醫家的天人相應

　　「天人相應」的觀念是中國文化固有的底蘊，在醫家來說，此觀念更是根深柢固。《黃帝內經》為漢代以前所有醫經的總結，〔註95〕其通天人之說：

> 氣始而生化，氣散而有形，氣布而蕃育，氣終而象變，其致一也。（《素問‧五常致大論》）
>
> 夫五運陰陽者，天地之道也，萬物之綱紀，變化之父母，生殺之本始，神明之府也，可不通乎！（《素問‧天元紀大論》）〔註96〕

〔註93〕《淮南鴻烈集解‧本經訓》卷8，P.249。
〔註94〕《抱朴子內篇校釋‧黃白》卷16，P.262。
〔註95〕參陳德興撰：《氣論釋物的身體哲學‧緒論》，P.16-19。
〔註96〕以上，《黃帝內經素問譯解》，P.568、492。

將氣、陰陽、五行的理路，放在以人身爲中心的問題上，並以中國古代的天人整體觀，形構一張察天以解人、順天以治人的網路。醫家的理論體系不只是憑概念架構的形上思維而已，更求能實際運用，可以推測他們是以臨床的例證爲基礎，藉當時的理論語言，將大宇宙和小宇宙進行比對、類化、相應，而組構起來的經驗總結。

　　爲了證明天與人之間的連結，醫家同樣運用類似董仲舒「人副天數」、「同類相動」的方法，如《黃帝針灸甲乙經‧十二經脈絡脈支別》：

> 余聞人之合於天道也，内有五藏，以應五音、五色、五味、五時、五位；外有六府，以合六律，主持陰陽諸經，而合之十二月、十二辰、十二節、十二時、十二經水、十二經脈，此五藏六府所以應天道也。〔註97〕

以及《靈樞‧邪客》言「人與天地相應者」：「天圓地方，人頭圓足方以應之。天有日月，人有兩目。地有九州，人有九竅。天有風雨，人有喜怒。天有雷電，人有音聲。天有四時，人有四肢。天有五音，人有五藏。天有六律，人有六府。天有多夏，人有寒熱。天有十日，人有手十指。…此人與天地相應者也。」〔註98〕

　　醫家的天人相應闡述人體組織結構、生理現象以及疾病，與自然界變化的相對應關係，同樣是爲了實用。蓋醫家認爲疾之所起除了内部情志問題，病邪多來自於外，人生與外在環境不調，因而導致百病叢生；治療先需辨證，故當釐清天人相應之間的關係哪裡出了問題。所以，「人副天數」那種靜態的相應並非醫家最爲關注的焦點，當《素問‧舉痛論》云「余聞善言天者，必有驗於人」，其實是希望了解天地的變化對於人產生何種影響。氣論便適切地提供了天地與人之間相應的因由，如《素問‧陰陽應象大論》：「天氣通於肺，地氣通於嗌，風氣通於肝，雷氣通於心，穀氣通於脾，雨氣通於腎。」看似不可捉摸的天與人，正藉由同類的氣相通。再如《素問‧診要經終論》：

> 正月二月，天氣始方，地氣始發，人氣在肝。三月四月，天氣正方，地氣定發，人氣在脾。五月六月，天氣盛，地氣高，人氣在頭。七月八月，陰氣始殺，人氣在肺。九月十月，陰氣始冰，地氣始閉，

〔註97〕（晉）皇甫謐撰：《黃帝針灸甲乙經‧十二經脈絡脈支別》（北京：學苑出版社，1995）卷2，P.686。

〔註98〕《黃帝内經靈樞譯解‧邪客》，P.491。

人氣在心。十一月十二月，冰復，地氣合，人氣在腎。〔註99〕

天地無時無刻不在變化，人的生命活動也在變化，透過天氣與人氣的互滲，自然便有天人之相應。

由於人氣受天氣的影響，治病當配合天氣，如《素問‧八正神明論》言針砭之補瀉時機：

> 天溫日明，則人血淖液而衛氣浮，故血易瀉，氣易行；天寒日陰，
> 則人血凝泣而衛氣沉。月始生則血氣始精，衛氣始行；月郭滿則血
> 氣實，肌肉堅；月郭空，則肌肉減，經絡虛，衛氣去，形獨居。是
> 以因天時而調血氣也。是以天寒無刺，天溫無疑（遲疑，或解為凝）。
> 月生無瀉，月滿無補；月郭空無治，是謂得時而調之。因天之序，
> 盛虛之時，移光定位，正立而待之。故曰月生而瀉，是謂藏虛；月
> 滿而補，血氣揚溢，絡有留血，命曰重實；月郭空而治，是謂亂經。

在氣血虛時毋瀉；氣血滿時毋補；氣血重生之前毋下針醫治，因為在每月晦朔之日，氣血尚未重新生起，可說身體唯剩形體而少流動，故不宜針砭。天氣溫暖或陰寒，人的氣血就隨之浮動或沉凝，這尚可說是由於天氣冷熱與人的活動有關。但醫家認為月之盈虧與人氣血的實虛相應，則頗似巫術之說，牽涉到生命運作與天地相應的規律性，亦即氣血有如潮汐，以月為週期而循環生息。月的盈虧表徵了天地之氣的起落，所以可用來察知生命氣血的變化。治病如此，日常生活也當如此，全因人之一身存活於天地之中，不外於萬物，智者便知順天地之變化以遠病，《素問‧四氣調神大論》云：

> 唯聖人從之，故身無奇病，萬物不失，生氣不竭。逆春氣，則少陽
> 不生，肝氣內變；逆夏氣，則太陽不長，心氣內洞；逆秋氣，則太
> 陰不收，肺氣焦滿；逆冬氣，則少陰不藏，腎氣獨沉。

逆春氣則肝氣內變的邏輯，可以如《春秋繁露‧同類相動》一般來解釋，人身之活動若不相應屬木的春氣之活動，則會使同屬木的肝氣內變。可以說，醫家重視的天人相應，超越了單純的副數、副類的比擬，在乎的是變化中有循環往復現象、亙古不變的規律。

從以上說法，即了解醫家關注的天人相應規律，具體表現在陰陽四時，故《素問‧四氣調神大論》強調：

〔註99〕以上，《黃帝內經素問譯解》，P.299、57、122-123。

> 故陰陽四時者，萬物之終始也，死生之本也，逆之則災害生，從之
> 則苛疾不起，是謂得道。道者，聖人行之，愚者佩之。從陰陽則生。
> 逆之則死；從之則治，逆之則亂。反順爲逆，是謂內格。是故聖人
> 不治已病，治未病，不治已亂，治未亂，此之謂也。〔註100〕

既然陰陽四時是萬物之終始、死生之本，爲什麼人還會逆於陰陽四時？這必須回到前面論述人類找尋天人相應的理由來看：人與天地的隔閡是由於人的主體意識強烈而起。意識有了自主性，能決定自己的行爲。但意識並不能完全掌控身體，因爲不勞意識操縱便能自然運作的身體功能，正是生命之基礎，由於稟賦自天地之氣，故遵循陰陽四時之道。另一方面，人的意識則囿於感官，未能知「道」、臻於神明，是故意識受物欲而任意行止，往往逆於陰陽四時。就此而言，人與天地的隔閡，其實也是人之性命與意識的割裂。此所以醫家養生需要「知道」以修正認知。《素問・上古天眞論》談到：「上古之人，其知道者，法於陰陽，和於術數，食飲有節，起居有常，不妄作勞，故能形與神俱，而盡終其天年，度百歲乃去。」所謂「得道」、「知道」，意謂聖人所遵從的就是「道」。陰陽四時之道爲萬物之根本，萬物皆生於道、從於道，這是將天人相應之因歸入更形上、更基本的道論。另外，由於感官引發的物欲引誘人逆於常道，是以醫家養生也說「恬淡虛無」：「夫上古之聖人之教下也，皆謂之虛邪賊風，避之有時，恬淡虛無，眞氣從之，精神內守，病安從來。」〔註101〕如此雙管齊下，才能恢復上古眞人的天人合一，盡其天年、與萬物同化於道的最佳生命狀態。

　　醫家講陰陽四時的天人相應觀念爲六朝仙道修煉所應用，如服氣法中多注意節氣與方位，服氣時存思與各自五臟相應等即是；而知道、得道乃能長生、形神相合之說，又與仙道主張契合無間。後文將詳述之。醫家主張的「恬淡虛無，眞氣從之」則與下節所談道家主虛靜的養氣工夫論契應無間。

　　醫家之天人相應畢竟不同於董仲舒乃至仙道的天人感應理論，基本只談天道能影響人，而不談人道能影響天。儘管再怎麼肯定天人相應，醫家終究視人爲天地的一部分，而天地之道並非人可操控，甚至違逆者。此也可以說是醫家與往後的仙道在企求長生的道路上分道揚鑣的根本差異。

〔註100〕以上，《黃帝內經素問譯解》，P.221-223、17-18、18-19。。
〔註101〕以上，《黃帝內經素問譯解・上古天眞論》，P.2、3。

第四節　工夫論

前述陰陽、五行、氣論、天人關係，還未能構成仙道的完整思想背景，單單憑藉上述觀念理論，並不足以解釋何以仙道會有修行的想法。修行，意謂透過訓練、調和自我身心，甚至最終能操控自我身心，來達到生命之形體或精神狀態的轉變。仙道爲何不僅僅藉著祭祀、祈禳、符籙、行善等方式來求仙，還想到藉修行以轉化生命，這是一個極爲根本又相當複雜的問題。其實，世界上各大宗教，莫不講求修行以鍛鍊身心。修行的方式、進路、階段、目的雖各有不同，但修行實爲人類宗教共通的特徵。尤其在中國文化之中，修行並非宗教所獨有，而是先秦以來知識分子、思想家乃至賢哲聖人都採取的探索與實踐生命意義之道路——討論此一道路的思想，稱爲工夫論。是以，與其說仙道之修行觀念出於宗教因素，不如說仙道之修行觀念根植於中國傳統思想中對生命歸趨的關懷。本節擬溯及先秦思想中的工夫論，以還原仙道修行觀念之背景。

一、工夫論的緣由

舉凡哲學，在探討人類的定位、生命的意義時，不分中西，都不約而同地從二大問題出發：一者詢問人與宇宙的關係，二者詢問人的身心關係。在中國傳統思想來看，前者是天人論，討論已見上節；後者是本節要談的工夫論。對中國甚至整個東方文化來說，身心關係並非固定不變，乃是隨著心念與作爲而更迭調整，是一種實踐的進程。湯淺泰雄云：

> 東方身心觀著重探討下述問題，如「（通過修行）身與心之間的關係將變得怎樣？」或者「身心關係將成爲什麼？」等。而在西方哲學中，傳統的問題是「身心之間的關係是什麼？」換言之，在東方經驗上就假定一個人通過身心修行可使身心關係產生變化。只有肯定這一假定，才能提問身心之間的關係是什麼這一問題。也就是說，身心問題不是一個簡單的理論推測，而是一個實踐的、生存體驗的，涉及整個身心的問題。身心理論僅僅是對這種生存體驗的一種反映而已。〔註102〕

是故講身心關係便牽涉到工夫或是修行。若聚焦於中國文化，我們不禁要

〔註102〕湯淺泰雄著；馬超等編譯：《靈肉探微》（北京：友誼出版公司，1990），P.2。

接著問：何以中國傳統思想中會產生工夫或是修行理論？本文以爲，這是
源於中國傳統思維的性格特質，而此種特質乃是在探究上述兩大問題中逐
漸形成的理路。人與宇宙的關係、人的身心關係這兩大問題實有連通，中
國傳統思想向來不割裂人與宇宙：人的存在價值，要放在天地之中、藉由
人應對天地的作爲而透顯出來；人所成就的生命意義，端賴人發揚天地稟
賦於自身的性德之程度。這樣的天人關係自是源於原始思維的信仰，亦即
人之生死吉凶，全憑上天或自然界的神靈決定，人的作爲必須取悅神靈、
不得違逆。商代注重祭祀，生活行止皆決於占卜，即是此種信仰之表現，
而神靈信仰至今猶存。

隨著文明的開化、智識的提昇，當我們觀察到宇宙運行的現象極有規律，
例外乃是少數，人在日常生活中就可以安於自然規律、不再擔心動輒得咎。
於是中國傳統思想在周代邁出了自我反省與道德判斷的一大步，以人文化成
的精神詮解原始思維中的天人信仰。同樣是上天或神靈降下禍福，可是上天
或神靈不再是喜怒無常，而是掌理或代表天道之「聰明正直而壹者也，依人
而行」〔註103〕，因此人的吉凶禍福由自身行爲來決定，人循天道而生活，即
獲得神靈庇佑。我們可以說，中國的人文精神展示爲人類心智的理性化、道
德化，肇因於其宇宙觀的理性化、道德化。

自周代以下，中國傳統思想已經將天人關係轉入道德自省的範疇，但原
先原始信仰中的天人相應觀仍然存在，亦即將天地萬物視爲有機的整體網
絡，彼此之間互相牽動、交流——透過既是形構材質、又是互滲中介的氣來
達成。人也是這套有機網絡的一個環節，只是人不同於萬物，人有自主意識
來省思自身存在的意義，可以抉擇自身的行止而或吉或凶。由於宇宙網絡是
有機動態的，人的吉凶禍福也是視其作爲而定、牽一髮而動全身，故中國傳
統思想看待人與宇宙的關係向來不主張命定論。當然，中國傳統思想並不會
認爲人具有完全的自由，既然身處網絡之中，就沒有所謂獨立之個體。更何
況，我們也很容易觀察到每個人形體、才性的不同和限制，這種相異和限制，
正可運用萬物生命和才性由氣所稟賦之說來解釋。用氣論解釋天人相應的內
在邏輯，是原始思維的理論化，仍帶有巫術的影子；但若是從這裡再深一
層思考，便會提出「天道性命相貫通」的觀點，《禮記・中庸》便云：「天
命之謂性，率性之謂道，修道之謂教。道也者，不可須臾離也，可離者，

〔註103〕《春秋左傳注・莊公三十二年》，P.252-253。

非道也。」〔註104〕如此的信念已然屬於哲學的範疇。生來稟受天地之氣，所以人作為個體是有限的；但一身之氣連通於天，因此人的生命延伸又是無限的。如何從有限轉化、提升到無限，這就是中國傳統思想中工夫論關注之議題。

在實際的感受上，身為一個人，往往覺得自身與外在是隔開來的、是不相感通的，甚至自我亦不能隨意自如地掌握形體。如果天人相應、稟賦於天的信念是無可懷疑的前提，那麼何以「我」會覺得自己是受到束縛的、是孤寂的？要邁向天人合一，顯然必須先解決身心之間的問題。由一己出發，先要能解決自己生命的困惑，然後才能擴展到其他層面，這是中國思想中人文精神所慣走的內聖外王之路。此所以《禮記・大學》云：「古之欲明明德於天下者，先治其國；欲治其國者，先齊其家；欲齊其家者，先修其身；欲修其身者，先正其心；欲正其心者，先誠其意；欲誠其意者，先致其知；致知在格物。物格而後知至，知至而後意誠，意誠而後心正，心正而後身修，身修而後家齊，家齊而後國治，國治而後天下平。」〔註105〕而生命意義之實踐要落實到工夫論，必然牽涉到身心之間氣的運作：

> 天地間充滿了氣，人身也是由氣組成，氣會影響人的生命與心志，而學者原則上也可以治氣、養氣。這些概念應當是共法，戰國的醫家這樣看待人身，莊子、孟子、管子等人恐怕也是這樣看待的。〔註106〕

從前節的討論中已知，就身體而言，氣是由先天稟賦而來，精氣構成生命，順此而發展的各種生命表現，大體上可說為生命力，與心志意識有所區別，本節特稱為「體氣」。另外，先秦的養氣之說都脫不了心，此處講的心，可以寬泛地包含意識的運作與狀態，其中也會有認知、記憶、思維、情緒等心理活動。

先秦思想已認為心與氣互相牽動，類似今日我們說的心理影響生理、生理影響心理。如《左傳・昭公元年》：「若君身，則亦出入、飲食、哀樂之事也，山川、星辰之神又何為焉？君子有四時：朝以聽政，畫以訪問，夕以修令，夜以安身。於是乎節宣其氣，勿使有所壅閉湫底以露其體，茲心不爽，而昏亂百度。今無乃壹之，則生疾矣。」〔註107〕子產認為身體健康與否會受

〔註104〕《重刊宋本十三經注疏・禮記注疏》卷52，P.879-1。

〔註105〕《重刊宋本十三經注疏・禮記注疏》卷60，P.983-1。

〔註106〕楊儒賓：《儒家身體觀・導論》（台北：中央研究院中國文哲研究所，2008），P.12。

〔註107〕《春秋左傳注・昭公元年》，P.1220。

到身心行為影響，與神靈無關。如能配合作息，有節制地宣發體氣，體氣便不致壅塞不通。否則會令身體羸弱，心不能明朗舒爽而昏亂。醫家論述亦言情志受臟腑狀況影響，如（漢）張仲景《傷寒雜病論》桂林古本載有：「婦人臟燥，悲傷欲哭，數欠伸，象如神靈所作者。甘草小麥大棗湯主之」、「傷暑，夜臥不安，煩躁，讝語，舌赤，脈數，此為暑邪干心也。黃連半夏石膏甘草湯主之」〔註108〕等，顯示身體中的氣受到外邪侵擾，形體有病，則神識也會不安，甚至幻覺或癲狂。另外，《靈樞・百病始生》：「憂思傷心，重寒傷肺，忿怒傷肝，醉以入房，汗出當風傷脾，用力過度，若入房汗出浴，則傷腎。」〔註109〕情志亦是導致五臟損傷的因素之一。

前文在討論五行時，就已經提過五臟與情志配屬繫連。醫家素知心理層面的情志緊密連結生理層面，循陰陽五行之原理、原則，同天之五氣／六氣一起牽動人的生命活動，《素問・陰陽應象大論》即云：「天有四時五行，以生長收藏，以生寒暑燥濕風。人有五藏化五氣，以生喜怒悲憂恐。故喜怒傷氣，寒暑傷形。暴怒傷陰，暴喜傷陽。厥氣上行，滿脈去形。喜怒不節，寒暑過度，生乃不固。」〔註110〕何以心、氣會互相連動？根據上節所談的精氣說，意志、性情乃至認知，都是流動在身體中具有神祕性質的氣之作用發揮。在西方思想看來，心志範疇完全與形體不同，在中國思想傳統裡，心志卻與形體同出於精氣。生命的活動若放在微觀層次，不論身心均屬於氣的活動，只是氣之類型有別。精氣聯繫起形體與心志，無庸置疑：

> 此世之內沒有無身體的意識，也沒有無意識的身體，而在這兩者中居間起作用的，乃是「氣」。所以身體一活動，即有氣的流行，也就有潛藏的意識作用。意識一活動，也即有氣的流行，也就有隱藏的身體作用。〔註111〕

一切存在皆由精氣構成，精氣是意識的構成基底，也是形體的構成基底，因此，兩者間的互滲交流自然成立。身體中的氣可以影響人的生命運作和心志；相對地，心志亦可以治氣、養氣，這樣的觀點很自然地被諸子百家所接納，例如《孟子・公孫丑上》：「志壹則動氣；氣壹則動志也。」孟子認為，心志

〔註108〕以上，（漢）張仲景著：《傷寒雜病論》（中醫整合研究小組發行），分見卷16第24條，P.304；卷5第9條，P.86。
〔註109〕《黃帝內經靈樞譯解・百病始生》，P.474。
〔註110〕《黃帝內經素問譯解・陰陽應象大論》，P.47-48。
〔註111〕楊儒賓：《儒家身體觀・儒家身體觀的原型》，P.49。

與體氣的主導權端看二者中何者較爲強勢或占有優先地位，而這就取決於心志或體氣的凝聚、專一的程度。當心神專注於某件事物，便能引領體氣隨之投向。如此論點正好解釋上文鄭君之疾，子產認爲鄭君就是生活失了節度，過於專注一件事，導致體氣流行失了常度才導致疾病。

職是，當我們提到修養工夫，不只是心理認知方面的學習、薰陶，理所當然也會連通著形體狀態的轉變。因此會說心氣修養的工夫是打通上下、貫通內外。上下者，天道和性命相貫通是也；內外者，心之於身或神之於形相貫通是也。由於肯定人之主體意志的存在價值，先秦諸子的工夫論多半主張心爲主宰，像是《孟子・公孫丑上》：「夫志，氣之帥也；氣，體之充也。夫志至焉，氣次焉。」〔註112〕《管子・內業》：「我心治，官乃治。我心安，官乃安。治之者心也，安之者心也。」〔註113〕均藉著心志的修養來統攝生理功能。修養工夫即是轉化心性以至於轉化形體的踐形過程，其中前後因果關係可以歸納爲：以心領氣，心志之氣影響體氣，細微的體氣再逐漸轉變了形體。

二、兩種養氣工夫論的進路

從心志下手的工夫論路數大致分爲積極充實和虛靜以待二者。積極充實的一路，以孟子之說爲代表，從「夫志，氣之帥也」、「夫志至焉，氣次焉」即見孟子的養氣工夫論以意志爲主導。《孟子・公孫丑上》言養氣必先具備正確的心念、志向：

> 「敢問夫子惡乎長？」曰：「我知言，我善養吾浩然之氣。」「敢問何謂浩然之氣？」曰：「難言也。其爲氣也至大至剛，以直養而無害，則塞于天地之間。其爲氣也，配義與道，無是，餒也。是集義所生者，非義襲而取之也。行有不慊於心則餒矣。我故曰：告子未嘗知義。以其外之也。必有事焉而勿正，心勿忘，勿助長也。無若宋人然。」〔註114〕

「知言」與「養氣」並提，則「知言」亦當是養氣的內容之一。「知言」是對於所接收的概念的處理，聞人言能知其中內涵是否合乎道義。需要注意的是，此「知」並非經由外在學習所獲得的認知，故云「非義襲而取之也」；大約近

〔註112〕以上，《重刊宋本十三經注疏・孟子注疏》，P.54-2。
〔註113〕《管子・內業》冊2，卷16，，P.101。
〔註114〕《重刊宋本十三經注疏・孟子注疏》卷3，P.54-2至55-1。

似王陽明之「良知」，也就是以生來本具的良知去理解、判斷事情，於是知言後的應對進退都合乎道義。孟子所養之氣非是一般的體氣，而是經過「配義與道」的體氣，特稱爲「浩然之氣」，不會因體氣旺盛而導致不合宜的生命衝動，故「直養而無害」。下文說「集義所生」則在實際事上修行，經過持續行義逐漸積養浩然之氣。反之，若是行止不能合乎內在本有的良知，則有損浩然之氣，因此說「無是，餒矣」、「行有不慊於心則餒矣」。總之，孟子主張，心志的依歸或方向合乎道義，使應對行止合宜，這就是修行；經由修行「配義與道」的方式，「集義所生」之體氣會轉型爲浩然之氣；充養此浩然之氣於生命無害，更可以成就生命本有之性德，形體也會逐漸轉化而達到踐形。〔註115〕若連結到《孟子・盡心上》所言：「盡其心者，知其性也。知其性，則知天矣。存其心，養其性，所以事天也。殀壽不貳，修身以俟之，所以立命也。」〔註116〕即知孟子是藉由以心養氣的工夫來實踐「天道性命相貫通」的天人合一理想。

　　然而，既言「直養而無害」，表示養氣也可能走向有害的偏差。偏差的原因在於未能「知言」，導致心不知道義，但任己意領氣，或逕以其他方式養氣，則所養之氣純是生理之體氣，無益於實踐性德，而且由於生理上體氣的強勢，反而影響心志趨於生理本能，隨種種身心衝動而行事，此即「今夫蹶者趨者，是氣也，而反動其心」，所以孟子才諄諄告誡「持其志，無暴其氣」。〔註117〕這也關係到孟子與告子二人工夫論的差異。同樣談不動心，告子認爲「不得於心，勿求於氣」的態度和孟子相同，都說不應以體氣來領導生命的走向。不過，孟子對於內在本有性德極具信心，積極地主張持志、盡心知性，故心氣之間的關係必然是「志至焉，氣次焉」。告子的不動心則是強將心志隔絕於事物之外，漠然以對。這種與世隔絕的態度造成人與世界的疏離，與傳統的天人相應說不合。告子會採取心與事物的隔離，完全是因爲告子不信任內心的良知，亦即不相信內心具有先驗的、稟賦於天的道德根源，因此才會說「不得於言，勿求於心」。事實上，像告子這樣對心能否主導生命朝向盡性成德的憂慮並不少見，《尚書・虞書・大禹謨》豈不云「人心惟危，道心惟微」〔註118〕？

〔註115〕關於「養氣以踐形」，詳參楊儒賓：《儒家身體觀・論孟子的踐形觀》，P.161-166。
〔註116〕《重刊宋本十三經注疏・孟子注疏》卷13，P.228-2。
〔註117〕以上，《重刊宋本十三經注疏・孟子注疏》卷3，P.54-2。
〔註118〕《重刊宋本十三經注疏・尚書注疏》卷4，P.55-2。

《禮記‧中庸》要人修道率性以通於天，不也小心翼翼地說「是故君子戒慎乎其所不睹，恐懼乎其所不聞。莫見乎隱，莫顯乎微。故君子慎其獨也」〔註119〕？世人大多數都順從生理本能，即使認知上有道德規範也多半是「義襲而取之」，若沒有深刻的覺察與體證，人對於內心良知普遍而言都是信仰薄弱的。從修養先天性德根源入手的心氣工夫雖直截易簡，卻需要堅定有恆的意志。

孟子明確地認定內心具有道義，為天賦之性德，乃外在道德規範的根源，心志有明確應循之方向。相對於此，道家則採取看似消極的工夫論，對於心志不設立場，唯令心虛靜不加干涉，以待體氣自然充養。〔註120〕道家以為虛靜方能大用，就像房舍、容器一般，都是虛乃容物、靜乃恆久，《老子》中論述甚多。若應用在工夫上，〈第 3 章〉講：「虛其心，實其腹，弱其志，強其骨。」心、志與腹、骨對舉，前者指心理層面盡量虛、弱，即放棄意識的主導或自我之操控；相對於此，則要充實後者之生理層面，腹、骨指的是生命中毋須意識便能自動運作的基本功能和形構。〈第48章〉亦云：「為學日益，為道日損。損之又損，以至於無為。」〔註121〕，相較於「為學」是記憶、吸收學問智識，「為道」的工夫乃反向而行，捐棄掉不必要的概念資訊，令心志無所壅塞、罣礙。由於不存在主觀的臆測、偏見、固執，便能臻至無為——無有違反道法自然的作為。

先秦諸子乃至儒家經典中推許的精神境界往往都與靜相關，乃中國文化固有的內省傾向，以及對自然現象中寧靜狀態的推崇，如《管子‧內業》將安靜視為人類應達的天地本然平衡：

> 天主正，地主平，人主安靜。春秋冬夏，天之時也。山陵川谷，地之枝也。喜怒取予，人之謀也。是故聖人與時變而不化，從物而不移，能正能靜，然後能定。〔註122〕

天有四季、地有高下、人有情緒，變化中卻都有不變的正、平、安靜以為基準。這裡我們又看到天人論中小宇宙與大宇宙的對應，大宇宙的運行法則同

〔註119〕《重刊宋本十三經注疏‧禮記注疏》卷52，P.879-1。
〔註120〕「虛」與「靜」之意義實有差別，虛言心無雜訊，靜言心不受干擾，但二者達致的心理狀態類似，且道家常合併言之。本文非專論虛靜，重在討論工夫論之特點，是以不強加區分。
〔註121〕以上，《老子校釋》，見《老子釋譯》，P.15、192-193。
〔註122〕《管子‧內業》冊2，卷16，P.100。

樣類比到人之小宇宙中。老子主張心之虛靜，因為認為虛靜不只是一種心理狀態，更是一切生命活動共同的歸趨，《老子・第 16 章》：「致虛極，守靜篤。萬物並作，吾以觀其復。夫物云云，各歸其根。歸根曰靜，靜曰復命，復命曰常。」〔註 123〕觀復即是觀察萬物變化的表現，發現到萬物之天命都在復歸本根，此本根狀態以「靜」稱之，象徵生命之根源，也是生命之終點。看似紛然萌動，終究由動入靜，如此乃生命常態──於是老子有所啟悟，主張藉由返於虛靜的修養工夫完成人類生命應有的根本常態。

先秦思想各派所說生命應有常態之涵義不見得相同，不過均可歸結為理想的生命境界。如《管子・內業》即認為人應該是身心健全完整，又能與天地關連，清楚自身的定位：「人能正靜，皮膚裕寬，耳目聰明，筋信而骨強，乃能戴大圓，而履大方。鑒於大清，視於大明。敬慎無忒，日新其德；遍知天下，窮於四極；敬發其充，是謂內得。」人能心志正靜，則形體也隨之健康強壯、耳聰目明，這都是因為心之正靜導致內在的充實、性德的提昇。所言「敬發其充，是謂內得」，內在充實的是什麼？答案不言可喻，即是生命表現的材質與能量，精氣是也。《管子・內業》又云：

> 精存自生，其外安榮，內藏以為泉原，浩然和平，以為氣淵。淵之
> 不涸，四體乃固，泉之不竭，九竅遂通，乃能窮天地，被四海。中
> 無惑意，外無邪菑。心全於中，形全於外，不逢天菑，不遇人害，
> 謂之聖人。〔註 124〕

這裡認為心能修養正靜，精氣自然留存、產生，充盈的精氣也令生理得以轉化，故謂「心全於中，形全於外」；充實身體的精氣可以料想是透過呼吸、飲食而來，因而帶入與天地萬物互滲的神祕性質，是以能「遍知天下」、「窮天地」。由於聖人養心而治氣，心便能澄靜地接收氣的交感流行，而達到物我相通的境界。

三、虛靜以養氣的邏輯

道家主張心虛靜便能養氣，可以再析為兩個層面深入討論：首先，為何心不虛靜就無法養氣，甚至於體氣有損？其次，為何心一旦虛靜，精氣就在身體中充養起來？

〔註 123〕《老子校釋》，見《老子釋譯》，P.64-66。
〔註 124〕以上，皆見《管子・內業》冊 2，卷 16，P.102。

關於第一個問題。「虛靜」一詞意味著某些東西的清空排除，或者不受某些東西的擾動。那麼心所虛靜的對象是什麼呢？狹義而粗略地說，即是受到感官感受、概念認知影響而引發的諸般情志。這些情志使心隨好惡而追逐外在，《老子·第12章》有云：「五色令人目盲；五音令人耳聾；五味令人口爽；馳騁田獵，令人心發狂；難得之貨，令人行妨。是以聖人爲腹不爲目，故去彼取此。」〔註125〕「腹」與「目」表面上都屬生理，但「腹」呼應上文的「虛其心，實其腹」，乃虛靜而得充養的自然身體；目則代表感官，指向外投射的情欲身體。又如《管子·內業》：「凡人之生也，必以其歡，憂則失紀，怒則失端，憂悲喜怒，道乃無處。」〔註126〕各種情緒都會使身體的運作失去原本的規律、平衡，如此身體無法讓道（氣）留處。廣義而細微地說，虛靜的對象甚至可包括所有興發擾動的意識狀態，《呂氏春秋·似順論·有度》就提出令心意悖謬、塞道累德的「四六」：

> 先王不能盡知，執一而萬物治。使人不能執一者，物感之也。故曰通意之悖，解心之繆，去德之累，通道之塞。貴富顯嚴名利六者，悖意者也。容動色理氣意六者，繆心者也。惡欲喜怒哀樂六者，累德者也。智能去就取舍六者，塞道者也。此四六者，不蕩乎胸中則正。正則靜，靜則清明，清明則虛，虛則無爲而無不爲也。〔註127〕

「四六」包括貴、富、顯、嚴、名、利——屬於社會價值觀，會動搖意志；容、動、色、理、氣、意——屬於應對客體的表現，會影響心念；惡、欲、喜、怒、哀、樂——屬於主體的情志，會拖累性德的發揮；智、能、去、就、取、舍——屬於主體的思維抉擇，會使行爲不合於道。如此可說是否定了人整個的意識運作，只認取一純粹無雜的心體。再舉《禮記·樂記》爲例：

> 人生而靜，天之性也；感於物而動，性之欲也。物至知知，然後好惡形焉。好惡無節於內，知誘於外，不能反躬，天理滅矣。夫物之感人無窮，而人之好惡無節，則是物至而人化物也。人化物也者，滅天理而窮人欲者也。〔註128〕

此處提出人天生本來狀態是靜，由於感官以物爲對象，乃產生認知；有了認

〔註125〕《老子校釋》，見《老子釋譯》，P.45-46。

〔註126〕《管子·內業》冊2，卷16，P.104。

〔註127〕《呂氏春秋新校釋·似順論·有度》卷25，P.1652。

〔註128〕《重刊宋本十三經注疏·禮記注疏》卷37，P.666-2。

知便萌動情志好惡；因爲無法節制、反躬，意識只是一味投射於外，遂不能反思行爲是否合乎天理，淪於縱情感官欲望之追求。〈樂記〉所謂「人化物」意爲「人被物所化」，人受到外物引誘而失去了順應天理的本性。之所以如此，是因爲我們的意識運作絕大多數正是根據感官經驗和概念認知來衡量、決斷，因而常常失誤、不當。從以上引據，可以了解到此種虛靜情志以清明應物的思路並非僅道家所主，於先秦思想中不乏其例。

上文《呂氏春秋・似順論・有度》的論點中，心不能虛靜的影響擴大到了身體之外，形成治理上的阻礙。人無法盡知天下道理，故單以思維來待物處事斷不能周全，若想要事事都決斷應對適宜，唯有放棄不必要的意識狀態（清明則虛），修養成捐棄自身人格與個體性的聖王，唯有如此，才是完全無爲，自動反射地以道來衡準萬物、治理天下。《管子・心術上》也描述了類似的無爲之治：「是以君子不休乎好，不迫乎惡，恬愉無爲，去智與故。其應也，非所設也；其動也，非所取也。過在自用，罪在變化。是故，有道之君，其處也，若無知；其應物也，若偶之。」〔註129〕「無知」、「偶之」正是完全理性、客觀、不帶偏私的表現。那麼，爲什麼心境虛靜便可以自然應物不謬？《荀子・解蔽》雖是儒家經典，但對於心虛靜以知道的詮解或受道家影響，可與道家相參看：

> 人何以知道？曰：心。心何以知？曰：虛壹而靜。心未嘗不臧也，
> 然而有所謂虛；心未嘗不兩也，然而有所謂壹；心未嘗不動也，然
> 而有所謂靜。人生而有知，知而有志。志也者，臧也。然而有所謂
> 虛，不以所已臧害所將受謂之虛。心生而有知，知而有異。異也者，
> 同時兼知之。同時兼知之，兩也。然而有所謂一，不以夫一害此一
> 謂之壹。心臥則夢，偷則自行，使之則謀，故心未嘗不動也。然而
> 有所謂靜，不以夢劇亂知謂之靜。…虛壹而靜，謂之大清明。萬物
> 莫形而不見，莫見而不論，莫論而失位。〔註130〕

「虛」是不讓舊有的認知架構影響新進來的訊息；「壹」是不讓彼此相異的訊息互相干擾、妨礙；「靜」則是不讓意識此起彼落的波動所擾亂。這是一種不帶主觀評判、完全開放而客觀的心理境界，或可類比於現代科技中連通世界網路的計算機。荀子仍注重「知」，其所謂「知道」非是一般意識上的認知、

〔註129〕《管子・心術上》冊2，卷13，P.63。
〔註130〕李滌生著：《荀子集釋・解弊》（臺北：臺灣學生書局，1988），P.484。

了解，更爲適當的說法是：清楚地鑑照出萬物的眞相、意義、定位。《莊子・應帝王》亦云：「無爲名尸，無爲謀府，無爲事任，無爲知主。體盡無窮，而遊無朕，盡其所受於天，而無見得，亦虛而已。至人之用心若鏡，不將不迎，應而不藏，故能勝物而不傷。」〔註131〕中國傳統思想認爲萬物之性通於天，萬物稟賦道德而生成，因此當心境「清明」「若鏡」，無前提預設、無礙無滯地鑑照萬物，則天道就在其中，甚至物我之間的互滲感通也清晰呈現，自然能適當地應物治事了。至於這樣彷彿完全無個性、自動運作的虛靜之心是否意味著人不再具有自由抉擇？剝奪人性的聖王之治是否喪失了人文精神？此番提問已屬倫理學的議題，逸出本文討論的範圍，且擱置之，不作進一步探討。

了解心之虛靜是爲了去除情志的影響後，讓我們回到心與氣的討論。心被體氣牽著走，使心志受感官好惡或概念誘引而投向外在之對象，則生理方面的身體將隨之擾動，《淮南子・精神訓》云：

> 夫孔竅者，精神之戶牖也；而氣志者，五藏之使候也。耳目淫於聲色之樂，則五藏搖動而不定矣。五藏搖動而不定，則血氣滔蕩而不休矣。血氣滔蕩而不休，則精神馳騁於外而不守矣。精神馳騁於外而不守，則禍福之至，雖如丘山，無由識之矣。…故曰：「其出彌遠者，其知彌少。」以言夫精神之不可使外淫也。〔註132〕

心志若耽溺於外，當然就無暇正確判斷事情，如《管子・心術上》云：「夫心有欲者，物過而目不見，聲至而耳不聞也，故曰：上離其道，下失其事。故曰：心術者，無爲而制竅者也。」〔註133〕另一方面，我們還可以從心與氣的脈絡來解釋「其出彌遠者，其知彌少」：心志由精氣所成，體氣外馳的話，構成心志的精氣也隨之耗損，於是回過頭來降低心志運作的強度，心志也就更難持守；再者，精氣只出不入，則心志難以獲得與萬物的交流互滲，如此一來，對於外界的認知判斷，毋寧更加失準、易受煽惑。總之，若心不能虛靜於感受及情緒，則體氣便會外馳而無法存守於身，形成每況愈下的惡性反饋循環，《淮南子・原道訓》故云：「貪饕多欲之人，漠睰於勢利，誘慕於名位，冀以過人之智植于高世，則精神日以耗而彌遠，久淫而不還，形閉中距，則

〔註131〕《莊子集解・應帝王》卷2，P.75。
〔註132〕《淮南鴻烈集解・精神訓》卷7，P.222-223。
〔註133〕《管子・心術上》冊2，卷13，P.63。

神無由入矣。是以天下時有盲妄自失之患。此膏燭之類也，火逾然而消逾亟。」〔註 134〕鼓動精神努力地向外追求，就像是燃燒蠟燭，活動越旺，精神就消耗越快，且無由補充。所以《老子・第 52 章》言：「塞其兌，閉其門，終身不勤。開其兌，濟其事，終身不救。」〔註 135〕就是要封閉感官對外的投射，以免除生命無謂的勞損。

道家主張的去除情慾、保持內心平靜以存守體氣的工夫原則，是先秦乃至兩漢思想界均同意的共法，如儒家之《孟子・盡心下》云：「養心莫善於寡欲。其爲人也寡欲，雖有不存焉者，寡矣。其爲人也多欲，雖有存焉者，寡矣。」〔註 136〕寡欲是養心之基礎，能寡欲即能存守浩然之氣或內在性德。《春秋繁露・循天之道》也說情志擾動精氣有害，不如內心處於中和：

> 公孫之養氣曰：「裡藏泰實則氣不通，泰虛則氣不足，熱勝則氣□，寒勝則氣□，泰勞則氣不入，泰佚則氣宛至，怒則氣高，喜則氣散，憂則氣狂，懼則氣懾。凡此十者，氣之害也，而皆生於不中和。故君子怒則反中，而自說以和；喜則反中，而收之以正；憂則反中，而舒之以意；懼則反中，而實之以精。」夫中和之不可不反如此。故君子道至，氣則華而上。凡氣從心。心，氣之君也，何爲而氣不隨也。是以天下之道者，皆言內心其本也。故仁人之所以多壽者，外無貪而內清淨，心和平而不失中正，取天地之美，以養其身，是其且多且治。

董仲舒引公孫尼子所言「反中」對治失衡的情志，若在「觀喜怒哀樂未發前之氣象」的宋代理學家眼中看來，未免慢了一步，不過卻與醫家運用情志以治療五臟之氣過與不及產生的疾患，有異曲同工之妙。其言「君子道至，氣則華而上」帶有孟子以義養氣，昇華體氣的意味。董仲舒認爲仁人可以長壽，是因爲心態清淨中和能令精氣充裕而且心可統氣，《春秋繁露・通國身》也說到「夫欲致精者，必虛靜其形」、「形靜志虛者，精氣之所趣（趨）也」〔註 137〕。引文所言「取天地之美，以養其身」則見到取納天地精氣以養生的工夫論理路。至於醫家，翻開《素問・上古天眞論》：

〔註 134〕《淮南鴻烈集解・原道訓》卷 1，P.41-42。
〔註 135〕《老子校釋》，見《老子釋譯》，P.206-207。
〔註 136〕《重刊宋本十三經注疏・孟子注疏》卷 14，P.261-2。
〔註 137〕以上，《春秋繁露新注》，P.336-338、132。

> 夫上古聖人之教下也，皆謂之…恬淡虛無，眞氣從之，精神內守，
> 病安從來。是以志閑而少欲，心安而不懼，形勞而不倦，氣從以順，
> 各從所欲，皆得所願。故美其食，任其服，樂其俗，高下不相慕，
> 其民故曰樸。是以嗜欲不能勞其目，淫邪不能惑其心。愚、智、賢、
> 不肖不懼於物，故合於道，所以能年皆度百歲而動作不衰者，以其
> 德全不危也。〔註138〕

「恬淡虛無」所以能志閑、心安，令「眞氣從之」、「氣從以順」，正是因爲精神沒有向外放馳投射，即使形體勞動也不耗損而疲倦。所謂「德全不危」可以說留存生命天生之性德，也可以說保全了生命本有的精氣。又，《淮南子・原道訓》亦有類似的心靜養氣主張：「夫精神氣志者，靜而日充者以壯，躁而日耗者以老。是故聖人將養其神，和弱其氣，平夷其形，而與道沈浮俛仰，恬然則縱之，迫則用之。其縱之也若委衣，其用之也若發機。」〔註139〕生命活動沉靜下來以養神。所沉靜者包括外在之形、內在之氣以及心理上的意志。所謂「靜」是像丟著衣服一般置於一旁不管，如此不用心力地活著，精神就會逐漸充養，等到需要應物時，飽滿之精神才會如同機關被觸發，迅速而準確。

另外值得一提的，寡欲以清淨內心的工夫原則，其來源應可上溯至原始思維中巫術或祭祀前所行的齋戒儀式，蓋施行巫術或舉行祭祀需要心志專一凝定，不僅僅因爲要對神靈虔誠，也因爲這樣能在身體中保留充足的精氣，才足以感通神靈，令巫術或祈禳靈驗。齋戒儀式的意義，在周代將之人文化、禮儀化後仍保留了痕跡，徵之《禮記・祭統》即知：

> 不齊（齋）則於物無防也，嗜欲無止也。及其將齊也，防其邪物，
> 訖其嗜欲，耳不聽樂。故記曰：「齊者不樂。」言不敢散其志也。心
> 不苟慮，必依於道；手足不苟動，必依於禮。是故君子之齊也，專
> 致其精明之德也。故散齊七日以定之，致齊三日以齊之。定之之謂
> 齊。齊者精明之至也，然後可以交於神明也。〔註140〕

齋所以要不嗜耳目之欲，就是爲了「不敢散其志」，如此可「專致其精明之德」，唯「精明之致」乃能「交於神明」。總之，從養生、哲學、宗教的層面均看得

〔註138〕　《黃帝內經素問譯解・上古天眞論》，P.3-4。
〔註139〕　《淮南鴻烈集解・原道訓》卷1，P.42。
〔註140〕　《重刊宋本十三經注疏・禮記注疏》卷49，P.831-2至832-1。

到去除情欲以存養精氣的說法，顯示這樣的修養工夫並非只是先秦子家才有的發展，而是承襲自更早的信仰和修煉傳統，並且普遍擴及於儒、道、醫、養生家，後來流衍至六朝仙道。

孟子的養氣工夫不以寡欲爲足，除寡欲以存氣之外，尚須積極行義、擴而充之。而道家的性格則趨向於靜，寧靜勿動，因爲臻於靜定，方可有得，《管子・心術上》即云：「毋先物動者，搖者不定，趨者不靜，言動之不可以觀也。位者，謂其所立也，人主者立於陰，陰者靜。故曰：動則失位。陰則能制陽矣，靜則能制動矣，故曰：靜乃自得。」〔註141〕動者不能清楚觀察，甚至有失位之險，不若靜以制動，靜不失位則自得。又如《列子・天瑞》說：「靜也、虛也，得其居矣。取也、與也，失其所矣。」〔註142〕「虛、靜」相對於「取、與」。循無爲的「虛、靜」反較有爲的「取、與」，更能得其居所。靜定乃有得的看法，儒家經典亦有之，如《禮記・大學》有名的例子：「知止而后有定，定而后能靜，靜而后能安，安而后能慮，慮而后能得。」〔註143〕其中有得的內容是什麼且不論，但採用靜定的態度卻是一致。

對於道家而言，單單虛靜就是修心養氣的工夫，只要心能虛靜便掌握了關鍵。其邏輯建立在此：萬物與人既然生於天地之間，皆稟賦道德，那麼道生之、德畜之，道法自然，萬物自生自成。要是積極作爲，難保不落入人爲主觀的偏見之中。去除了心中不必要的干擾之後，人根本不需要強加干涉，生命自會朝向適當、應然的方向，《老子》所謂「歸根」、「復命」也。所以道家的主要修養工夫無他，就在屏除個人主觀意識，不搖惑於感官認知，則情志不起，安然而處，身體自會感通天地而引精氣回歸身中，達到充養形神的目的。道家的心氣工夫論在《莊子》與《管子》中一再提及。見《莊子》以下諸篇：

> 一若志，無聽之以耳而聽之以心，無聽之以心而聽之以氣！聽止於耳，心止於符。氣也者，虛而待物者也。唯道集虛。虛者，心齋也。（〈人間世〉）
> 瞻彼闋者，虛室生白，吉祥止止。夫且不止，是之謂坐馳。夫徇耳

〔註141〕《管子・心術上》冊2，卷13，P.63-64。
〔註142〕楊伯峻撰：《列子集釋・天瑞》（北京：中華書局，1979）卷1，P.29。
〔註143〕《重刊宋本十三經注疏・禮記注疏》卷60，P.983-1。前引《管子・內業》有「能正能靜，然後能定。」與《大學》用語相似，不過順序不同，因正靜而能定，強調正靜帶來穩定之狀態。

目內通而外於心知，鬼神將來舍，而況人乎！是萬物之化也，禹、舜之所紐也，伏羲、几蘧之所行終，而況散焉者乎！（〈人間世〉）

無視無聽，抱神以靜，形將自正。必靜必清，無勞女形，無搖女精，乃可以長生。目無所見，耳無所聞，心無所知，女神將守形，形乃長生。慎女內，閉女外，多知爲敗。（〈在宥〉）

純粹而不雜，靜一而不變，惔而無爲，動而以天行，此養神之道也。夫有干、越之劍者，柙而藏之，不敢用也，寶之至也。精神四達並流，無所不極，上際於天，下蟠於地，化育萬物，不可爲象，其名爲同帝。（〈刻意〉）

若正汝形，一汝視，天和將至；攝汝知，一汝度，神將來舍。德將爲汝美，道將爲汝居。（〈知北游〉）〔註144〕

《管子》主要集中於〈心術〉、〈內業〉兩篇：

毋先物動，以觀其則。動則失位，靜乃自得。…虛其欲，神將入舍。掃除不潔，神乃留處。（〈心術上〉）

天曰虛，地曰靜，乃不伐。潔其宮，開其門，去私毋言，神明若存。紛乎其若亂，靜之而自治。（〈心術上〉）

凡心之刑，自充自盈，自生自成：其所以失之，必以憂樂喜怒欲利。能去憂樂喜怒欲利，心乃反濟。彼心之情，利安以寧，勿煩勿亂，和乃自成。（〈內業〉）

凡道無所，善心安愛，心靜氣理，道乃可止。…彼道之情，惡音與聲。修心靜音，道乃可得。道也者，口之所不能言也，目之所不能視也，耳之所不能聽也，所以修心而正形也。（〈內業〉）

不以物亂官，不以官亂心，是謂中得，有神自在身，一往一來，莫之能思，失之必亂，得之必治。敬除其舍，精將自來。精想思之，寧念治之。（〈內業〉）

愛慾靜之，遇亂正之，勿引勿推，福將自歸。彼道自來，可藉與謀。（〈內業〉）

靜則得之，躁則失之，靈氣在心，一來一逝。其細無內，其大無外，

〔註144〕以上，《莊子集釋》卷1，P.35-36、36-37；卷3，P.94；卷4，P.133；卷6，P.187。

所以失之。以躁爲害，心能執靜，道將自定。(〈內業〉)〔註145〕

從莊子講「心齋」、「坐忘」、「無視無聽，抱神以靜」、「無勞女形，無搖女精」到管子講「敬除其舍，精將自來」、「心能執靜，道將自定」，道家中各派的用語、說法或有不同，工夫路數卻差異甚微。以氣化論釋之，一旦排除了感官認知的干擾，則身中之氣與天地萬物之氣的互滲流行自不待言；加上心歸於虛靜，無有雜訊與引誘，身體如同堪能受納之容器，精氣在流行中自然而然地進駐，且不虞向外發散，此所以言精氣（鬼神、道、福）自來其身。因此，上文的第二個疑慮：「爲何心能虛靜，精氣就在身體中充養起來？」由道家看來從來不是問題。

相較二派工夫論，歸納異同來作小結。首先，道家的虛靜以待、自然養氣，表面上不似以心領氣的工夫論，不過，在心、氣的關係上，仍算是以心主氣。再者，道家排除情志、概念，亦如同孟子配義與道、集義而生一般，都涉及觀念上的修正，觀念修正之後再來處理、操作心理狀態。只是孟子之養氣有明確的方向與內涵，類於正向以加成；道家之養氣則是掃除不必要的雜訊，類於排誤以歸零。二者都有修心養氣之技巧，皆可納入心氣的工夫論範疇中。需要提點的是，孟子所說的養氣工夫，乃順本心之自然，從「無若宋人然」的揠苗助長之喻可知：「必有事焉」乃是在事上實踐；「勿忘」言持志不懈，如種苗需要隨時照看；其中的重要關節，是毋須以意志控制體氣之運作，因爲體氣之充養、轉變，正如禾苗成長需要時間，只能耐心等待，故曰「勿正」、「勿助長」。吾人不可因孟子修行觀具有正向積極精神，而有所錯看，誤解孟子主張刻意養氣。最後，兩個系統的工夫論最高境界均是天人合一，所謂「萬物皆備於我」、「萬物與我爲一」，也同樣藉著氣充實身中、感通宇宙來達成。然而二者理路上的差異則是：孟子的浩然之氣是道德上的、盡性成就的，有別於關聯情欲、生物本能之體氣，養氣是體氣轉化爲浩然之氣、從蒙昧到神明的過程；而道家並不特別區分氣之道德與情欲，蓋人之智識情志皆後天偏見，精氣源於天賦，其中有道，只要心無擾亂，精氣流行進駐，生命自然就復歸神明。

〔註145〕以上，《管子》冊2，分見卷13，P.62、63；卷16，P.100、101、104。

第三章　仙道生命轉化及實踐理論

　　從上章的討論得知，陰陽概念與五行系統是天地萬物分類、運作的規律，掌握規律就能操控變化。萬物生化的根本在於氣，氣在天地萬物間流動，是一切有形的根本元素，氣賦予生命及生命的各種性質，也與生命的盛衰生死、變化流轉有關。天人相應證明天與人有密切聯繫，人身的生命樣貌是天道運行的縮影，因此仿天道就可以發展人道，生命的理想便是回歸天人合一的境界，在仙道來說，即是修煉成仙。當然，單憑了解天人關係、陰陽五行規律和氣化的作用尚不足以建構仙道理論，仙道要相信人身能夠操作這些原則，落實到修行層面上，背後需要更多的信念與理論支持。

　　本文認爲道教信仰千年不墜，並建構起完整龐大的仙道修煉理論，其信仰的內涵定然自成體系，在其體系中有脈絡可循、邏輯可導。支持六朝道教建立仙道身體觀與發展仙道修煉方法的信念與觀念爲何，此乃本章所欲論述的內容。

　　仙道以修煉成仙爲最終目標，除了相信實有神仙之外，進一步則應該證明人可修煉成仙。支持仙道修行的信念之一，是中國思想傳統即有修心養氣以盡性知命的踐形工夫論，討論已見上節。修行是爲了實踐生命意義、完成生命應有的潛能，此等方向、路數與仙道相合。盡性以事天、養氣以踐形同樣是仙道修煉的內在理路。

　　支持仙道修行的信念之二，就是仙道認爲人理當求長生、延年、成仙，透過修行仙道以實踐道教生命觀，在本章第一節概述之。信念建立後，還需要實踐方面的原理、依據，因此，要有修煉的變化論來支持仙道修行，即說明事物有變化的可能；而人掌握變化之條件來努力修煉，生命會逐步轉化，

討論見第二節。最後，求仙之路多途、修煉之法不一，其中是否有共通的法則可以遵循？仙道修煉的方法中應蘊含求仙合道的理路，保證修煉方法得以成立，使修煉方向不致偏差，將於第三節探討。

第一節　仙道的生命觀

涉及生命的學問，隨其生命觀之不同，學說理論體系所取決之重心亦不同。用什麼樣的前提、角度去理解生命，就產生什麼樣的實踐樣貌。探究清楚仙道的生命觀，可用以分判仙道與醫家、道家等的根本差異。另外，道教的生命觀與醫家、道家各有異同，但道教既作爲宗教，認爲人透過祈禳、齋戒、符籙乃至修煉來追求神仙、提昇生命層次、善加成就自身性德，乃合乎天道而非違背，此種態度即立基於貴生的生命觀。

道教起於周代，戰國時已有科儀，漢時漸傳流布，興於漢末，六朝時盛行，成爲中國本土的宗教。〔註1〕論其內容體質，可謂諸端並具，既含有祭祀、祈禳等神靈崇拜，符籙、修煉等方技方術，神仙、長生等傳說信仰，亦收納諸子百家中可供運用的思想。故道教之形成與世界上其他宗教不同，無有明確的創始者，反而是不同方向、不同偏重的若干主張逐漸被劃歸至「道教」此一範疇之內。司馬光《資治通鑑·宋紀一》就說：

> 老、莊之書，大指欲同生死，輕去就。而爲神仙者，服餌修煉以求
> 輕舉，煉草石爲金銀，其爲術正相戾矣；是以劉歆《七略》敘道家
> 爲諸子，神仙爲方術。其後復有符水、禁咒之術。至謙之遂合而爲
> 一。至今循之，其詭甚矣。〔註2〕

大體而言，道教是中國社會文化中長久以來自然形成的宗教，並非一時、一地、一人創教。六朝時雖有數椿極具影響的道教規整活動，像是（南朝宋）陸修靜積極收集整理道經、弘揚靈寶派道法，爲辨別道家典籍的眞僞，編纂首部道教經書總目《三洞經書目錄》，並撰齋戒儀範以爲典式，對江南天師道組織進行整頓和改造；（南朝梁）陶弘景編修上清派道經，爲上清經系整理道脈，撰作《眞靈位業圖》構造道教神仙譜系之著作；（北魏）寇謙之對早期道

〔註1〕　關於道教早期歷史文獻考據，請參蕭登福著：《周秦兩漢早期道教》（台北：
文津出版社，1998）。
〔註2〕　《資治通鑑·宋紀·營陽王·景平元年》卷119，P.3762-3763。

教教義和制度進行改革，令北天師道規模成爲，還建立和增訂較爲完整的義理、規戒和齋醮儀範等等。但六朝道教仍未全面統一，派系眾多、修法眾多，依然各具教義、戒律、儀式。

　　然而，這些派別同樣被劃歸爲道教，必定有其共通之點。約其共有之特色而言：第一、雖對「道」之內涵與外延詮釋未盡相同，但在宇宙本體論上，道教之徒均認可「道」先於萬物，「道」永恆常在，是一切存在之創始與基底。第二、道教之徒均表現爲好道、樂道，重視身心逍遙，追求生命盡性發展。就此而言，老莊之書與神仙之說大旨有別——前者主要以無爲、自然爲修養工夫以求達觀隨順於道；後者則以服餌、修煉爲操作技術以求肉體不老不死——但表面上二者語言相似，信念相似，經由詮釋、轉換，遂可合流不悖。

　　六朝道教顯然強調生之重要，如《老子想爾注》將《老子・25 章》的「道大天大地大王大，域中有四大，而王居其一焉」的「王」字改爲「生」，其注遂言：「四大之中，所以令生處一者；生，道之別體也。」〔註 3〕《太平經・生物方訣》也說：「夫天道惡殺而好生。」〔註 4〕生命之生長、生存，都是道的表現形式，「生」是天地之間最能體現道的表徵，道生萬事萬物，企求長生實合乎天道。凡人若能行止合於道，便可全其天年；如果與道相守不離，則可不死；能達到如此境界，即是仙人。此爲六朝道教大多派系共通的目標。

　　六朝仙道之所以認爲人能求長生，是因爲人的生命存亡、年壽長短，可決定於自身，人只要善於修道養生、安神固形，便能全性長生。這點又是道教異於世界上其他宗教的另外一項特點，不過在巫術的思維中卻不意外。蓋巫術的思維中，死亡並非自然，必然是有什麼因素造成死亡，只要找出因素加以排解，便可以令生命復原、延續。在仙道的思維中，死亡即是生命失了道、無法與道相守，因此透過修煉轉化生命，使生命復歸於道，便得以與道同存。

　　巫術對抗死亡的思維可視爲生物求生本能的曲折展現。所以稱爲巫術者，乃是其思想邏輯、操作原理自有一套系統，並不全是缺乏理性的迷信。中國早先應該也同世界上其他民族一般，巫醫一體。就對抗死亡這一目的來說，醫家之醫術與道教之修煉類似，都是源出巫術，同樣研究如何排除致病、致死的因素。值得注意的是，中國文化的特質中人文關懷特別明顯，這使得

〔註 3〕　饒宗頤著：《老子想爾注校箋》（香港：東南出版社，1956），P.35。
〔註 4〕　《太平經合校・丙部・生物方訣》，P.174。

商周時代的哲人，雖然信仰鬼神，卻已開始反省到自身的行止才是招來禍福的關鍵；與其蒙昧地等待鬼神旨意，不如倚靠自力觀察天地運作，思考人與宇宙的關係、探索人在宇宙中的定位。如此思維模式，普遍見於先秦史傳、諸子百家之中，只是有些偏於哲思評析，有些偏於技術實驗，唯所用之道術不同耳。同樣的，醫家經由長久累積的醫療經驗，揭露出很多人身與疾病、人身與環境的知識，再藉由這些解釋天地運作、人與宇宙關係的思想來系統化醫術。概要地說，醫家以古代思想中的精氣、陰陽、五行等學說為論據，以天人連結為前提，闡釋人體乃有機的整體，生命活動因而有規律性；人受外在環境不斷影響，故健康與否端看人之調節能不能相應於天之陰陽四時六氣。

就此而論，中國的方術、醫家乃至後來的六朝仙道，都奠基於中國傳統文化背景，有著共通的思維模式，因此均抱持著實驗性的人文精神來對治死亡，相信經由人的觀察、研究、努力，可以探明生命變化的原因、改善生命的品質，甚至扭轉原本生死不可違逆的方向。六朝仙道同樣汲取中國傳統文化，用來解釋仙道理論的基本概念與架構也不出傳統範圍。再者，六朝仙道既然要轉化生命，先需對「身體」有充分了解——本文中，此一詞彙取廣泛的定義，亦即包括生理層面、心理層面，乃至仙道信仰中所需要的其他精神、魂魄層面，才算是完整的「身體」。為了認識身體，六朝仙道多自經驗豐富、早成體系的醫家取經，乃理所當然。（南朝梁）陶弘景在《本草集注・序》中便說：「道經仙方，服食斷穀，延年卻老，乃至飛丹鍊石之奇，雲騰羽化之妙，莫不以藥道為先。」〔註5〕藥道醫理在長生理論中實為修煉之前提，不明藥道醫理，便無法處理、診治修煉過程中的身心狀況。後文將可見到六朝仙道理論中不少觀點或直接取於醫典，或其理路可以醫家之說解釋、證成。

但是，仙道畢竟已形成自己的體系，修煉成仙乃其獨有特點，以別於諸子百家；這就是說，雖同樣運用陰陽、五行、精氣、天人相應來闡釋修仙之說，必與其他學派之論述同中有異，此乃仙道之所以為仙道的特色。仙道不是醫家，針對修煉成仙的訴求來進行的身體轉化論，一定不會與醫家追求身體內外平衡的平人調養完全相合，否則照醫家理論亦可以修煉成仙了。若論仙道理論如何擷取醫家、諸子、方術之觀點，又如何更易、調整，以合乎仙道修煉之要求，細節紛紜，見於後續各章討論。倘一言以蔽之，其他諸家諸

〔註5〕 （宋）寇宗奭編撰；許洪校正：《圖經集註衍義本草》，《正統道藏・洞神部・靈圖類》冊 29，P.49-1。

派與仙道最大的相異處，就在於對道以及如何合道的理解不同，由此遂生路數之分歧。以下分別略述：

　　道家的主張可以說是隨順於道、無爲自然，道並非經過人之詮解而呈現者，乃是天地萬物現象之本然，所以人可以觀察道、體會道，但對於道的內涵不必用概念、語言去說明、限定。若人因有此身而樂生惡死，受慾望、恐懼、感官之影響，運用意識去想、去做往往不合於道，反而戕性傷生，即《老子・55章》謂「心使氣曰強」〔註6〕；不如無爲無欲或心齋坐忘，使心虛無恬淡而順於自然。道家對於生命的觀點，是放下個體的身體意識，回歸於大道、天地一體，其中萬物都方生方死，因而個體是生是死並不重要。

　　同樣是隨順於道、虛無恬淡，醫家的主張則說「其知道者，法於陰陽，和於術數，食飲有節，起居有常，不妄作勞，故能形與神俱，而盡終其天年」、「虛邪賊風，避之有時，恬淡虛無，眞氣從之，精神內守，病安從來」。相較於道家之道保留在不可言詮的形上層次，醫家之道極爲日常，無非陰陽四時等天地運行的規律：「故陰陽四時者，萬物之終始也；生死之本也；逆之則災害生，從之則苛疾不起，是謂得道。」〔註7〕醫家也務實地認爲隨順規律、作息有節，可以使身體避免疾病侵害；再加上攝養精神，使身體精氣充實，就可以終其天年。醫家對生命的觀點比較積極，偏向養生，對於身體的調控則以平衡爲要。

　　道教看待生命的觀點最爲積極，相信生命可以一己之意志來掌控，《西昇經》即云：「我命在我，不屬天地」。身體經由修煉可以轉化性質，不只是養生延年，還希冀跳出一般的生物侷限，從死生有命變成死生操之在我。由此出發，凡精氣能養形神者皆可納，凡方技有益於生者皆可採，凡神靈有助於修行者皆可存。對於身體的掌控，多半要求不失於己，取外益內，所謂盜天地、奪造化，將自身徹底煉化，與道同久，終可逆反整個大自然的生老病死規律。爲了合於修仙的目的，仙道所認知的道，乃說爲一切生命的根本，修仙復歸於道，才是合道、守道、得道。然形上之道無法實質得到，此是仙道理論不得不將道與氣相貫的根本原因。

　　但同屬仙道，此中又可概括地區分出煉丹術和內丹學兩大方向，蔡林波

〔註6〕　《老子校釋》，《老子釋譯》，P.224。
〔註7〕　以上，分見於〈上古天眞論〉、〈四氣調神大論〉，《黃帝內經素問譯解》，P.2、18。

說二者之別：

> 道教修道方式從外丹轉向內丹的變化，更具質變性或「斷裂」性。
> 因爲外丹信仰模式，乃建立在「假求外物以自堅固」的實踐哲學基
> 礎上，根本是一種技術至上傾向的外向型行爲方式。而所謂的「內
> 丹」信仰，則恰恰是要「不假外求」，以解除過去外丹對外在技術手
> 段的崇拜和運用意識。此二者無論在手段上，還是在目的方向上，
> 均顯示出深刻的差異性。〔註8〕

本文所討論的仙道，著重在內修的範圍。蔡說於學術上清楚漂亮，不過實際
檢證六朝道經，便知道仙道仍有其操作面，如服氣、存思等還是頗爲注重技
術手段，而服食或服氣也仍舊有「假外以堅內」的邏輯。隨著仙道理論發展
至唐宋，內丹學終於逐漸架構完成，修行不假外求，可是大體上仍要求技術。
此非關理論之缺陷，而是一旦涉及工夫論之實踐，必然需要一定程度的操作，
否則不成其爲工夫。

　　談到修行以證道，則知仙道的終極關懷其實已超越了長生不死。仙道是
將生命最基本的生存問題抬到了自我成就的高度。謂其不關切家國天下，是
因爲他們相信有更宏大的天道在運行，人可以從神仙道氣的方面參贊天地；
不關切社會傳統價值，是因爲人之所知所爲有其限度，不似道之無所不包、
常在常行——也就是告訴人不該獨立於萬物之外造作象牙塔，應返回於天
地。作爲一個人，能修煉成仙、與天地相通，所以人的生命比起其他生命多
了臻於神明、體悟大道的機會，在在顯示人的存在價值。

　　仙道關切的議題，其實是人類最普遍、最原初，只要生命產生就會遇到
的問題，亦即生命並非完全自由：人類所知太少、所能掌握的太少，因此身
體不可避免的失去控制，逐漸邁向死亡。〔註9〕而仙道的解決方法，則是以當

〔註8〕 蔡林波：《神藥之殤——道教丹術轉型的文化闡釋・導論》，p.15-16。
〔註9〕 佛教與仙道都認識到生命並不受意識自由操控，只是二者歸趨不同。仙道尋
　　　求方法，修煉是使主體精神最終能完全掌握生命；而佛教則言生命、身體乃
　　　因緣和合，五蘊非我，修行是從我執解脫。佛教之例可見（南朝宋）求那跋
　　　陀羅所譯《雜阿含經・110經》提到我不爲五陰之主：
　　　薩遮尼犍子白佛言：「…譬如世間一切所作皆依於地。如是色是我人，善惡從
　　　生；受、想、行、識是我人，善惡從生。又復譬如人界、神界、藥草、樹木，
　　　皆依於地而得生長；如是色是我人，受、想、行、識是我人。」佛告火種居
　　　士：「汝言色是我人，受、想、行、識是我人耶？」答言：「如是，瞿曇！色
　　　是我人，受、想、行、識是我人。此等諸眾悉作是說。」佛告火種居士：「且

時最玄妙、最有可能實踐的宇宙與身體理論爲操作方針，對身體進行深入了解與控制實驗，試圖找回身體的自主性。當身體完全一清二楚，生命之表現得以操之在我，那樣的人才是完成的「仙人」或「眞人」。

第二節　修仙前提：修煉轉化身體論

　　仙道的修行理論要具體實踐，需考慮成仙途徑的可能性：透過什麼途徑可以修煉成仙？這牽涉到如何操作身體、修行原則、修行方式。退一步想，要操作修煉的法門，則必須先對人之一身有清晰的了解，且相信透過特定的修煉能夠轉化身體，使身體脫離衰老腐朽的必然歷程。本節所要處理的問題即是：身體何以能夠被轉化？若無法論證身體能被轉化，那麼生命的歷程與形式無可改易，也就談不上修煉成仙。職是，修煉成仙的前提中必有轉化論——身體的性質是可以變化的，而且可以透過修煉掌控轉化的趨向。

一、物性可變

　　從先秦以至六朝道教的氣論已經提供轉化論很好的解釋依據。依照前文討論的氣論思想，氣是天地萬物構成的原始材料，包括人的形體、精神各方面，下至草木瓦石、上至日月神祇，一切存有之現象無不根源於氣。而氣聚則有形、散則爲無形，就是生命變化的緣由，前引《素問・五常致大論》有云：「氣始而生化，氣散而有形，氣布而蕃育，氣終而象變，其致一也。」氣之其小無內，使得氣之構形極爲自由，因而保證了變化的範圍幾可不受限制。實際事物之轉變會受到種種因素限制，但理論上氣所組成的事物，其變化應具有無限可能。在氣化萬物的前提下，加上作爲萬物互滲之神祕本原的氣，本就具有流行不定的特性，故世上事物現象千變萬化乃理所當然，《莊子・秋水》便云：

立汝論本，用引眾人爲？」薩遮尼犍子白佛言：「色實是我人。」佛告火種居士：「我今問汝，隨意答我。譬如國王，於自國土有罪過者，若殺、若縛、若擯、若鞭、斷絕手足；若有功者，賜其象馬、車乘、城邑、財寶，悉能爾不？」答言：「能爾。瞿曇！」佛告火種居士：「凡是主者，悉得自在不？」答言：「如是，瞿曇！」佛告火種居士：「汝言色是我，受、想、行、識即是我，得隨意自在，令彼如是，不令如是耶？」時，薩遮尼犍子默然而住。（《大正新修大藏經》（台北：新文豐，1996）冊 2，No.0099，卷 5，P.35 下-36 上）

> 物之生也若驟若馳，無動而不變，無時而不移。何爲乎？何不爲乎？
>
> 夫固將自化。〔註10〕

氣之互滲流行沒有停息，若從微觀的角度去觀察，會發現物的變化不是突然轉變，而是無時無刻都在變化，凡是存在之物沒有不變化的。在《莊子》的思想中，通天下一氣，且氣又瀰漫於天地不斷流動，往來、出入萬物之間，作爲萬物互滲的中介，因此一物變化爲另一物，並不爲奇。《莊子‧逍遙遊》開篇即言變化：「北冥有魚，其名爲鯤。鯤之大，不知其幾千里也。化而爲鳥，其名爲鵬。鵬之背，不知其幾千里也；怒而飛，其翼若垂天之雲。」當事物的形體、特質都可以互滲、轉換，變化幅度至爲寬廣，意謂著物性不受限定，物與物間的界限已然消解，物性僅是某種形態之下呈現的特質。物如何變化，端看所處的時空環境、受到什麼影響，所以《莊子‧至樂》談到變化之機：

> 種有幾（機）：得水則爲䌣（繼），得水土之際則爲鼃蠙之衣，生於陵屯則爲陵舄，陵舄得鬱棲則爲烏足，烏足之根爲蠐螬，其葉爲胡蝶。胡蝶，胥也化而爲蟲，生於竈下，其狀若脫，其名爲鴝掇。鴝掇千日爲鳥，其名爲乾餘骨。乾餘骨之沫爲斯彌，斯彌爲食醯。頤輅生乎食醯，黃軦生乎九猷，瞀芮生乎腐蠸。羊奚比乎不箰，久竹生青寧，青寧生程，程生馬，馬生人，人又反入於機。萬物皆出於機，皆入於機。〔註11〕

文中所謂「機」，便是引發一氣變化的關鍵；氣化細微不可察，故亦得曰「幾」。適逢其機，則一物自然會轉爲另一物，此所謂萬物出入於機（幾）。道家善談變化，視變化乃自然而然，《老子》有「萬物將自化」之語，《莊子》亦云「夫固將自化」，談物性變化至爲自由，其變化論可說提供了生命轉化理論轉圜發揮的廣大餘裕。當道教納入道家思想爲其主流時，這些論述也順勢成爲仙道修行邏輯的過渡橋梁。

若將物之變化聚焦於「人」，《莊子‧大宗師》有云：「若人之形者，萬化而未始有極也。」〔註12〕翻檢先秦以來的神話寓言、故事傳說，不乏人能易形之例。《山海經》中多變形神話，如《山海經‧北次三經》言發鳩之山，「有鳥焉，其狀如烏，文首、白喙、赤足，名曰精衛，其鳴自詨。是炎帝之少女

〔註10〕《莊子集解‧秋水》卷4，P.144。
〔註11〕以上，《莊子集解》卷1，P.1、214。
〔註12〕《莊子集解‧大宗師》卷2，P.59。

名曰女娃，女娃游于東海，溺而不返，故爲精衛。」〔註13〕神話中的「人」以變形來解決困難或完成心願，某種程度上也算是生命不滅。再如《後漢書・五行志》：「靈帝時，江夏黃氏之母，浴而化爲黿，入于深淵，其後時出見。初浴簪一銀釵，及見，猶在其首。」〔註14〕則人在不明所以的情況下亦可能變化。而《淮南子・俶眞訓》：「昔公牛哀轉病也，七日化爲虎。……文章成獸，爪牙移易，志與心變，神與形化。方其爲虎也，不知其嘗爲人也；方其爲人，不知其且爲虎也。二者代謝舛馳，各樂其成形。」〔註15〕更是對物性變化更深一層的推想，說明變形非只外貌變異，形神既牽連，心志也會隨形體一同改變。

神話以下的傳說、志怪亦偶有常人易形之記載，例如《異苑》述：「秦時中宿縣十里外有觀亭江神祠壇，甚靈異，經過有不恪者，必狂走入山變爲虎。」〔註16〕《述異記》中也載有人變爲虎之事，其說更詳：黃苗因未能依約還願，爲神靈所懲罰，「命讁三年，取三十人」。被神吏送至山中鎖在樹上，「日以生肉食之。苗忽忽憂思，但覺寒熱身瘡，舉體生斑毛。經一旬，毛被身、爪牙生，性欲搏噬」。然後隨吏行止，「涉五年，人數乃充。吏送至廟，神教放遣。乃以鹽飯飲之，體毛稍落，鬢髮悉出，爪牙墮，生新者，經十五日，還如人形，意慮復常，送出大路」。〔註17〕變身當然是受了神力所注，不過，變虎變人的調控端看所吃食物爲何，蘊含了攝食主導身體轉化的概念。

在這樣的文化背景下，相信人可不受原有形體所限，當然也就支持人能生出羽翼或者轉化成仙的信念。如《神仙傳・劉根》中，韓眾仙人告訴劉根：

> 汝有仙骨，故得見我。汝今髓不滿，血不暖，氣少腦減，筋急肉沮，
> 故服藥行氣，不得其力。必欲長生，且先治病十二年，乃可服仙之
> 上藥耳。

這是說身體已經虧損嚴重，所以服仙藥或行氣來轉化身體的效果不彰。此時不能立致神仙，但透過長期調養療治，能讓身體重新恢復健全的形態，然後

〔註13〕《山海經校注・北山經・北次三經》卷3，P.92。
〔註14〕（南朝宋）范曄撰：《新校本後漢書・五行志五》（台北：鼎文書局，1981），
　　　　P.3348。
〔註15〕《淮南鴻烈校釋・俶眞訓》卷2，P.47。
〔註16〕（南朝宋）劉敬叔撰：《異苑》卷5，見《筆記小說大觀》10編（台北：新興，
　　　　1975）冊1，P.37。
〔註17〕（南朝齊）祖沖之撰：《述異記》，見《古小說鉤沉》，P.175-176。

可進一步服用成仙的上等藥物。雖有能夠成仙的上等藥物，仍需要健全的身體才能善加相應，表示成仙乃是生命的高級型態，此中具有條件與階段，非服藥便一蹴可幾。該則故事反映漢魏當時雖以煉丹爲成仙的主流方法，卻也開始重視自力修煉。另外還有〈王遠〉一則，記王遠（方平）欲度化蔡經爲仙：

> 其後，方平欲東之括蒼山，過吳，住胥門蔡經家。經者，小民也，骨相當仙，方平知之，故住其家。遂語經曰：「汝生命應得度世，故欲取汝以補仙官。然汝少不知道，今氣少肉多，不得上昇，當爲尸解耳。尸解一劇，須臾如從狗竇中過耳。」告以要言，乃委經去。後經忽身體發熱如火，欲得水灌，舉家汲水以灌之，如沃燋石，似此三日中，消耗骨立，乃入室，以被自覆，忽然失其所在。視其被中，惟有皮頭足具，如今蟬蛻也。〔註18〕

蔡經由於未能從小修道，所以現在的身體氣少肉多，亦即有形之濁質過多，難以飛昇，因此需要一番轉化。轉化的過程是身體發熱，不得不澆水灌身，彷彿燒毀身中之雜濁、淬鍊精華，故三天內就形銷骨立。可以想像身中餘下的即是能夠成仙的生命內涵，最後尸解時就如同蟬蛻，留下廢棄之軀殼，眞正的生命已經轉化而仙去。

二、煉丹術的變化原理

就煉丹術來說，物性可變是一切煉丹實驗的根本預設，問題在於找出變化規律且應用之。變化的原理、規律於何處求之？《老子・25章》云：「人法地，地法天，天法道，道法自然。」〔註19〕伐柯伐柯，其則不遠。人觀察事物的變動，當會發現似乎有規律可循，天地井然有序。煉丹家與醫家互通有無，《神農本草經》中便記載某些礦物物性會自然變化：丹砂能化爲汞、水銀熔化還復爲丹；另外記錄了礦物可以化合而變化：石膽能化鐵爲銅，空青能化銅、鐵、鉛、錫作金，石流黃能化金銀銅鐵奇物等。〔註20〕陶弘景《名醫別錄》中還有物性爲何轉換的考察，例如言空青「生益州及越巂山有銅處。銅精熏則生空青，其腹中空」，雌黃「生武都，與雄黃同山生。其陰山有金，

〔註18〕以上，分見《神仙傳校釋》卷8，P.300；卷3，P.92-93。
〔註19〕《老子校釋》，見《老子釋譯》，P.103。
〔註20〕分見於《神農本草經》（北京：學苑出版社，1995）卷1〈上品〉、卷2〈中品〉。

金精熏，則生雌黃」等。〔註 21〕觀察到影響物性變化的因素至爲重要，有了這樣的觀察，才能落實應用變化，主動地參與變化。《周易參同契》據傳爲（東漢）魏伯陽所著，是早期煉丹術的經典著作，〈龍虎還丹章〉記載人爲操作物性變化的實驗：「金數十有五，水數亦如之。臨爐定銖兩，五分水有餘。二者以爲眞，金重如本初。其土遂不離，二者與之俱。三物相含受，變化狀若神。下有太陽氣，伏蒸須臾間。先液而後凝，號曰黃輿焉。…形體爲灰土，狀若明窗塵。」〔註22〕可推測這是在描述某一實驗過程，所用原料分爲三類（金、水、土），依比例精準測量後放入爐鼎，加熱時反應物先熔化，後又凝固，生成「黃輿」，「黃輿」久置又會發生變化，成爲像窗戶上的灰塵那樣的細末。且不論這些歸納或觀察是否合乎科學，卻是古人試圖參與造化而具體實驗的嘗試，彰顯了研究精神與工藝理念。

葛洪專注於仙道，一生都在追求修煉成仙，他對於仙道的煉丹術需以變化爲前提，極有認知，《抱朴子·黃白》論及變化曰：

> 夫變化之術，何所不爲。…水火在天，而取之以諸燧。鉛性白也，而赤之以爲丹。丹性赤也，而白之而爲鉛。雲雨霜雪，皆天地之氣也，而以藥作之，與眞無異也。…變化者，乃天地之自然，何爲嫌金銀之不可以異物作乎？譬諸陽燧所得之火，方諸所得之水，與常水火，豈有別哉？蛇之成龍，茅糝爲膏，亦與自生者無異也。然其根源之所緣由，皆自然之感致。〔註23〕

葛洪提出「變化者，乃天地之自然」的論點，背後透露出仙道想要掌握變化、改變自身生命，如此作法合乎天地之自然。人爲造成的變化亦是變化，不異於天地之變化，葛洪所舉的例子是以方諸取水、陽燧取火，所得的水火與一般水火無異；又或者以藥作出的雲雨霜雪，同樣與自然現象無異。諸般變化，「其根源之所緣由，皆自然之感致」，也就是說，凡有變化現象，皆合道、合乎天地規律，不然就不會發生。所以葛洪乃云：「變化之術，何所不爲。」也因此，煉丹以求轉化生命，並無不可。這是煉丹家的變化論中至爲重要的信念，意謂人能透過觀察、實驗，取得變化的主動權。

〔註21〕分見於（南朝梁）陶弘景著；尚志鈞輯校：《名醫別錄》（北京：人民衛生出版社，1986），P.3、100。

〔註22〕《周易參同契註》，《正統道藏·太玄部》冊 34，P.246-2。

〔註23〕《抱朴子內篇校釋·黃白》卷 16，P.259。

　　仙道的身體轉化觀點與所發現的變化原理，是爲了證成神仙存在、人能成仙不死。物性既然可變，人既然可以不受限於人的軀體，那麼有生有死的凡人就有可能轉變爲長生不死的神仙。煉丹術即是建立在變化論基礎上的實際應用，在物性可變的基礎上，物之性質經由特定事物的影響而轉變，若方法正確就能讓所煉的藥物轉變爲需要的狀態，而這樣的藥物也就具有使人變化成仙的效用。這與《莊子・至樂》所說的萬物出入於機類似。但仙道在此跨出與道家不同的一步，蓋道家只要知道變化中有道即可，重點在隨順於道，不會深究變化之道的內容；仙道則不然，必定要明白變化原理、規律並掌握之，才能加以應用。

　　《周易參同契》作爲「萬古丹經王」，書中呈現的煉丹術大原則就是：變化之因果建立在同類相從、相契的先決條件上。〈同類合體章〉：

> 胡粉投火中，色壞還爲鉛。冰雪得溫湯，解釋成太玄。金以砂爲主，
> 稟和于水銀。變化由其眞，終始自相因。欲作服食僊，宜以同類者，
> 植禾當以粟，覆雞用其子。以類輔自然，物成易陶冶。魚目豈爲珠？
> 蓬蒿不成檟。類同者相從，事乖不成寶。燕雀不生鳳，狐兔不乳馬。
> 水流不炎上，火動不潤下。…雜性不同類，安肯合體居。千舉必萬
> 敗，欲點反成癡。〔註24〕

從事物因果來看，種粟穀才能長出農作物，蓬蒿不會長成高大喬木；從物種化育來看，不可能出現燕雀生鳳，狐兔乳馬的現象；從物質屬性來看，水性潤下，火性炎上，也不會出現相反的現象。因此「以類輔自然」、「類同者相從」才能「物成易陶冶」而變化成功，否則「事乖不成寶」、「雜性不同類，安肯合體居」，南轅北轍終究難成。就煉丹術而言，「欲作服食仙，宜以同類者」，有正確的因才能產生正確的果，是以本章所言「金以砂爲主，稟和於水銀」——丹砂爲金主（土生金），金稟水銀（金生水）云云，即是煉丹家套入五行系統所詮釋的因果。

　　《參同契》明言人要反老還童、變化成仙，不能只靠一般的藥物，而須服食金丹。〈火記金丹章〉云：

> 巨勝尚延年，還丹可入口。金性不敗朽，故爲萬物寶。術士服食之，
> 壽命得長久。土遊於四季，守界定規矩。金砂入五內，霧散若風雨。
> 熏蒸達四肢，顏色悅澤好。髮白皆變黑，齒落生舊所。老翁復丁壯，

〔註24〕《周易參同契註》，《正統道藏・太玄部》冊34，P.245-2 至 246-1。

者嫗成姹女。改形免世厄，號之曰眞人。〔註25〕

其邏輯便是從「類同者相從」延伸而來，亦即人服草木之藥如芝麻等尚能延
壽，進一步服食更高等的金丹則可以長生不死。金丹之名爲金，其中當含黃
金，金爲煉丹術之必備原料，因黃金在諸物中性質最爲穩定，與長生不死之
狀態類同。另外，金丹之丹字除丹丸義外，也表示丹砂，同是煉丹術主要原
料之一，《抱朴子·金丹》：

> 凡草木燒之即燼，而丹砂燒之成水銀，積變又還成丹砂，其去凡草
> 木亦遠矣，故能令人長生。〔註26〕

這是看重丹砂變化具有循環的性質，彷彿月之圓缺、日之出沒，而日月始終
長存。服金丹以成仙的思想自秦漢以來盛行，例如《鹽鐵論·散不足》：「及
秦始皇覽怪迂，信機祥，使盧生求羨門高、徐市等入海求不死之藥。當此之
時，燕、齊之士，釋鋤耒，爭言神仙。方士於是趣咸陽者以千數，言仙人食
金飲珠，然後壽與天地相保。」〔註27〕《參同契·火記金丹章》中更是把金
性不朽的原因歸於日月：

> 金入於猛火，色不奪精光。自開闢以來，日月不虧明。金不失其重，
> 日月形如常。金本從月生，朔旦受日符。金返歸其母，月晦日相包。
> 隱藏其匡廓，沉淪於洞虛。金復其故性，威光鼎乃熹。〔註28〕

《參同契》視日月爲坎離，即乾坤本體之用，日月循環往復就是易道之象。
若以丹砂、水銀等藥物的循環比於日月，參以「金以砂爲主，稟和於水銀」，
大約可理解爲何說「金本從月生，朔旦受日符。金返歸其母，月晦日相包」，
這是表述金與丹砂等藥物在煉丹術中乃互相生成的環節。把黃金、丹砂與日
月緊密聯繫，能支持金丹經過燒煉更加精純、藉以復返先天的信念。

　　若將人體柔脆的性質同化爲金丹之性，人就可以不朽長生，這是煉丹修
仙變化的最要機轉，《抱朴子·金丹》解釋得很清楚：

> 黃金入火，百鍊不消，埋之，畢天不朽。服此二物，鍊人身體，故
> 能令人不老不死。此蓋假求於外物以自堅固，有如脂之養火而不可
> 滅，銅青塗腳，入水不腐，此是借銅之勁以扞其肉也。金丹入身中，

〔註25〕　《周易參同契註》，《正統道藏·太玄部》冊34，P.245-2。
〔註26〕　《抱朴子內篇校釋·金丹》卷4，P.63。
〔註27〕　（西漢）桓寬編撰：王利器校注：《鹽鐵論校注·散不足》（北京：中華書局，
　　　　　1996）卷6，P.355。
〔註28〕　《周易參同契註》，《正統道藏·太玄部》冊34，P.245-1。

沾洽榮衛，非但銅青之外傅矣。〔註29〕

藉氣之互滲，可解釋金丹中的神祕性質如何傳遞，所以金丹接觸到人體，便能把金丹的不朽之性同化於人體。互滲的過程，〈火記金丹章〉云「金砂入五內，霧散若風雨」，《抱朴子・金丹》則說「金丹入身中，沾洽榮衛」，由此推敲金丹入體非復固定，會以氣的形式循氣血而運走全身進行轉化。然而，用互滲之說固然能解釋何以服食金丹能變化成仙，但不宜無限上綱推衍成任何藥物都有互滲的效果，否則無須煉丹，直接吞服礦物應該也能不死。巫術自有其儀式與專業的一面，互滲之成立要有特定的神祕條件，煉丹術也不例外。至於爲何非燒煉金丹不可？理由至爲明白——正是爲了達到互滲成立的條件。直接服食黃金、丹砂會致死，煉丹家不得不另尋途徑，透過煉丹的過程試圖將黃金、丹砂等藥物轉成人體可以承受的樣態，也就是化爲能相從的同類。

《周易參同契・法象成功章》：「自然之所爲兮，非有邪僞道。山澤氣相蒸兮，興雲而爲雨，泥竭乃成塵兮，火滅自爲土。」言變化合乎自然，其中必有道理可循。由於天人相應，修煉也當依於自然之道而成就，如同人間行事必具一定的規則，天地與人之變都遵道而行。《周易參同契・大易總序章》：「覆冒陰陽之道，猶工御者，執銜轡，準繩墨，正規矩，隨軌轍，處中以制外，數在律歷紀。」〔註30〕「律歷紀」是陰陽歲時之道，亦即自然的總規律。《參同契》煉丹注重天時，遵循天地變化的規律，其原理正是試圖在爐鼎中模擬天地生化：藉著數與符號的象徵類比於眞實的天地尺寸與元素，在適當的時序、方位、藥物等配置下，爐鼎具備等同宇宙的神聖性，〔註31〕煉丹即是溯源宇宙氣化的過程，把天地精氣賦予爐鼎中的丹藥。在煉丹家眼中，煉丹所提煉的精氣不是一般之氣，乃是天地之元氣、祖氣，金丹中蘊含的元氣可謂天地中最接近道的存在，因此服食金丹轉化身體，便能令人得道。

三、身體的轉化

至於修仙時人體的轉化如何進行？《周易參同契・聖賢伏煉章》云：

〔註29〕《抱朴子內篇校釋・金丹》卷4，P.62-63。
〔註30〕以上，《周易參同契註》，《正統道藏・太玄部》冊34，P.255-1、239-2。
〔註31〕關於再現時空神聖性的論述，可參 Mircea Eliade 著；楊儒賓譯：《宇宙與歷史：永恆回歸的神話》（台北：聯經，2000），P.16。

> 惟昔聖賢，懷玄抱眞，服煉九鼎，化跡隱淪，含精養神，通德三元，
> 精液（疑爲溢）腠理，筋骨緻堅，眾邪辟除，正氣常存，累積長久，
> 變形而仙。〔註32〕

轉變包含二大方面，一方面是「眾邪辟除」，即除去身體內外所有賊害生命、妨礙成仙的因素，前引《神仙傳》的〈王遠〉，其身體發熱澆水以致形銷骨立者即是；另一方面是「正氣常存」，亦即積累精氣、存養精神，像〈劉根〉一則便是調養身體至髓滿血暖，身體精氣充全方可透過仙藥轉化。兩種修練途徑有可能一而二、二而一，當有恆地積累到精氣充盈、溢滿腠理，則身體中無空間容納邪氣；而且身體筋骨轉爲緻密，亦令邪氣難以侵入。這樣的說法，不只在描述服食金丹造成的身體轉化，對於其他以自力修行的長生方術也同樣適用。湯淺泰雄說：「由於人本來就是流動的『氣』之容器，因此所謂『氣』的修煉，便意味著努力使自己的身體成爲『氣』的更好容器。如果以存有論的方式來說的話，人自身除了接受那看不見的『道』所發出來的作用之外，同時又是『道』的體認過程。」〔註33〕

　　〈聖賢伏煉章〉「累積長久，變形而仙」，在說服用仙藥到一定程度才能轉化身體，但換一個角度來看，若指修煉身心到某一程度才足以轉化身體，也未嘗不可。尤其《周易參同契》在討論煉丹術之外，的確也談及仙道的自力修煉。〔註34〕而六朝仙道處於從煉丹術發展至自力修煉的階段，對於身體轉化的想像往往來自煉丹，像是前文引用《神仙傳・王遠》說到「經忽身體發熱如火，欲得水灌，舉家汲水以灌之，如沃燋石」，這個加熱身體然後灌水冷卻的步驟，豈非將身體視爲鼎爐，淬鍊體內丹藥的過程？在下一章身體觀的討論中將會看到仙道過渡了煉丹術的體系來描述身體。

　　物質可經轉化而提昇層次是道教修仙理論的大關鍵，陶弘景在〈答朝士訪仙佛兩法體相書〉中認爲修煉成仙至少需具備幾個面相：

> 仙是鑄煉之事極，感變之理通也。當埏埴以爲器之時，是土而異於
> 土，雖燥未燒，遇溼猶壞。燒而未熟，不久尚毀。火力既足，表裡

〔註32〕《周易參同契註》，《正統道藏・太玄部》冊34，P.253-2。

〔註33〕湯淺泰雄著；盧瑞容譯：〈「氣之身體觀」在東亞哲學與科學中的探討——及其與西洋的比較考察〉，收入楊儒賓主編：《中國古代思想中的氣論及身體觀》，P.90-91。

〔註34〕最明顯的就是〈二氣感化章〉「內以養己，安靜虛無」與〈二氣感化章〉「耳目口三寶，固塞勿發通」二段。

> 堅固，河山可盡，此形無滅。假令爲仙者，以藥石煉其形，以精靈
> 瑩其神，以和氣濯其質，以善德解其纏。眾法共通，無礙無滯。欲
> 合則乘雲駕龍；欲離則尸解化質；不離不合，則或存或亡，於是各
> 隨所業，脩道進學，漸階無窮，教功令滿，亦畢竟寂滅矣。〔註35〕

「以藥石煉其形」是服用丹藥轉變身體性質，此乃醫家、煉丹家、六朝仙道
均同意的觀點，只是或以爲主、或以爲從。「以精靈瑩其神，以和氣濯其質」
則相當於前引《參同契》說的「含精養神」，謂採納、存養精氣及心神，以提
昇生命層次、洗滌身心雜質。「以善德解其纏」則是道教作爲宗教的特質，不
同於近乎科學實驗的煉丹術，道教之修行具有倫理道德的要求，一者適合入
世傳播，二者則是以爲成仙與心靈修養脫不了關係。附帶一提的，從「解纏」
的用語、「不離不合」的思考，以及視神仙的境界爲「畢竟寂滅」，則可見到
當時佛教傳入對於道教的一些影響。

　　變形而仙是人體發生轉化的結果，不過，人能轉化成仙，難道仙不會復
還爲人嗎？尤其以道家的思想作爲修仙的基底時，更容易讓人產生矛盾。道
家大旨用一句話來說，謂「唯變不變」，變化是永恆不息的。這樣的想法一方
面爲求仙提供了支持，因爲能變化才有可能達到身心的轉變，從凡人變成仙
人；另一方面卻對修仙的結果丟出了疑慮：若一切都在變化，肉體豈有可能
不朽？是否眞能臻於永恆的逍遙？關於此點，陶弘景借用「埏埴以爲器」之
喻說明，把人體修仙實踐，比擬於陶工鑄煉器物的過程：陶土未燒，雖成器
形而無用；燒而未熟，亦不耐久用；唯有火力既足才能表裡堅固，此形無滅。
陶土喻凡夫，陶器喻仙人，「當埏埴以爲器之時，是土而異於土」，指就本質
來看，凡體與仙體並無差別，有助於鞏固道教的精氣本體論，萬物均稟精氣
而生；但是，二者在維繫存在的程度上卻有天壤之別——凡體必然損壞，仙
體則「河山可盡，此形無滅」，仙道修煉的過程類似於鑄煉的過程，有恆修煉
直到轉化完全，仙人之形態便穩固不壞，如陶器不會復還爲土。此一解釋，
遙遙呼應《周易參同契・聖賢伏煉章》的「累積長久，變形而仙」，而且極具
說服力。

　　陶鑄器物的意象歷來多有，最早出自《老子・11 章》：「埏埴以爲器，當
其無，有器之用。」〔註36〕除了探求現象背後的性質，老子還點出物質之有

〔註35〕《全上古三代秦漢三國六朝文・全梁文》卷 46，P.3216-2。
〔註36〕《老子校釋》，見《老子釋譯》，P.44。

與空間之無相配乃具大用。漢末支謙譯《法句經・無常品》則有：「夫生輒死，此滅爲樂。譬如陶家，埏埴作器，一切要壞，人命亦然。如河駛流，往而不返，人命如是，逝者不還。」〔註37〕佛教看工藝所成之器皿仍舊無常，終歸損壞，否定了有形的永恆存在。而陶弘景則承自煉丹術之淬鍊轉化觀點，反過來認爲正因爲透過陶鑄燒煉，才使得器物之形不同於一般陶土，堅固耐用可以傳世。此一反駁爲仙道修煉提供一種合乎日常經驗的有力論據。陶弘景把「此形無滅」的邏輯歸結爲「鑄煉之事極，感變之理通」——「鑄煉之事極」就是「以藥石煉其形，以精靈瑩其神」等修煉方法改善生命型態，不斷進步「漸階無窮」；而所謂「感變之理通」主要是描述自力鑄煉轉化身心，要藉由把握一切變化的律則，不僅僅是對生命、宇宙運作的知識，還有言語文字之外的天人交感之體悟。此中凸顯出的仙道信仰是，人可以藉著掌握生命本質及自然規律，以正確的方式來改造事物性質———也包括改善自身的主體性，保持生命永恆且完整的存在。

　　修仙就是要讓生命的發展異於凡人，但沒有走到最後「火力既足」、「教功令滿」的話，前面的努力等於白費。積累的量變會產生質變，如《參同契》所謂「通德三元」，不只是精氣充盈令邪氣難侵而已，更是轉換了身體的性質，意指人透過修行，人身的性德提升到通同日、月、星的層次。若照《太平經》的說法則是：

　　　　身變形易，與神道同門，與眞爲鄰，與神人同戶。〔註38〕

也就是生命之氣越來越接近先天之氣或形上之道。若然，仙人何以能不死這個疑慮，便可用「事物變化而道不變」的觀點來消解，因爲「道」不落於變化，即意味著恆久常在。修煉變化成仙換個更有內涵的說法即是與道合一，《莊子・在宥》中廣成子就是與無窮、無測的道合一，因而獨存：「彼其物無窮，而人皆以爲有終；彼其物無測，而人皆以爲有極。…吾與日月參光，吾與天地爲常。…人其盡死，而我獨存乎！」〔註39〕得道者之生命經過完全的轉化，擁有道的永恆屬性，是以長存不朽，六朝仙道對此極具信心。

　　當然，這其中的問題並未完全解決，因爲道也者，實在無名無形，與身體相比，兩者之範疇可謂毫無交集。身體中的心靈或精神部分乃可知覺但不

〔註37〕《大正新脩大藏經》冊4，No.210，卷上，P.559-1。

〔註38〕《太平經合校・乙部・闕題二》，P.26。

〔註39〕《莊子集解・在宥》卷3，P.94-95。

可形容，其性質尚且還有可能接近於道，至於有形有質的軀體，則完全屬於形而下的領域，如何與道合一？這也是爲何先秦以來的神仙信仰一開始便有主張尸解的深層原因——藉由尸解擺脫掉形體之累贅，除卻屍體之外，其他生命部分則轉化至於合道，便顯得合理可接受了。《眞誥·運象篇》特別提到尸解現象的特徵，用以檢證尸解之存在：

> 人死，必視其形，如生人，皆尸解也；視足不青，皮不皺者，亦尸解也；要目光不毀，無異生人，亦尸解也；頭髮盡脫而失形骨者，皆尸解也。白日尸解自是仙，非尸解之例也。〔註40〕

人是否成功修煉成仙，理應只有當事者自知自證，但透過尸解的特徵，則旁人也可以加以檢驗，於是會相信轉化身體、達成尸解確實可能。而屍體所呈現的特異性質，正好用來說明生命透過修煉而轉化，故連委棄之軀殼也有部分變異，所以不同於一般屍體。

　　唐宋以下的內丹學派也需要解決這個形下如何合於形上的問難，而尸解之說仍不免牽強，故後世的內丹學修正了身體轉化的觀點：形體無法不朽，人有此身本是生命之大患、牢籠，是以修仙並非轉化有形有質之身體，實乃轉化身體中的精氣神成爲無形之元神（陽神），此所以云煉神還虛、煉虛合道，以精氣或能量的觀點才能超越有形有限。

第三節　仙道修行的方向與原理

　　《楚辭·遠遊》：「聞赤松之清塵兮，願承風乎遺則。貴眞人之休德兮，美往世之登仙。」〔註41〕從神仙傳說中固然能想望長生不死，但從單純的想望要走上實踐的途徑卻有賴思想指引。爲了修煉成仙，方士乃至後來的仙道藉助煉丹、煉氣、存養、採捕、導引之術等保養與修煉身心，方法多樣，其中一致的是修煉有其共同的大方向，此即「求道」，求得大道方可成仙。只是求道之方，各家理解有別。道非是可得、可捉摸之物體，勉強言之，較似宇宙運作之法則，故所謂求得大道，應該是指生命合於道的境界。合道的境界乃體證經驗，如人飲水，冷暖自知，然而求道之門路卻有前人足跡可循。生

〔註40〕（南朝梁）陶弘景編撰：《眞誥·運象篇》，《正統道藏·太玄部》冊35，卷4，P.38-2 至 39-1。

〔註41〕《楚辭補注·遠遊》卷5，P.164。

命如何運作乃合乎道，依循怎麼樣的法則可以不偏離於道，這些概念與邏輯即是本文關注的仙道文化意涵。本節擬先討論仙道修行之方向、標的，接著再釐清仙道修行理論背後蘊含著哪些共通與重要的基本邏輯。

一、修行目標：得道

　　先秦諸子多言道，而對道教求道觀念影響最深者，仍屬道家。道家言道有本體義、有創生義、有規律義，《老子·51章》：「道生之，德畜之，物形之，勢成之。是以萬物莫不尊道而貴德。道之尊，德之貴，夫莫之命而常自然。」王弼註：「道者，物之所由也；德者，物之所得也。」〔註42〕冥冥中運作一切的導引與動力，統一而言曰「道」，落於有形個體而能使生命發展完成的潛能則曰「德」。《莊子·天地》之說可以相發，其云「形非道不生，生非德不明」、「物得以生，謂之德」〔註43〕，可知「德」是生命個體所以爲其生命個體、能顯揚自身存有的特性、特質，是故定義「德」爲「個體生命先天稟賦之內在可能性」；或者，「德」亦可以指個體中生來即存的精氣，〔註44〕此二種解釋在氣論的觀點下，可並存而觀。如此，「德畜之」一句也指稟賦於物的精氣構成該物的性德，物能發揮成長到何種程度，與個體所具之精氣有關。萬事萬物的生長變化如何是道？《老子·25章》提出「道法自然」這個不答之答，事物若欲變化（事實上也不得不變化），其變化必然遵循無不出入、本身原具的道德，此即「勢成之」的意思；也就是物皆「尊道貴德」的表現。按照「自然」之說，生活就是要使一切行動與自身的本然道德相契合。

　　道家乃至道教典籍中往往提及順於道、邀於道、合於道，才合乎生命應有的樣貌，如《眞誥·甄命授》：

　　　　故道有大歸，是爲素眞，故非道無以成眞，非眞無以成道。道不成
　　　　其素，安可見乎？是以爲大歸也。見而謂之妙，成而謂之道，用而

〔註42〕（三國魏）王弼註：《道德眞經註》，《正統道藏·洞神部·玉訣類》冊20，卷3，P.561-1。

〔註43〕《莊子集解》卷3，P.101、103。

〔註44〕「個體生命先天稟賦之內在可能性」見陳德興撰：《氣論釋物的身體哲學·第五章》，P.152。又，從戰國晚期到西漢初期，大體視「德」是體內的一種存在，而且是萬物生命的泉源，與魂、魄、精、神、氣都是同一範疇的概念，見杜正勝：《從眉壽到長生：醫療文化與中國古代生命觀·氣一元的生命觀》，P.135-145。

謂之性，性與道之體，體好至道，道使之然也。〔註45〕

言生命均歸趨於素眞，如此方呈顯道之奧妙，這是因爲稟賦之性與道相通，故道令生命皆愛好至道而欲合之。此一觀點也爲醫家所接納。雖然醫、道各家流派主張的「道」之意涵未必等同，畢竟均以「得道」爲依歸。醫家認爲道毋須遠求，馬王堆醫書《十問・四問》中，黃帝問於容成曰：「民始賦淳流形，何得而生？流形成體，何失而死？何世之人也，有惡有好，有夭有壽？欲聞民氣贏屈、弛張之故。」容成答曰：

> 君若欲壽，則順察天地之道。天氣月盡、月盈，故能長生。地氣歲
> 有寒暑，險易相取，故地久而不腐。君必察天地之情，而行之以身，
> 有徵可知。間雖聖人，非其所能，唯道者知之。天地之至精，生於
> 無徵，長於無形，成於無體，得者壽長，失者夭死。〔註46〕

此處談的是天地之精氣有循環往復的相對規律，唯有察知且親身實踐，才能不失精氣而壽長。《靈樞・本神》也強調：「故智者之養生也，必順四時而適寒暑，和喜怒而安居處，節陰陽而調剛柔。如是，則僻邪不至，長生久視。」〔註47〕如此看來，體察天地之道可謂「近取諸身，遠取諸物」〔註48〕，並非奧妙神祕之事。不過醫家所言長生之事，與不死成仙似無甚關聯。這是由於醫家看待作爲宇宙規律之「道」，本非可令萬物得以不死的神妙法術；恰恰相反的，萬物循道而生，也應循道遷逝才合乎自然。其實《老子・23章》即說到：「飄風不終朝，驟雨不終日。孰爲此？天地。天地上（尚）不能久，而況於人？」〔註49〕順於道而活，至多是物盡性德，得終天年而已。然則，以仙道的角度來看，人合於道，爲何就能臻於長生不死？修道求仙以期長生不死的作爲，又何以算是循道而行？

就第一個問題而言，須知道教作爲宗教，雖採老莊思想爲用，但其內涵並非哲學，而是宗教信仰。是故，引據可以揀擇，解釋可以轉圜，用來整合信仰系統。道家典籍中固然有生死流變的眞理，也的確載有長生久視之說，作爲修道求仙之根據，前文已引用不少，且舉《老子・33章》爲例：「不失其

〔註45〕《眞誥・甄命授》卷5，《正統道藏・太玄部・眞誥》冊35，P.40-1。

〔註46〕馬繼興：《馬王堆古醫書考釋・《十問》考釋》（長沙：湖南科學技術出版社，1992（，P.897-901。

〔註47〕《黃帝內經靈樞譯解・本神》，P.85。

〔註48〕《重刊宋本十三經注疏・周易注疏・繫辭下》卷8，P.166-2。

〔註49〕《老子校釋》，見《老子釋譯》，P.94-95。

所者久，死而不亡者壽。」〔註 50〕「不失」的是甚麼？何謂「死而不亡」？文義模糊處很有詮釋的空間。約成於南北朝的《太上老君內觀經》，有一段經文可視爲六朝仙道對該章的詮釋：

> 道無生死，而形有生死。所以言生死者，屬形不屬道也。形所以生者，由得其道也。形所以死者，由失其道也。人能存生守道，則長存不亡也。〔註51〕

解釋了何以長生不死亦合於道。形像是盛裝道的容器，形雖然有變化生死，但作爲事物本根的「道」理當不變。事物之所以邁向遷逝，並非道之規律，而是變化之中喪失（偏離）了道。職是，若能守道即可長存不亡。這即是六朝仙道一貫抱持的態度。《老子想爾注》注「天長地久」一節亦云：「能法道，故能自生而長久也。」〔註 52〕陶弘景在《養性延命錄・教誡篇第一》引《混元妙眞經》：「人常失道，非道失人；人常去生，非生去人。故養生者愼勿失道，爲道者愼已失生。使道與生相守，生與道相保。」〔註 53〕以上均是長生由合道而來的例據。《素問・上古天眞論》的一段論述，恰好支持六朝仙道對有形有質者合於道亦能不朽的追求：

> 余聞上古有眞人者，提挈天地，把握陰陽，呼吸精氣，獨立守神，肌肉若一，故能壽敝天地，無有終時，此其道生。中古之時，有至人者，淳德全道，和於陰陽，調於四時，去世離俗，積精全神，游行天地之間，視聽八達之外，此蓋益其壽命而強者也，亦歸於眞人。其次有聖人者，處天地之和，從八風之理，適嗜欲於世俗之間，無恚嗔之心，行不欲離於世，被服章，舉不欲觀於俗，外不勞形於事，內無思想之患，以恬愉爲務，以自得爲功，形體不敝，精神不散，亦可以百數。其次有賢人者，法則天地，象似日月，辨列星辰，逆從陰陽，分別四時，將從上古，合同於道，亦可使益壽而有極時。〔註 54〕

這段引文與〈上古天眞論〉首段的觀念不盡相合，應是雜入了神仙家的觀念，主張聖人體道，得以形體不敝、精神不散，看似勝於凡人多矣，但壽命以百

〔註50〕《老子校釋》，見《老子釋譯》，P.134。
〔註51〕《太上老君內觀經》，《正統道藏・洞神部・本文類》冊 19，P.87-1。
〔註52〕《老子想爾注校笺》，P.10。
〔註53〕《養性延命錄・教誡篇第一》卷上，《正統道藏・洞神部・方法類》冊 31，P.80-2。
〔註54〕《黃帝內經素問譯解・上古天眞論》，P.9-10。

數，去真人境界不啻雲壤；真人此身能「壽敝天地，無有終時」的關鍵，在於掌理天地之道、把握陰陽之理以調養精神所致。依此看來，體察天地之道固非晦澀隱密之事，只是真人、至人、聖人、賢人等得道的境界分出了高下；也就是說，若欲求長生不死，對於道的體悟必須一再提昇。總之，合於道、順於道的思想或修養的體驗記錄，形成仙道追求長生不老、不死逍遙的依據，賦予有志者「求道」的目標；而「得道」的概念則被進一步擴展為達到道教宗教理想時的存在境界。

　　接著的問題是：修道求仙以期長生不死何以是循道而行？照先秦道家的想法，人應當順道德而活，不當時時欲以自身的力量去干預和違背自然規律，《莊子·繕性》有言：「古之治道者，以恬養知；知生而無以知為也，謂之以知養恬。」以及「古之人，在混茫之中，與一世而得澹漠焉。當是時也，陰陽和靜，鬼神不擾，四時得節，萬物不傷，群生不夭，人雖有知，無所用之，此之謂至一。當是時也，莫之為而常自然。」〔註 55〕此處的「知生而無以為知」、「人雖有知，無所用之」，就是指得道者不依照自我意識之思考來決定生活的方式。但仙道初期經典的《西昇經·我命章》卻早已說：「我命在我，不屬天地。」〔註 56〕強調自由意志與修煉的抉擇，人堪為自身性命之主宰。此一態度豈非違背「道法自然」，如何能說人嚮往修仙、改造生命即是循道而自然生活？六朝道教認為，道具生之特性，有生物之功，如《老子想爾注》注「域中有四大，而生處其一」之釋文：「四大之中，所以令生處一者；生，道之別體也。」〔註57〕《抱朴子·勤求》亦有：「天地之大德曰生，生好物者也。是以道家之所至祕而重者，莫過乎長生之方也。」〔註 58〕六朝仙道主張貴生乃理所當然。關於貴生，討論已見本章第一節。貴生的觀念是從事仙道修行的起點，也是本文思考六朝仙道修行理論的根基。故知六朝仙道論及「道」，都特別傾向關注道生養萬物的功能，忽略道之於萬物還有代謝遷滅的那一面。

　　「我命在我，不屬天地」之言，放在六朝仙道的思潮下來說，其中可發展出以下幾點深層的思維理路。首先，天地萬物都是循「道」而變化。所以「我命在我不在天」，表示「命」並不由天賦予了性德就因此固定不易，因為

〔註 55〕《莊子集解·繕性》卷 4，P.135-136。
〔註 56〕《西昇經》卷下，《正統道藏·洞神部·本文類》冊 19，P.262-2。
〔註 57〕《老子想爾注校箋》，P.35。
〔註 58〕《抱朴子內篇校釋·勤求》卷 14，P.229。

天其實也循道而變動。之所以說凡人生來命定，是由於人未能掌握並運用
「道」，不得不老病死亡；反之，人若能掌握「道」，則生命便有機會不走向
衰敗，正如上文《內觀經》、《老子想爾注》、《養性延命錄》之說，用自己的
意志抉擇自己的生命歷程。再者，「我命在我不在天」的意義，毋寧說是我之
性命既已命定，則我欲求仙而修行，也當屬命定，《抱朴子・塞難》如是言：

> 命之修短，實由所值，受氣結胎，各有星宿。天道無爲，任物自然，
> 無親無疏，無彼無此也。命屬生星，則其人必好仙道。好仙道者，
> 求之亦必得也。命屬死星，則其人亦不信仙道。不信仙道，則亦不
> 自修其事也。所樂善否，判於所稟，移易予奪，非天所能。譬猶金
> 石之消於爐冶，瓦器之甄於陶灶，雖由之所成形，而銅鐵之利鈍，
> 瓮罌之邪正，適遇所遭，非復爐灶之事也。〔註59〕

人的稟性壽命，非是天地有意志而判定。萬物是天地之氣交感，自然生成，
與彼天地，均各爲一物。人的稟性壽命取決於結胎時氣之所值，一任自然。
因此，〈塞難〉這裡認爲，透過生來稟賦之氣，我之性德已在我身，生命要如
何發展，端看我的意志行爲是如何發揮自身性德，所以才說「我命在我，不
屬天地」。若然，則性好修仙者皆是生來即稟賦修仙之性德，意味著此身素質
已具備修仙的潛力。就像同在一爐中陶冶，然不同原料各自的特性預先決定
了它們適合造作何種器物或用於何處。換個說法，就是命中註定求仙，是以
企羨神仙、期求不死正是自身性德自然的趨向。流行於東晉的《太上靈寶五
符序・皇人太上眞一經諸天名》就是用稟氣而生來解釋人原本即具修道的可
能：

> 蓋上天之氣歸此一身耳，一身分明便可長生也。夫人是有生最靈者
> 也，但人不能自知，不能守神以御眾惡耳，知之者則不求佑於天神，
> 止於其身則足矣。〔註60〕

並順著「道氣同一」的邏輯，由於上天之氣歸於人之一身，守氣即守道，便
可長生。氣作爲生命現象的本原，是仙道修煉的材料；氣也是道的表現，因
而可由一身之氣來理解道。有了「氣」這一內在的根據，人本具潛力自知「道」

〔註59〕《抱朴子內篇校釋・塞難》卷 7，P.124。結胎受氣，適值神仙聖人之宿，上
　　　　得其精，而使胞胎之中，已含信道之性，此一論說又見《抱朴子・辨問》。
〔註60〕《太上靈寶五符序・皇人太上眞一經諸天名》卷下，《正統道藏・洞玄部・神
　　　　符類》冊 10，P.762-1。

如何在一身運動、轉化，便能自行支配自己的壽命而不必他求了。如此一來，自然稟氣的命定論反倒堅定了修道求仙者的信念，從而鼓勵道教信眾積極修行，以求壽命延長乃至不死成仙。

不過，此番理路並非沒有破綻。再加以深究的話，稟氣命定的說法隱藏著一個矛盾的限制：儘管人的生命有變化的可能，但不可諱言仍受到生來稟賦優劣的先天限制，先天氣稟決定了人的好惡、才性、健康等一切面相，就算性好修仙是身體之心靈層次有修仙之傾向，未必保證身體之其他生理條件都完全適合修仙。所以神仙傳說裡往往標舉成仙之骨相，像《神仙傳‧劉根》中，韓眾仙人告訴劉根：「汝有仙骨，故得見我。」又，〈王遠〉記王遠（方平）欲度化蔡經為仙：「經者，小民也，骨相當仙，方平知之，故住其家。遂語經曰：『汝生命應得度世，故欲取汝以補仙官。』」〔註61〕六朝仙道的修煉畢竟是針對身體來進行轉化，如果骨相當仙，就算原先沒有修仙的志願，也可以調整身體，達成轉化而成仙。反過來說，凡人即便有修仙之志願，若欠缺內視的眼光，又未遇上仙人拔度，便無從得知自己稟賦的身體資質應循何種途徑修仙。雖然可以透過修煉來積累元氣、存養精神，但對修煉仙道者來說，先天的資質深淺就如同在不同的起跑點上出發，修煉成效之遲速大小未可一概而論。六朝道教作為普遍傳播的宗教，在修仙理論上開放給所有人，人人都有機會運用這些修煉法；不過也有但書，不擔保人人都能修煉到同一境界。稟氣賦性的理路既是修仙成功的理由，同樣地可以作為失敗的解釋。

二、修行方向：逆反

由上述討論可以了解，求仙必須求道，得道便得長生，故以「道」之體證作為修行的目標，在六朝仙道理論中殆無疑義。而實踐上，如何求索而得道，便衍生出諸多修行方式，將在第五章舉其要者析論。法門雖多，其中仍有共通的修行方向。這方向何由而知？就從事物的自然變化中，歸納出道或氣運作的**趨勢**；而修行須契合道之規律、氣之運作模式，生命轉化的方向才正確。道家所見的合道大方向，一言以蔽之，即是「反」。此義申述如下：

宇宙萬物因道而化生，《老子》中道的主要象徵之一就是「牝」或「根」，〈第 6 章〉：「谷神不死，是謂玄牝。玄牝門，天地根。」象徵道的生殖繁衍

〔註61〕以上，分見《神仙傳校釋》卷8，P.300；卷3，P.92。

之功，且此根源永無匱乏；《老子》更常用「母」，〈第 25 章〉：「有物混成，先天地生，寂漠，獨立不改，周行不殆，可以爲天下母。」母不只是初始時的孕育，還包含生產之後照護的意涵。延伸牝、根、母的意象，《老子》又提出嬰兒、樸等比喻，〈第 28 章〉：「知其雄，守其雌，爲天下蹊。爲天下蹊，常德不離，復歸於嬰兒。知其白，（守其黑，爲天下式。常得不忒，復歸於無極。知其榮，）守其辱，爲天下谷。爲天下谷，常得乃足，復歸於樸。樸散爲器，聖人用爲官長。是以大制無割。」所言「樸」，就是不繁複、無制定、尚未落實爲器的天然本來樣貌，與《莊子・應帝王》中七竅未開的「渾沌」類似；至於「嬰兒」或「赤子」就是承接著「道」之爲「母」的原初存在境界。〈第 55 章〉專門探討人類官能發展之初，生命尚近於道的狀態：

> 含德之厚，比於赤子。毒虫不螫，猛獸不據，攫鳥不搏。骨弱筋柔
> 而握固。未知牝牡之合而全作，精之至。終日號而不嗄，和之至。
> 知和曰常，知常曰明。

此章認爲生命之初，身心都和柔無害，故萬物亦不害之；似柔弱而實堅固，這是因爲稟賦而來的精盈滿未失；如此協調的生命狀態才是能恆常的。萬物由道化生，分化愈趨繁複，也就去道愈遠。但這章提到「含德之厚，比於赤子」、「知和曰常，知常曰明」，曉喻人其實可以透過了解與道相合的生命狀態、藉由適當的方法回到「含德之厚」——個體所稟賦之精氣飽滿或性德徹底發揮之狀態，也就是〈第 28 章〉所謂「常德乃足」——回復生命應有的恆常樣貌。〈第 52 章〉：「天下有始，以爲天下母。既知其母，又知其子；既知其子，復守其母。沒身不殆。」〔註 62〕理解形上之母與形下之子的關係，哲學上屬於認識論的範疇，而道家的認識論與生命實踐論相重疊：知道才能合道，合道也就自然知道，故曰「知常曰明」。〔註 63〕復歸於嬰兒、復守於母，表達的就是生命得道。

　　爰此，道家發想出溯源或復歸以近道的思考，可說相當自然，此所以《老子》中多次提到「復歸」。究竟復歸是不是一定要逆反至原初，或者是否一定

〔註62〕以上，《老子校釋》，見《老子釋譯》，P.25-27、100-101、112-114、218-224、205-206。

〔註63〕令人想到《禮記・中庸》：「天命之謂性，率性之謂道，修道之謂教」、「自誠明，謂之性；自明誠，謂之教。誠則明矣，明則誠矣。」（《重刊宋本十三經注疏・禮記注疏》卷 52，P.879-1；卷 53，P.894-2）等語。認識論與實踐論相通，是戰國時期諸子論天道性命思想共有的一個特色。

要回到未分化的渾沌才叫與道合一，文義上頗有討論空間。不過先秦道家與六朝仙道產生的時代背景剛好令其價值觀有共同的趨向——崇本抑末、重樸輕文——於是道家與道教之學者多採取直線式的復歸，亦即主張循著來路，復歸於母的原初狀態。

　　關於復歸於道的方法，《老子》多有論述，關鍵在於〈第 40 章〉：「反者道之動，弱者道之用。」〔註64〕反也者，在《老子》思想中可以分二層次來論述：

　　第一個層次，反就是逆反。《老子》看重道的反覆，故主取柔、取弱、取反、取下。反就是逆向操作，反人事之常態而行也。〈第65章〉：「玄德深遠，與物反，然後乃至大順。」要求人朝向與現實觀念相反的方向去尋求，才是合順於道，像〈第 36 章〉之應用：「將欲翕之，必故張之；將欲弱之，必故強之；將欲廢之，必固興之；將欲奪之，必固與之。」世人皆用強，而道家獨用弱，也是「反」之義。主張「反」，一是因為觀察到天地的變化總是走向平衡，〈第77章〉：「天之道，其猶張弓。高者抑之，下者舉之，有餘者損之，不足者補之。天之道，損有餘而補不足；人道則不然，損不足，奉有餘。」反向操作反倒是向天道靠攏；主張反向操作還有一個原因，即一般大眾慣常因循的觀念或好惡，往往都是錯亂平衡、斲傷生命的，故〈第48章〉：「為學日益，為道日損。損之又損之，以至於無為。」〔註65〕提示兩種進路，而人欲修道求仙，乃是復歸於樸，必定要與入世求取功利學識等世間成就的方向相反。

　　反人世之常的態度，在《老子想爾注》中多有發揮，注「以其無尸，故能成其尸」之釋文：「不知長生之道，身皆尸行耳，非道所行，悉尸行也。道人所以得仙壽者，不行尸行，與俗別異，故能成其尸，令為仙士也。」不知長生之道、不能行道，則一身終將腐朽，即便目前能活能走，仍舊是逐漸邁向死亡，未來的屍體而已。而長生之道與俗別異，故不取世俗行止，如其注「是以聖人後其身而身先」便說：「求長生者，不勞精思求財以養身，不以無功劫君取祿以榮身，不食五味以恣，衣弊履穿不與俗爭，即為後其身也。而目此得仙壽，獲福在俗人先，即為身先。」再如注「是以大制無割」則說：「道人同知俗事、高官、重祿、好衣、美食、珍寶之味耳，皆不能致長生。長生

〔註64〕《老子校釋》，見《老子釋譯》，P.165。
〔註65〕以上，《老子校釋》，見《老子釋譯》，P..266、142-143、298-299、192。

為大福，為道人欲制大，故自忍不以俗事割心情也。」注「忽若晦，寂無所止」乃云：「仙士意志道如晦，思臥安床，不復雜俗事也。精思止於道，不止於俗事也。」〔註66〕不爭名利富貴衣食享受，是為後其身；雖後實先，乃由於早別人一步明白，修道求仙方是終極追求，是以一心只放在修道上。《老子道德經河上公章句·淳德第六十五》解「與物反矣」之章句也說：「玄德之人與萬物反異，萬物欲益己，玄德施與人也。」〔註67〕逆向操作，不與萬物同流，反而才是合乎玄德。〔註68〕

逆向操作的邏輯也見於煉丹術，《周易參同契·二氣感化章》「反者道之驗」〔註69〕就是說以「反」來校驗是否合乎修道。如本文第二章引用過的〈流珠金華章〉：「五行錯王，相據以生，火性銷金，金伐木榮。」應用了顛倒五行：火雖剋金，但金經火煉則純粹；金雖剋木，但木經金削則成器用。故顛倒五行來煉丹，以去粗存精、去偽存真。另外，五行相生是生命正常的樣態，卻也是人從生向死的順序，見《靈樞·天年》：

> …五十歲，肝氣始衰，肝葉始薄，膽汁始減，目始不明；六十歲，心氣始衰，若憂悲，血氣懈惰，故好臥；七十歲，脾氣虛，皮膚枯；八十歲，肺氣衰，魄離，故言善誤；九十歲，腎氣焦，四藏經脈空虛。百歲，五藏皆虛，神氣皆去，形骸獨居而終矣。〔註70〕

精氣的衰退從屬木之肝開始，依次為屬火之心、屬土之脾、屬金之肺，最後是稟賦於先天的屬水之腎。煉丹則要反其道而行，《周易參同契·如審遭逢章》說：「五行相克（剋），更為父母。」〔註71〕蓋有剋亦有生，殺機之中蘊藏生機，如金剋木，而金動則生水，木因被金所剋反而得水而滋生。

表象上逆向操作，其深層的意義則在於復歸，此乃「反」的第二個層次。

〔註66〕以上，《老子想爾注校箋》，P.11、10、39、28。
〔註67〕《老子道德經河上公章句》（北京：中華書局，1997）卷4，P.255。
〔註68〕胡孚琛：《丹道法訣十二講·附錄》（北京：社會科學文獻，2009）冊3記明代陸西星《三藏真詮》述仙師降乩，與陸西星等對談，云修道之法，祇一個「反」字，便可概括無餘，「令愚昧小人，祇將日用道理，一切反來。如陽施陰受，陽上陰下之類，一切反之。性宗則如六根六塵，一切反之。人為的我不為，人慾的我不慾，如是反來，自然合道。此字徹上徹下，可以立教」。可見以「反」為修道方針的想法持續不絕。
〔註69〕《周易參同契註》，《正統道藏·太玄部》冊34，P.251-1。
〔註70〕《黃帝內經靈樞譯解·天年》，P.397。
〔註71〕《周易參同契註》，《正統道藏·太玄部》冊34，P.251-2。

藉由逆反「道生萬物」的過程，返回最初的樸與嬰兒的狀態，合於本根、牝母之道。《老子・42 章》：「道生一，一生二，二生三，三生万物。」看似順向生成、逐漸蔓衍，但萬物的性德中卻含有反向的趨勢，《老子・16 章》：「萬物並作，吾以觀其復。夫物云云，各歸其根。歸根曰靜，靜曰復命，復命曰常。」〔註72〕可以解釋爲：當萬物活動臻於旺盛，或是分化到最繁複時，便會逆行，趨歸於根本虛靜的狀態，這是萬物變化的最後依止。《周易參同契・爻象功用章》有「道窮則反，歸乎坤元」〔註73〕，即是此意。

　　反的不只是生命的狀態，就修道來說，人心中的價值觀與概念架構也需要背反。《老子・38 章》：「失道而後德，失德而後仁，失仁而後義，失義而後禮。夫禮者，忠信之薄，而亂之首。」〔註74〕認爲人世主張的道德價值隨世界發展逐漸降低，去道愈遠；若參照《莊子・大宗師》顏回參道的境界日漸提昇，便了解認知概念的背反可復歸於道：

> 顏回曰：「回益矣。」仲尼曰：「何謂也？」曰：「回忘仁義矣。」曰：「可矣，猶未也。」他日復見，曰：「回益矣。」曰：「何謂也？」曰：「回忘禮樂矣。」曰：「可矣，猶未也。」他日復見，曰：「回益矣。」曰：「何謂也？」曰：「回坐忘矣。」仲尼蹴然曰：「何謂坐忘？」顏回曰：「墮肢體，黜聰明，離形去知，同於大通，此謂坐忘。」仲尼曰：「同則無好也，化則無常也。而果其賢乎！丘也請從而後也。」〔註75〕

此處意在擺脫世俗加諸認知上的一切概念。概念影響了心志，如此心志主宰下的生命活動其實與道無關；在坐忘得道的原初狀態中並無概念，一切對立已然消弭，只是質樸的、本然的渾沌，故能無分好惡而與萬物一體，順於道變化而不僵固，所以說「同則無好」、「化則無常」。〔註76〕然則道家之背反實非眞反，蓋道家乃以道爲本，順道而不反道，所反者乃反人爲的概念認知、反一己個人爲重等人類本位價值觀也。

〔註72〕以上，《老子校釋》，見《老子釋譯》，P.174、64-66。
〔註73〕《周易參同契註》，《正統道藏・太玄部》冊 34，P.249-2。
〔註74〕《老子校釋》，見《老子釋譯》，P.152-153。
〔註75〕《莊子集解・大宗師》卷 2，P.68-69。
〔註76〕楊儒賓說：「（莊子）他認爲惟有解消經驗人存在的性格後，才能使意識與自然同流，使自我與非我同在，這才達到了理想人的狀態，這種狀態也就是人的本質之回復。」見氏撰：〈支離與踐形──論先秦思想裡的兩種身體觀〉，收入楊儒賓主編：《中國古代思想中的氣論及身體觀》，P.419。

　　道教不分派別均求復返於道，煉丹自不例外。煉丹家視金丹爲道氣的化現，煉丹過程乃是通過特定方法，把流布於天地間、落實爲物的道氣凝聚與提煉出來，令其還原爲純粹之「一」，在形下世界裡造出本質上接近於道的存在。《周易參同契》提到金丹成就多曰「還丹」，如〈龍虎還丹章〉：「色轉更爲紫，赫然成還丹」、「金來歸性初，乃得稱還丹」等，「還」含有將藥物融合而歸於本原之意，還丹意謂煉回天地之本性，所還之金丹包孕著天地未開之初的混沌元氣。而煉丹中物性變化的運行軌跡也是「反」或「還」。舉例來說，在煉丹家看來，煉丹所用的材料分爲五行，以金木生水火，再合併作用而歸於土，〈姹女黃芽章〉：「丹砂木精，得金乃并，金水合處，木火爲侶。四者混沌，列爲龍虎，龍陽數奇，虎陰數偶。肝青爲父，肺白爲母，腎黑爲子，心赤爲女，子五行始，脾黃爲祖。三物一家，都歸戊巳。」〔註77〕約其變化就是陽龍、陰虎兩股相對相輔的能量互相拮抗消長乃至融合，陰陽、五行本源於一，終亦歸於一。

　　煉丹術和內丹學，都以「反者道之動」爲修道的基本方向。返本還原的目的是要成仙了道，後世內丹學在此基礎上提出了「順則生人，逆則成仙」的理論，〔註78〕尋得逆反之途徑，從形下回歸形上、後天回歸先天，越近於萬物本體的道則越邁向永恆。「順則生人，逆則成仙」這種想法在唐宋以下是常見的修煉觀念，但早在六朝時，就可尋覓到前驅之蹤跡，如《西昇經‧生置章》云：

> 是以聖人無常心者，欲歸初始，返未生也。人未生時，豈有身乎？
> 無身當何憂乎？當何欲哉？故外其身，存其神者，精耀留也。道德
> 一合，與道通也。〔註79〕

承《老子‧13章》言：「吾所以有大患，爲我有身，及我無身，吾有何患！」〔註80〕而來。人之一身乃憂患來源，有感官便不免外馳耗損、有肉體不免傷病死亡，活著不免遭遇困厄。有此一身就會擔憂此身安危，若能拋開對身體

〔註77〕　以上，《周易參同契註》，《正統道藏‧太玄部》冊34，P.247-1、247-2、252-2。

〔註78〕　（元）陳致虛註《悟眞篇》序言：「如順則生物、生人者，是後天地之道也。逆則成仙、成佛者，是先天地金丹之道也。」（（南宋）薛道光、陸墅；（元）陳致虛註：《紫陽眞人悟眞篇三註》，《正統道藏‧洞眞部‧玉訣類》冊4，P.367-2至368-1）

〔註79〕　《西昇經》卷中，《正統道藏‧洞神部‧》冊19，P.256-1。

〔註80〕　《老子校釋》，見《老子釋譯》，P.49。

的執著，不在意此身的存在，何來憂患可言？順此而想，溯返於未生之時，也就沒有我這個形質之身，就可擺脫憂患。《西昇經》主張忘其身而存其精神，是為了讓心歸於初始無身的狀態，如此方可自然合於道而長生。《太平經·虛無無為自然圖道畢成誡》也有返還嬰兒之前、到於太初的說法：

> 無為者，無不為也，乃與道連，出嬰兒前，入無間也，到於太初。
> 及反還也，天地初起，陰陽源也。入無為之術，身可完也。去本來
> 末，道之患也。離其太初，難得完也。去生已遠，就死門也。好為
> 俗事，傷魂神也；守二忘一，失其相也，可不誡哉。〔註81〕

離太初越遠，則身與道越不完全，也就是去生越遠、就死越近，因此須返於嬰兒未生之前的太初，即天地初起、陰陽之源。然則如何可以返還？〈虛無無為自然圖道畢成誡〉提出「入無為之術」使此身與道完合。無為自然，是後來內丹學中先性後命的修煉丹法核心。引文這裡還看不出無為之術的入手處，但已知無為與「好為俗事」相對，逆返初始之反與不行俗事之反乃是同一方向的表裡意義。另外，所提醒不可「守二忘一」，或可推測〈虛無無為自然圖道畢成誡〉的「無為之術」與仙道修煉法門之「守一」密切相關。

　　道家之「道」是全面的、形上的，生命要上通於道的話，不應有所限定、不應執著形下。從《老子》「無身」、《莊子》「坐忘」，乃至《西昇經》「外其身，存其神者，精耀留」的虛心存神，大抵而言，只要依循老莊思想的道經或註解，談到修道，原始反終都會推求出：有身為大患，想復歸於道勢必忘身、外身，先要拋開對身體或生之執著，觀念轉變了才能進於無為自然的心境；至於實際上的修煉，到了最後階段，道家認為肉身也是要放棄的，或者不再是有形的肉身。忘身以存生、外身而修道的觀點與一般人保護身體、愛惜生命的想法不同，亦與六朝仙道追求形神合一、生命不朽之修仙理念，以及服氣、存思等修行方式大相逕庭。于春松言漢晉至唐代，道教對身體與長生的關係演變，簡要略述如下：

> 大致可以說從東漢末年到西晉，由形神相即而達到肉身的永恆存在
> 幾乎是長生的惟一形態；而從兩晉到隋唐，長生樣態逐漸多元，為
> 了適應飛昇成仙的理論，肉體不再是「舊形」，而是經歷了神異變化
> 之後的身體。而唐代之後，對於無形的身體和精神的追求逐漸成為

〔註81〕《太平經合校·虛無無為自然圖道畢成誡》卷103，P.470-471。

　　　　　長生的主體。〔註82〕

忘身、無身這樣的要落實到修煉上，需要修煉理論發展到更精微的哲理層次，方能重新反省道家義理而加以吸收運用，故爾忘身返道的觀念尚潛流於六朝仙道，隱然發酵，待內丹學理論逐漸完備之時會重新浮上檯面。關於仙道理論對修煉法的省思與回歸道家自然無爲的修道模式，詳見第七章餘論。

三、修行原理：奪盜

　　由上節討論，「反」點出了修仙需揚棄世俗生活、返本歸根的求道方向，本節則談仙道實際操作之潛在原理，本文假立「奪盜」一詞以稱之。「奪盜」者，意指採納天地間的精氣收歸於己，充實自身、爲我所用。仙道經論可見「奪」或「盜」之語，例如《太上元寶金庭無爲妙經・奪運章》，約出於唐代，講修煉服氣以養生：

> 天有五運，地有六氣，以生萬物，以成造化。人能知天地之運，則長生不死。若欲當知其炁，夫天之五運，五行之炁；地之六氣，六甲之靈。知五行六甲，不爲天地之盜者，乃爲眞人。以眞人者，奪天地之運，服八節之炁也。震，東方木，宜養肝。離，南方火，宜養心。兌，西方金，宜養肺。坎，北方水，宜養腎。東南巽，宜養膽。西南坤，宜養胃。西北乾，宜養大腸。東北艮，宜養小腸膀胱。此奪天地之運，不爲之盜也。〔註83〕

引文之「奪」，言眞人取天地五方之氣運以養五臟，「盜」則謂天地無聲無息的變化，「不爲之盜」指不被天地盜取人身之氣。六朝仙道諸般修煉法門，背後或多或少都蘊含奪盜原理。此修仙所共通之操作原理，本文探源剖析如下：

　　使用不同藥性的本草以配方劑治療疾病，是醫家內治之常法。若從巫醫的原始思維看來，死亡並非生命中正常事件，也當視爲一種疾病。〔註84〕由

〔註82〕于春松撰：《神仙傳・第二章》（北京：東方出社，2005），P.42-43。

〔註83〕《太上元寶金庭無爲妙經・奪運章》，《正統道藏・正乙部》冊57，P.486-2至487-1。

〔註84〕卡西勒認爲：「在原始思維中，死亡絕沒有被看成是服從一般法則的一種自然現象。它的發生並不是必然的而是偶然的，是取決於個別的和偶然的原因，是巫術、魔法或其他人的不利影響所導致的。…死亡不是不可避免的，它的發生都是由於一個特殊的事件，由於人的疏忽或事故而致。」（Ernst Cassirer著：甘陽譯：《人論》，P.124）

這個角度切入，某些本草註記久服延年，即可解讀為對抗死亡。在《神農本草經・上經》便載「玉泉」：「主五臟百病，柔筋強骨，安魂魄，長肌肉，益氣。久服耐寒暑，不饑渴，不老，神仙。人臨死服五斤，死三年，色不變。」又載「天門冬」：「主諸暴風濕偏痺，強骨髓，殺三蟲，去伏尸。久服輕身，益氣延年。」提到久服不老，或是久服益氣，可知這類藥物對抗死亡的作用方式，與一般本草攻克、排除病邪疾患稍微不同，往往指出藥性對人身有益，服入可將其特性滲傳給身體、改變身體。《神農本草經・上經》開卷即言：

> 上藥一百二十種，爲君，主養命以應天，無毒。多服、久服不傷人。

> 欲輕身益氣，不老延年者，本上經。〔註85〕

所謂「養命以應天」，即是說天生本草賦此藥性，是讓人藉此延年益壽，以應上天之用心、不辜負上天賜與人本有的壽命。服用本草，正是奪盜原理的展現。凡延年之本草多可「益氣」，點出人從中取以補養的，正是精氣；引文中還提到「輕身」，則反映濁重之形質爲清靈之精氣所轉化或取代。

漢以來至六朝隋唐盛行的煉丹術，操作原理即是久服延年概念的發展。鉛、汞、金等材料須經煉化爲丹，方爲人體所用，透過煉丹的過程，凝聚、提昇、發揮其特性，使人體能有效攝取而變化體質。秦漢以至六朝的神仙傳說常言服食珍貴本草，漸漸能變化體質，行動靈敏、駐顏不老；服氣法則是透過特殊方位、時段、吐納方式採取天地五方精氣、日月星辰精華，使身體先天的精氣神飽滿，較諸服食更爲直接。即便是存思之法，目的也在於想像收納精氣或神靈降臨己身、助己修煉轉化。可以說六朝仙道的內在操作邏輯大體建立在奪盜的基礎上。第五章詳談仙道修煉時，多有例證，此處不贅。

方術背後隱含的奪盜思維，論其根本，實原出生物本能。生物爲了存活，需要不斷進食以吸收營養、呼吸以交換氣體，納其可用者而棄其無用者。從求生發展極致爲求長生，自然得仰賴於攝取更爲精華的東西，並把一切導致死亡、有害生命者都拋棄。至於何者有益、何者有害，如何取、如何棄，則各家派別各有主張。

奪盜原理在應用上並不難懂，而且正由於此種思維太過簡單、太出於本能，許多修行者根本未曾察覺修行法門中蘊含奪盜原理，但是奪盜損他利己之操作，卻與大道無私且廣爲施予的性格相衝突。《老子・第42章》云：「夫唯道，善貸且善。」〈第77章〉亦言：「孰能有餘以奉天下？其唯有道者。」

〔註85〕以上，《神農本草經》卷1，P.277、279、277。

〔註 86〕大道無私普施，精氣在天地萬物間恆常流通，然而，修仙爲何獨能奪盜天地萬物的精氣以爲己用？爲何「取而不予」仍算是順道、合道？若不能自圓其說，仙道理論系統便稱不上完備。

　　最早深入討論奪盜思維的經典應屬《陰符經》。綜合前人之考究，大體可信《陰符經》爲唐以前道家古籍，〔註 87〕經文簡潔隱晦，但「盜」的思維是其主軸，確定無疑。經中先云天地陰陽運行變化均有法則：「日月有數，大小有定。聖功生焉，神明出焉。」依循法則，故萬物有起落生死：「天生天殺，道之理也。」何以會起落消長？因爲萬事萬物之間乃相生相害、物極必反的關係：

　　　　擒之制在炁。生者死之根，死者生之根。恩生於害，害生於恩。〔註88〕

事物莫不從一端變化至另一端，生死相接，此死則彼生，彼死則此生；有餘即有損、有失即有得。用今天的話來講，即是資源不會長久被一方握持，而是隨事物變化有所消長；資源不會損耗消失，只是會流動而重新分配，乃變化不息的動態平衡。所謂的資源，《陰符經》認爲是氣，氣於萬物中出入互滲，故說「擒之制在炁」。

　　《陰符經》闡述天地、萬物和人的關係具有相生相害、物極必反的特色，並獨到地提出移轉不停的天道變化規律，可以用一「盜」字就概括掌握：

　　　　天地，萬物之盜；萬物，人之盜；人，萬物之盜。三盜既宜，三才
　　　　既安。〔註89〕

天、人、萬物彼此間互盜、互通，於是互資、互生，此萬物所以生生不息，皆是氣在天地萬物間無盡循環流行。本文以爲，用「盜」一字，隱含天地運作悄然難曉之意：萬物生息與人之存亡，微細幽渺，不知不覺；然而變化始終持續，於不經意之中，天荒地老，物毀人去。常人不能終老天年的原因，即是人被「盜」之：人類雖因演化出心志智識，藉此優勢而善取萬物以滋養自身，但是生活的方式若不合時宜、不按天地之理，萬物反能盜人——從人

〔註 86〕《老子校釋》，見《老子釋譯》，P.172、299。
〔註 87〕舊稱曹操、李靖注過《陰符經》，現存注解以唐代李筌注與張果注爲最早，歷來並無異文，推測《陰符經》當在唐以前所出。歷代注解簡介可參《正統道藏總目提要》0108 至 0127 條，P.115-132。
〔註 88〕以上，（唐）張果註：《黃帝陰符經注》，《正統道藏・洞眞部・玉訣類》冊 4，P.33-1、32-2、34-1 至 34-2。
〔註 89〕《黃帝陰符經注》，《正統道藏・洞眞部・玉訣類》冊 4，P.32-2 至 33-1。

的角度來看，則是精氣神不能保守，不斷向外發散，過度耗損而走向衰敗。

其實，《陰符經》所主張的「盜」，正是《老子‧77章》「天之道，損有餘而補不足」此天道平衡原則的另一種闡釋。第77章著重在天道抑揚萬物以平衡；《陰符經》則著重在氣之交流達到的動態變化。然則「盜」的思維依然源自道家，相通不悖。經由《陰符經》的闡釋，奪盜不再是只對自身有益的概念，反倒著眼於萬物之間的交流模式。前文說過，交感巫術之所以能夠成立，端賴事物之間神祕屬性在特定條件下的「互滲」。在仙道修煉理論來說，指稱神祕屬性的詞彙就是氣，而《陰符經》發明的「盜」之理則，正是仙道理論的「互滲律」。

盜爲道之理則，人如何察覺「盜」進而掌握「盜」？《陰符經》：「其盜機也，天下莫不見，莫能知也。君子得之固躬，小人得之輕命。」〔註90〕「機」原爲弓弩發動之扳機，用來表示大道運化之初萌，事物變動之幾兆，亦即盜奪的機宜。不過，經中既言盜機乃普天下人皆見之，爲什麼卻沒有人能認識？還有，君子掌握盜機，身安事成；小人得到盜機，卻輕生害命。同樣都是盜，何以有兩般結果？《列子‧天瑞》有「盜天不盜人」的寓言，恰好是《陰符經》此段的最佳註解。寓言中，宋之向氏請教齊之國氏如何大富，國氏言：「吾善爲盜。」向氏只懂了「盜」，不懂「爲盜之道」，於是「踰垣鑿室，手目所及，亡不探也。未及時，以贓獲罪，沒其先居之財」，向氏向國氏問罪，國氏曰：

> 吾聞天有時，地有利。吾盜天地之時利，雲雨之滂潤，山澤之產育，以生吾禾，殖吾稼，築吾垣，建吾舍。陸盜禽獸，水盜魚鱉，亡非盜也。夫禾稼、土木、禽獸、魚鱉，皆天之所生，豈吾之所有？然吾盜天而亡殃。夫金玉珍寶，穀帛財貨，人之所聚，豈天之所與？若盜之而獲罪，孰怨哉？

國氏之盜符合《陰符經》言聖人當「觀天之道，執天之行」〔註91〕，掌握盜機，使行爲舉動合乎天道，不違自然，故治國養生皆得其宜，可以長久。向氏不懂，再去請教東郭先生，東郭先生曰：

> 若一身庸非盜乎？盜陰陽之和以成若生，載若形，況外物而非盜哉？誠然，天地萬物不相離也。仞而有之，皆惑也。國氏之盜，公道也，

〔註90〕《黃帝陰符經注》，《正統道藏‧洞眞部‧玉訣類》冊4，P.33-1至33-2。
〔註91〕《黃帝陰符經注》，《正統道藏‧洞眞部‧玉訣類》冊4，P.34-1。

故亡殃。若之盜，私心也，故得罪。有公私者，亦盜也，亡公私者，亦盜也。公公私私，天地之德。知天地之德者，孰爲盜耶？孰爲不盜耶？〔註92〕

「盜」之一字，看似表示出於私慾、爲了自利而強搶，但究其深意，「盜」提醒人所有的一切並非自身本有，更不能把自己所擁有的看作是理所當然。甚至連一身之生命其實也是盜取陰陽二氣之相和，暫時借用而成形、存活。本文以爲仙道使用「奪」、「盜」亦是正言若反，呼應道家反對世俗既定價值觀與人類本位主義。言奪、言盜，重點在省察人不隔於天地萬物，若與天地萬物隔斷，無有能獨活者，然而人生在世又鮮有功勞回饋天地萬物，故己之取用資源如同奪、盜一般不足掛齒，豈能不尊重天地萬物，懷抱謙卑感恩之心。

《陰符經》有云：「天性，人也。人心，機也。立天之道，以定人也。」〔註93〕可知「盜機」之掌握端看人盜取之心態合不合乎天人關係。由於「天地萬物不相離」的前提，萬物互相連通，故當盜機出現，絕非單一事物邁向轉變而已，諸般事物均有出有入、有取有捨。自身盜萬物時，萬物亦盜自身，如此順其自然地資源交流，盜而不有則無殃；反過來說，〈天瑞〉說的「人之所聚」是刻意爲之，非出於自然，向氏「盜以爲己有」是其眼界太過片面狹隘，只圖利己、只顧積聚的單向盜取終究獲罪，連自己本有的財產也丟失無餘。世人追求事業鮮少身安事成，甚且輕生害命，此皆因沒有深入了解「盜」——除了掌握時機以取得適當利用，自身也應保持開放而能與天地、萬物流通平衡。

從盜、奪的反面來考慮，想當然耳會思考到存養、保守：一方面奪天地之氣、萬物之精華爲我所用，另一方面善加保養自身之元精、元氣，不失生命根本。至於如何存養積蓄且不被過分盜奪，《陰符經》沒有明白解答，只標舉：

自然之道靜，故天地萬物生。天地之道浸，故陰陽勝，陰陽相推而變化順矣。聖人知自然之道不可違，因而制之至靜之道，律曆所不能契。〔註94〕

依《陰符經》，無所謂恆久不變，天地的運行就是逐漸變化，陰陽狀態往復推

〔註92〕楊伯峻撰：《列子集釋・天瑞》（北京：中華書局，1979），P.37-38。
〔註93〕《黃帝陰符經注》，《正統道藏・洞眞部・玉訣類》冊4，P.31-2。
〔註94〕《黃帝陰符經注》，《正統道藏・洞眞部・玉訣類》冊4，P.35-1。

移，不可違逆；所以說「自然之道靜，故天地萬物生」，非是要人靜止無所作為，而是說明天道的律則便是任物自然、不加干涉。聖人守靜以順陰陽推移之變，就是合於自然、合於道，也即是無為而無不為地掌握盜機。順《陰符經》此說推演：既然自然之道靜而萬物生，那麼常能順此自然至靜之道，則一身運作亦當順遂健全。

「靜」之一字還可以連結上先秦兩漢的修心養氣說，「靜」正是工夫論的要點之一。心不受情志、概念擾動，則身中精氣可得保全，該觀念習見於發揮《老子》宗旨的道經，且舉《西昇經·我命章》為例：

> 我不視、不聽、不知，神不出身，與道同久。吾與天地分一氣而治，
> 自守根本也。〔註95〕

不視、不聽、不知，未必是要隔絕外界、阻斷感官，而是指不合乎道、非生命之所宜的認識對象便置之不理。此處的「神不出身」，一方面帶有意識不向外探求的意思，一方面指生命活動的表現收攝在自身，不向外發散，也就是不使自身之氣因追逐外物而虧損，所謂「自守根本」也，與傳統養氣工夫論銜接得一絲不差。由此可導出，奪、盜與保、存乃一體兩面。人既然無法作意、自私地奪盜天地之氣，唯有自身常清靜無為，便是營造容納精氣的最佳態勢，也讓本該匯流到身上的精氣依其自然而平衡穩定，便毋須擔心存守不住精氣。

一言以蔽之，本節所揭示的，以「得道」為目的，運用「復歸」、「逆反」和「盜奪」、「保養」的觀念來操作，乃是仙道修行觀念中至為基礎的大方向與大原則，在下文討論的六朝仙道修行方式中往往是其背景思維，雖然隱而不顯，以此為理論系統之骨架，才得以建構儀式或功法的合理性與有效性。

〔註95〕《西昇經》卷下，《正統道藏·洞神部·本文類》冊19，P.262-2。

第四章　六朝仙道身體觀

　　希冀神仙、追求不死的神仙家思想自戰國以下未曾斷歇，於六朝時亦歸入道教，其趨勢則逐漸由向外求索轉爲向內探尋，從覓仙島以求藥、立祠壇而祈禳，到煉金丹來服餌，至六朝仙道乃引入導引、服氣、守一等諸多身心鍛鍊法作爲轉化身體的手段。仙道既認可透過鍛鍊可以轉化一身，強身健體、長生延年，甚至能修煉成仙，那麼，對於身體的小大結構、主從輕重、順逆動靜等自當詳細參究，並且形成仙道特有的詮解觀點，本文以身體觀概稱之。仙道身體觀重點在於與仙道思維相容不悖，而且可供修練時操作之實用。打個比方來說，仙道身體觀即是修仙工程中能按圖索驥、依樣施工的藍圖。

　　再者，天人相應乃仙道身體觀不可缺少的預設。前文已經談過春秋戰國時期便有天人合一或天人合德的思想出現，基本底蘊是人小至一身內外生理，大至國家制度朝政等都是反映自然界。譬如《素問・脈要精微論》言脈之規律「不可不察，察之有紀，從陰陽始，始之有經，從五行生，生之有度，四時爲宜。補瀉勿失，與天地如一，得一之情，以知死生」。〔註1〕呼應的方式或以象形比擬、或以數字相應，西漢董仲舒談天人感應，即援數爲證，說「人副天數」。先秦以來的天人相應觀點，道教承之，以證成人對天地的責任，東漢末所出《太平經・分別貧富法》：

> 人生皆含懷天氣具洒出，頭圓，天也；足方，地也；四支，四時也；五藏，五行也；耳目口鼻，七政三光也；此不可勝紀，獨聖人知之耳。人生皆具陰陽，日月滿乃開胞而出戶，視天地當復長，共傳其

〔註1〕　《黃帝內經素問譯解・脈要精微論》，P.135。

先人統，助天生物也，助地養形也。〔註2〕

天人之間所以共通的根本、互滲的中介，用氣論來解釋，引文說「人生皆含懷天氣具乃出」，即人稟天之氣，因此出生的形象也模仿天地常態。總之，人的結構、變化與自然的現象處處呼應。要談身體觀，亦不可缺漏天人相應此一面相，須知仙道的身體觀不只分析身體結構、運作，還注重身體與天地的連結相應，如此才能合於自然、上通天道，進而天人合一、返本還原。

仙道的身體觀於六朝時逐漸成形、猶未統一，然而立足於相同的文化中、浸漬在相近的風氣裡，仍然有大體相通的輪廓可供勾勒。本章試從身體之形成、看待身體的體系、身體中的流行與重要器官、部位等方向分別切入，析論六朝仙道如何看待人體。

第一節　身體的形成

欲了解仙道的身體觀，可從道經如何解釋人體生成的過程來開始。道經之中講解人身形成往往包含在道氣生化萬物的過程裡，表面上看似闡述道論，與仙道修煉無甚關涉，實際上道經中對人體生成的說明隱含著「身體可以被解析，亦可以被操作」的後設目的。從仙道理論看來，修煉轉化身體之前當然得先熟悉身體如何發展而來，用以了解身體結構的主從本末，如此修煉才有入手處；而講解身體的形成則可以帶入仙道反本還原的思維，以便支持修煉方法步驟上的順序邏輯。

一、胚胎發育

《周易參同契・養性延命章》已經說：「將欲養性，延命卻期。審思後末，當慮其先。」找回生命初始狀態，就能得道，正是仙道修煉採取「反者道之動」的基本方向。〈養性延命章〉接著敘述的身體生成，較爲抽象：

> 人所稟軀，體本一無。元精雲布，因氣託初。陰陽爲度，魂魄所居。陽神日魂，陰神月魄。魂之與魄，互爲室宅。性主處內，立置鄞鄂。情主營外，築垣城郭。城郭完全，人物乃安。…道之形象，眞一難圖。變而分布，各自獨居。類如雞子，黑白相扶，縱橫一寸，以爲始初。四肢五臟，筋骨乃具。彌歷十月，脫出其胞。骨弱可卷，肉

〔註2〕《太平經合校・丙部》卷35，P.36。

滑若鉛（疑爲飴）。〔註3〕

《參同契》對於人身形成的詳細過程並不在意，可能認爲生命初始的狀態才最爲重要。不過，引文仍可看出生命從無至有的過程：由氣之元精初始，陰陽和合而孕育魂魄，魂魄乃是陰陽之神，《參同契》以日月稱之。日月升降，表天地運行，魂魄相依也是如此。這裡的「神」意謂生命得以成立的基礎，魂魄最終形成表現在身體的內性、外情，性情發展穩定，人身才得安穩。《參同契》顯然特別在意性情，認爲性情即魂魄之彰顯，有如坎離爲乾坤之用，修煉之反本還原當由性情入手。所謂「變而分布，各自獨居」似說道分化於身體各部分，是道與氣一體兩面。胚胎時道氣凝結如雞卵，「白黑相符」比對前文，即是內性外情，也是陽魂陰魄。如同孵化雞卵一般，道氣之分化形成四肢五臟筋骨，最後以柔弱之姿誕生，符合〈二氣感化章〉所云「弱者德之柄」〔註4〕的描述。

〈養性延命章〉這段描述明顯扣合人體，與煉製外丹不甚相關，反而更像是談內丹修煉。《參同契》描述胚胎長成，亦很可能藉此以象徵修煉轉化。唐宋內丹學言內丹孕育養成元神如同嬰兒，其想法殆由《周易參同契》始乎？

六朝仙道繼承了歷來的天人觀、氣論，多言人由天地合氣所生，但單言人由天地合氣而生還不夠，對於精氣如何化生出身體，是仙道更爲注意之事。北周敕編的道教類書《無上祕要・人品》收錄約出於東晉的《洞眞九丹上化胎精中記經》，講述人如何生成：

> 夫天地交運，二象合眞，陰陽降炁，上應於九天。流丹九轉，結氣爲精，精化成神，神變成人。故人象天地，炁法自然。自然之炁，皆是九天之精，化爲人身，含胎育養，九月炁盈，九天氣普，十月乃生。

天地交運的陰陽二氣，由二氣結爲精，再由精化成神、神變爲人。依經中下文，氣是漫布天地的能量，其基礎型態有二：「陽炁赤名曰玄丹，陰氣黃名曰黃精。陰陽既交，二炁降精，化神結胎，上應於九天。」〔註5〕「陰陽既交，二炁降精」形容陰陽二氣之交融，結合成新的形質；「結氣爲精」的「精」乃

〔註3〕　《周易參同契註》，《正統道藏・太玄部》冊34，P.250-1至250-2。

〔註4〕　《周易參同契註》，《正統道藏・太玄部》冊34，P.251-1。

〔註5〕　以上，北周武帝詔命編纂：《無上祕要・人品》卷5，《正統道藏・太平部》冊42，P.179-1 至 179-2。下面引文亦同。此經亦見於《正統道藏》中的《雲笈七籤・太上九丹上化胎精記》、《上清九丹上化胎精中記經》，文字大抵相同。

氣極爲濃縮凝聚之狀態，亦即生命之初始，如同種子。此凝聚之精產生質變，因而化神，即有了生命的活動。

胎兒足月乃生，中間九個月的發生過程，《洞眞九丹上化胎精中記經》中說爲「流丹九轉」，即每個階段各承應不同之天氣。不似《參同契》的隱微，六朝仙道對於胎胞發育的階段表述得很清楚，如本經即記載：

> 一月受炁，二月受靈，三月合變，四月凝精，五月首體具，六月化成形，七月神位布，八月九孔明，九月九天炁普，乃有音聲，十月司命勒籍，受命而生。

起初只是陰陽降炁入胎，這是未有意識的生命發端。經中有言當「炁滿神具於胎囊之內，而自識其宿命，知有本根，轉輪因緣」，本經或受佛教東傳所帶來的印度宗教思維所影響，雜入神識輪迴的概念。那麼「二月受靈」或指承受宿命輪轉之靈識入胎。「三月合變」理該指「氣」與「靈」交融混合、相繫相關，或者作爲形神相合的階段。「四月凝精」表示精氣凝結有質，由此形體才開始發生。五、六月人體形成。第七階段的「神位布」，以醫家來說，是精氣流達各處，各部器官皆成系統；依《太平經》、《黃庭經》身中居住諸神的信仰來說，則是身中諸神各在其位。第八階段的「九孔」指外在的七竅與前後陰功能具備。此看似只講外在，實謂內外臟腑器官聯繫而健全，亦即人體生命架構已成。第九階段的「九天炁普」是受孕以來稟受天地不同層次的氣，直到胚胎成長滿九個月，稟賦充足、通達全身。若九個月生命已發生完全，何以十月方出生？經中納入漢代以來的司命信仰，認爲最後階段是等待司命之神檢核，將一生宿命載於簿籍，有了正式的登記而後出生。

這種以月份作爲階段，描述身體從受孕到出生變化的歷程，有如古代的人類胚胎發生學，各家之論形式多半類似。考諸醫家與諸子，則會發現他們的認知與仙道時有參差，說法亦多。一種是單純描述胚胎器官生成與變化，如《淮南子·精神訓》載：

> 一月而膏，二月而胅，三月而胎，四月而肌，五月而筋，六月而骨，七月而成，八月而動，九月而躁，十月而生。〔註6〕

〔註6〕 《淮南鴻烈集解·精神訓》卷7，P.219。此說或承自《文子·九守》，其云：「老子曰：人受天地變化而生，一月而膏，二月血脈，三月而胚，四月而胎，五月而筋，六月而骨，七月而成形，八月而動，九月而躁，十月而生，形骸已成，五藏乃分。」（《文子·九守》，P.15）但血脈生於胚胎之前，則是較爲少見的順序，或已觀察到胚胎發育是由細小的血脈提供營養。

由未有形體之膏（有質但形未固定），乃至腫脹，成胎，長肌、筋、骨而成人形。之後生命才由靜生動，此處的「躁」或可對應於《洞眞九丹上化胎精中記經》「乃有音聲」的胎兒活動，表現生命急於出世，如此認知頗合乎現代胚胎發生學的觀察。但〈精神訓〉與《洞眞九丹上化胎精中記經》的胚胎發育快慢則大爲不同，前者都就具體形質而論，後者則多考慮了精、神、氣等抽象層次。

也有論述是在此發育進程中加入五行之氣的稟賦，以解釋身體與五行的連結相應，見馬王堆帛書之《胎產書》：

> 一月名曰流形。…是謂哉貞（開始穩定）。二月始膏。…是謂始藏（開始藏精）。三月始脂。…當是之時，未有定儀，見物而化。…是謂內象成子（感外物以成象）。四月而水授之，乃始成血。…五月而火授之，乃始成氣。…以養氣。六月而金授之，乃始成筋。…是謂變腠□筋。…七月而木授之，乃始成骨。…八月而土授之，乃始成膚革。…是謂密腠理。九月而石授之，乃始成毫毛。〔註7〕

胚胎成長的順序是藏精，成象，成血，養氣，成筋、骨、膚革，腠理致密，成毫毛。可以看到血、氣等人體中比較抽象、具流動性質的部分，率先形成胚胎的基本構成，這也表示醫家《胎產書》注重氣血之於生命的重要性。另外，雖雜入五行，卻也有不屬於五行的「石」授於人體，乃知撰寫《胎產書》的醫家未囿於五行系統，但如何聯想毫毛與「石」的關係則未明。發育的歷程大致由內而外，由流質發展到堅硬。同屬醫家，此又與《靈樞·經脈》所云略異：「人始生，先成精，精成而腦髓生。骨爲幹，脈爲營，筋爲剛，肉爲牆，皮膚堅而毛髮長。」〔註8〕《靈樞》的系統是以中央向外延伸發展，故堅硬的骨反而先於筋而成，是另一種胚胎發育系統。究竟何者爲準？即便是醫家之言，也不見得都具備實際觀察的依據，各家論述均應不乏揣摩想像的成分。

（隋）巢元方《諸病源候論·婦人妊娠病諸候》，則在《胎產書》的基礎上，配入六經稟形的系統，是六朝醫家胚胎發生學中最複雜的呈現。發展的順序是

> 懷娠一月，名曰始形。…足厥陰者，肝之脈也。肝主血，一月之時，

〔註7〕《馬王堆古醫書考釋·胎產書》，P.781-801。
〔註8〕《黃帝內經靈樞譯解·經脈》，P.104。

血流澀，如不出，故足厥陰養之。…妊娠二月，名曰始膏，…足少
陽者，膽之脈也，主於精。二月之時，兒精成於胞裏。…妊娠三月，
名始胎。當此之時，血不流，形像始化，未有定儀，見物而變。…
手心主者，脈中精神，內屬於心，能混神，故手心主養之。…妊娠
四月，始受水精，以成血脈。…手少陽者，三焦之脈也，內屬於腑。
四月之時，兒六腑順成，故手少陽養之。…妊娠五月，始受火精，
以成其氣，…足太陰脾之脈校，主四季。五月之時，兒四支皆成，故
足太陰養之。…妊娠六月，始受金精，以成其筋。…足陽明者，胃
之脈，主其口目。六月之時，兒口目皆成，故足陽明養之。…妊娠
七月，始受木精，以成其骨。…手太陰者，肺脈，主皮毛。七月之
時，兒皮毛已成，故手太陰養之。…妊娠八月，始受土精，以成膚
革。…手陽明者，大腸脈，大腸主九竅。八月之時，兒九竅皆成，
故手陽明養之。…妊娠九月，始受石精，以成皮毛，六腑百節，莫
不畢備。…足少陰者，腎之脈，腎主續縷。九月之時，兒脈續縷皆
成，故足少陰養之。…妊娠十月，五臟俱備，六腑齊通，納天地氣
受於丹田，故使關節人神咸備，然可預修滑胎方法也。〔註9〕

一月始形，配足厥陰肝經；二月始膏，配足少陽膽經；三月始胎，配手少陰
心經；四月成血脈及六腑，配手少陽三焦經；五月成氣及四肢，配手太陰脾
經；六月成筋及口目，配足陽明胃經；七月成骨及皮毛，配手太陰肺經；八
月成膚革及九竅，配手陽明大腸經；九月成皮毛及生殖器官，配足少陰腎經；
懷足十月則五臟六腑皆備，納天地之氣於丹田而預備出生。可以看到爲了硬
湊上重要的人身各部，《諸病源候論》的發生系統不免顧此失彼，單有六腑之
生成卻沒談到五臟，而皮毛之發育亦重複了，至於經脈，當時尚未建立清楚
的手厥陰心包經系統，卻仍在胚胎發育上漏掉了手太陽小腸經、足太陽膀胱
經。

　　比較以上醫家的胚胎發生論述，「八月成九竅」的說法，是醫家唯一與《洞
眞九丹上化胎精中記經》歷程相同者，其餘部分皆差異甚大。醫家談「藏精」、
「成精」的階段均在發生之初期，未有如《洞眞九丹上化胎精中記經》直至
四月才凝精者。這可能是因爲醫家論胚胎發育目的關切點多在於如何養胎、

〔註9〕 見丁光迪主編：《諸病源候論校注・婦人妊娠病諸候・妊娠候》（北京：人民
　　　　衛生出版社，1996）卷41，P.1179-1184。

－108－

安胎或是胎教之上，與道教關注的胚胎發育面相各有所重，是以所言少有交會。而《周易參同契》與《洞眞九丹上化胎精中記經》對於胚胎的發育，皆特別著重氣化、形神合、神位布的部分，別有作爲修行前提的意圖。

相當於《諸病源候論・婦人妊娠病諸候》作爲六朝醫家之胚胎發生學的總結，《太上老君內觀經》可說是六朝仙道之胚胎發生學的總結：

> 始一月爲胞，精血凝也。二月爲胎，形兆胚也。三月陽神爲三魂，
> 動而生也。四月陰靈爲七魄，靜鎭形也。五月五行分藏，以安神也。
> 六月六律定府，用滋靈也。七月七精開竅，通光明也。八月八景神
> 具，降眞靈也。九月宮室羅布，以定精也。十月炁足，萬象成也。

這裡明顯運用數的配應，如三月三魂、五月五臟、六月六腑、七月七竅、八月八景等，使人體的發生更具整齊規律。一月、二月採用醫家之說，之後《內觀經》以精神魂魄之發生爲重：陽神生魂主動、陰靈生魄主靜，如同《參同契》之處理，亦相應身體流行體系的「動而營身，謂之魂。靜而鎭形，謂之魄」〔註10〕，詳見第四節；五臟、六腑、七竅都是配合魂魄精神而立，將實際之臟腑器官與抽象的精神層面扣連起來。與醫家三陰三陽經脈系統相比，陰陽與臟腑的配置恰好相反——醫家之五臟屬陰，六腑屬陽。《內觀經》之所以將五臟配陽神，應該是承襲漢代以來崇陽抑陰的想法，以及六朝存思修煉法門重視三魂、五臟而輕忽七魄、六腑之緣故。

《太上老君內觀經》的胚胎發育歷程特別與六朝仙道修煉的存思法有關之處，尚有所謂「八景」。〔註11〕八景神指二十四位神靈，出於漢代之《洞玄靈寶二十四生圖經》，將人身分作上、中、下三部，每部八景共二十四神鎭守人身，分別鎭守上元宮（腦部）：腦、髮、皮膚、目、頂髓、膂（脊椎）、鼻、舌；中元宮（胸部）：喉、肺、心、肝、膽、左腎、脾；下元宮（腹部）：胃、窮腸、大小腸、胴中、胸膈、兩脅、左陽、右陰，存思三部八景神靈可飛升成仙。〔註12〕三部八景大致上構成了主要的身體。胚胎發育中配入八景，正

〔註10〕 以上，《太上老君內觀經》，《正統道藏・洞神部・本文類》冊 19，P.85-1、86-1。

〔註11〕 附帶一提的，《黃庭內景經・治生章》雖有「兼行形中八景神，二十四眞出自然」（《正統道藏・洞玄部・本文類》冊 10，P.110-2），但〈至道章〉和〈心神章〉中只具體記述腦部七神、臟腑六神，《外景經》則完全無載，可知八景非關《黃庭經》系統。

〔註12〕 見《洞玄靈寶二十四生圖經》（《正統道藏・正乙部》冊 57）、晉時《太玄八景籙》（《正統道藏・洞眞部・本文類》冊 7）、北周《無上祕要》卷 5 引《洞眞造形紫原二十四神經》（《正統道藏・太平部》冊 42）等。此八景神系統言人

如《洞眞九丹上化胎精中記經》之「神位布」一般，應是用以確立存思身中之神的可信可行。只是仔細檢視八景系統與《內觀經》的差異，會發現八景中的臟腑、目、鼻，在《內觀經》之前的階段已生成，《內觀經》又講八月「八景神具」，降神靈於其中，不免重出。至於所談陽神、陰靈、三魂、七魄、五行、八景等，顯然有統攝六朝仙道諸系理論的企圖，藉由人稟氣發生的過程，建構一套分判仙道中各般重要概念的體系，企圖合理解釋這些不同概念如何相應於人體。

另外，《洞眞九丹上化胎精中記經》尙有幾點值得注意者：

其一，生命初始結精成丹之所在是爲丹田，有如田中可孕育丹，《洞眞九丹上化胎精中記經》云：「九天之炁，則下布丹田，與精合凝，結會命門，要須九過，是爲丹田，上化下凝，以成於人。」在本經中，丹田的位置與命門同，言人身藏精之位置則用醫家名詞「命門」；言精化成丹之所則用道教修煉名詞「丹田」。當然此處之「丹」或「丹田」未必全合唐宋內丹學的意義，不過本經重視身中精氣所化之丹或神，且以丹田爲修煉要地，殆無可疑。如果人體生命的形成，由先天到後天、由無到有，都從丹田開始，那麼反過來要復歸先天、天人合一，不也應從此處入手？其中的煉丹象徵與功能轉換不言可喻。

其二，在傳統氣化說法之外，《洞眞九丹上化胎精中記經》已經過渡了煉丹家的詞彙。形容陰陽二氣時用「玄丹」、「黃精」爲辭，隱含視精氣爲藥物的思維。「流丹九轉」的說法則與煉丹術的金丹九轉相類，見《抱朴子·金丹》：「一轉之丹，服之三年得仙。二轉之丹，服之二年得仙。三轉之丹，服之一年得仙。四轉之丹，服之半年得仙。五轉之丹，服之百日得仙。六轉之丹，服之四十日得仙。七轉之丹，服之三十日得仙。八轉之丹，服之十日得仙。九轉之丹，服之三日得仙。」〔註13〕則人之凝精發育，是否就像鼎爐中煉丹的轉變過程？《洞眞九丹上化胎精中記經》又云「凡人生皆稟九天之炁，炁凝爲精，精化成丹，丹變成人」。前文說「精化成神」，此處說「精化成丹」，是精氣凝鍊而成之精華「神」相當於「丹」，凝神相當於結丹——然則仙道思考人身之轉化必有相似於煉丹者。若人之出生即蘊含完整的九天之氣，煉丹

身三部共二十四道眞氣化成體內神靈，記其名字、氣色並符、圖，以供存思修煉。又，三部八景與《黃庭經》所言身神部位與名字號均不同。
〔註13〕《抱朴子內篇校釋·金丹》卷4，P.61。

所要還丹的藥材不就較諸黃金、丹砂等更爲純粹？而蘊含天氣的身體豈不是正是上好的煉丹之爐鼎嗎？此種觀念在六朝時尙隱而未顯，至唐代則明白指出，見《高上玉皇心印經》：「上藥三品，神與氣精。」〔註14〕而晚唐鍾呂金丹道則正式將人身視爲煉丹的爐鼎。

將人身視爲爐鼎並非仙道獨特的想法，爐鼎的比喻早在秦漢已有。古之道家看天地即是爐鼎，《莊子・大宗師》：「今一以天地爲大鑪，以造化爲大冶，惡乎往而不可哉！」〔註15〕賈誼《鵬鳥賦》發揮之：「天地爲鑪兮造化爲工，陰陽爲炭兮萬物爲銅。合散消息兮安有常則，千變萬化兮未始有極。」〔註16〕原本道家的意思是安於造化，隨順自然。不過，這樣一種將萬物在天地中經造化而變化，如同以鑪冶煉成器的形象，正好與六朝仙道至唐宋內丹學逐漸發展完成的，將人體視爲爐鼎，以精氣神爲藥物來煉丹的觀念相對。二者都取了淬鍊鑄造的意象，分別比喻天地這個大宇宙和人身這個小宇宙。內丹學透顯出相信人能變化事物並且肯定其努力的工藝精神，學者論曰：「煉丹術乃建立在中國古代發達的冶煉技術基礎之上，隨著冶鑄技術的發展，人們在對冶鑄技術的觀察中，逐漸出現了觀念分化，把對冶鑄過程的觀察和思考同人類自身生命存在問題的思考相聯繫。於是，人類肉體的性質和存在問題，被納入同一個思維邏輯中加以考量。」〔註17〕

將生來即稟賦的先天精氣稱爲丹藥，意味著人身本由道或元氣而來，如此則人乃有成仙之可能；實際上每個人可能有氣稟之差異，這點則未挑明，或者可以說，是道經刻意忽略了。《洞眞九丹上化胎精中記經》談的雖是人之生成，目的在於建立人身爲爐鼎，人能藉一己之身修煉成仙的可能性。至唐宋內丹學，則明確標舉以人身爲爐鼎，精氣爲藥物，心念爲火侯進退，以煉養人身無形之元神，故爾唐宋仙道理論特稱爲「內丹」，以相對於煉丹術所追求的有形之「外丹」。

〔註14〕《高上玉皇心印經》，《正統道藏・洞眞部・本文類》冊2，P.302-1。一說內丹鼎鑪之說早於《周易參同契・火記金丹章》見之：「偃月法鼎鑪，白虎爲熬樞；汞日爲流珠，青龍與之俱。舉東以合西，魂魄自相拘。…」（《周易參同契註》，《正統道藏・太玄部》冊34，P.244-2）文中既言「魂魄」，似指向人體，然該章文字多隱語，難以確證，姑存疑。

〔註15〕《莊子・大宗師》，P.109。

〔註16〕《全上古三代秦漢三國六朝文・全漢文》卷15，P.208-2。

〔註17〕姜生、湯偉俠主編：《中國道教科學技術史・漢魏兩晉卷》（北京：科學出版社，2002），p.273。

二、臟腑生成

以上所談道經與《淮南子・精神訓》、醫家文獻等都未提到臟腑的生成。並非五臟六腑在醫療與修行上無關緊要，只能說六朝胚胎發生學的系統關照人身整體的變化，對於臟腑細部則不暇追究。然而，臟腑之於仙道，尤其是對存思或行氣修煉的某些派別而言，頗爲重要。

關於五臟六腑之生成，早在《管子・水地》已談到胎兒內臟的發生：「人，水也。男女精氣合，而水流形。三月如咀，咀者何？曰五味。五味者何？曰五藏。酸主脾，鹹主肺，辛主腎，苦主肝，甘主心。五藏已具，而後生肉。脾生隔，肺生骨，腎生腦，肝生革，心生肉。五肉已具，而後發爲九竅：脾發爲鼻，肝發爲目，腎發爲耳，肺發爲竅。五月而成，十月而生；生而目視耳聽心慮。」﹝註18﹞《管子》著眼於胚胎發育至三月時，雖尚未有九竅，已經可以「如咀」品嚐五味，這是認爲五味之氣能生五臟，而五臟是生命之初形，由五臟才生出其他體內器官，最後連結出外部的九竅。引文的五味配五臟、五官，略不同於後來熟知的五行類象；又，《管子・水地》談的器官發生只顧及彼此的關連，卻不見五臟生成的順序，且與五行生剋無關。可知此說未受到五行系統影響，或是當時五行系統尚未定型。

水是《管子》提出的萬物基本元素，與希臘哲學家的說法相似，取意於水的流動性與隨順容器的可塑性，即相當於「氣」的有形呈現；另外，「水流形」的發生概念恰好與醫家看法呼應：腎屬水，於五臟中最先形成，藏先天精氣。《管子・水地》談臟腑的系統頗值得參考，乃是秦漢子家中獨立的一支，只是其論點並未傳襲於後世。

道經中論臟腑生成最詳盡且有體系的，是約成於南北朝末的《太上三十六部尊經・太清境黃庭經》。經云：

> 男子之生，先生右腎，以外精而內血，陰之裏也。女子之生，先生左腎，以外血而內精，陽之裏也。腎生脾，脾生肝，肝生肺，肺生心，心生小腸，小腸生大腸，大腸生膽，膽生胃，胃生內腎，內腎生膀胱，膀胱生三元，三元生三焦，三焦生八脉，八脉生十二經，十二經生十五絡，十五絡生一百八十繼絡，一百八十繼絡生一百八

﹝註18﹞《管子・水地》冊2，卷14，P.75。《文子・九守》也有關於臟腑與五官的對應，其說和醫家較符合：「肝主目，腎主耳，脾主舌，肺主鼻，膽主口。」（《文子・九守》，P.15）不過醫家是以心主舌，脾主口，不把膽列入。

　　　十纏絡，一百八十纏絡生三萬六千孫絡，三萬六千孫絡生三百六十

　　　五骨，三百六十五骨生八萬四千毛竅。胎完既足，靈光入體，與母

　　　分離而爲人也。〔註19〕

五臟中先發生腎，腎生脾，脾生肝，肝生肺，肺生心，屬性順序是水、土、
木、金、火，乃是逆行五行相剋。此與前文所談五行順生是五臟之氣衰退的
過程，修煉順序則採五行逆剋的說法，可以相發。之後從五臟之心轉爲發生
六腑，如小腸與心相表裡，依此類推，六腑生成的先後與五臟相反，似表現
一種生命發育的翻轉。《太清境黃庭經》以五行生剋配合醫家臟腑表裡之說，
將五臟六腑連接。這樣化生身體的順序顯示生命之構成有本末、主從，令人
格外注意腎的作用。

　　經中有「腎」，於五臟中最先形成；也有「內腎」，於膀胱前形成，兩者
應是對應前文男子先生右腎、女子先生左腎，解釋何以五臟都是單一臟器，
獨腎有兩枚。左右二腎之差異，醫家亦言之，見《難經・三十六難》：「腎兩
者，非皆腎也，其左者爲腎，右者爲命門。命門者，諸神精之所舍，原氣之
所繫也，男子以藏精，女子以繫胞。」〔註20〕後世說法眾多，莫衷一是。大
抵主生命之腎爲父母精血所結、將來要繁衍後代，乃有陰陽之異，故男女的
左右之腎發生就先後有別。初生的腎蘊含先天精氣，驅動生命發生，近於《洞
眞九丹上化胎精中記經》所言的臍宮命門或下丹田；而一般主津液代謝功能、
與膀胱相表裡的「內腎」，則是後來才形成，一爲生命成形之發端、一爲五臟
六腑運作之歸結，其重要性也就分出高下。

　　《太清境黃庭經》論胚胎發生還有可討論者，一者就是提出「三元」，從
三元生「三焦」。醫家視三焦分上中下，爲通行氣與津液和水運行的道路。對
照來看，三元比較適宜的解釋應指上中下三丹田，就是人體三個部分的中心
成形。再者，就是生骨之順序放在經絡之後，顯示《太清境黃庭經》視行走
氣血的經絡較支持形體的筋骨更爲基礎。而且，以八脈生出十二經的經脈觀
點與當時醫家不同：《內經》中談及八脈皆散見各處而未合論，《難經・二十
七難》雖有系統，卻以爲：「凡此八脉者，皆不拘於經，故日奇經八脉也。」
〔註21〕奇經八脈內不聯屬臟腑，外無本經俞穴（任、督兩脈除外），沒有表裡

〔註19〕《太上三十六部尊經・太清境黃庭經》，《正統道藏・洞眞部・本文類》冊02，
　　　　P.79-1。

〔註20〕《難經本義新解・三十六難》，P.78-179。

〔註21〕《難經本義新解・二十七難》，P.139。

相配，錯綜於十二經之間。依醫家經絡學來說，有多餘之氣，始溢入奇經八脈，乃是調節十二經氣之用。《太清境黃庭經》以八脈生出十二經，想是認為八脈比十二經更重要。

《太清境黃庭經》的臟腑生成說，未見於醫家之論述，卻引用了醫家藏象理論化為己用。提到三元、詳談五臟生成、推重八脈云云，這些都應與存思、行氣之法有關。存思雖言內觀身體，實際操作時多限定於五臟，不及於六腑，蓋認為五臟呼應五行、藏精氣，更為重要；而八脈中的任、督二脈則是道教的行氣導引法所常取者，十二經脈反而少見運用於導引之法，由是可知。

綜上所述，《洞真九丹上化胎精中記經》、《太上老君內觀經》、《太清境黃庭經》談到人體的發生、臟腑的形成，都是有限度地採用醫家之說，大多為符合仙道修行理論而特意安排。仙道著重於復歸於道，故多談天地稟氣、陰陽和合；注重調養精神，故以精氣、形神為要；預為存思、行氣之法設立根據，故言生命發生時即已身具精氣、神靈。總之，是合併醫家、煉丹術、民間信仰，意圖將不同觀念配置在一套系統中，為仙道修煉架構可用的身體觀。

第二節　身體的體系

《老子中經》、《黃庭經》等六朝初期道經都主張清楚認識並且存思諸神樣貌，便能達到健康長生，甚且成仙不死。為了闡述長生成仙之術，他們對於身體器官多所描述，以助修行之用。正如醫家診斷與治療身體時，將器官看作彼此聯繫又有所區別、相輔相成的系統，仙道在修行時對於身體的觀點亦如是。

一、職官

醫家所言五臟六腑，臟腑之間有表裡關係，如《靈樞・本藏》：「肺合大腸，大腸者，皮其應；心合小腸，小腸者，脈其應；肝合膽，膽者，筋其應；脾合胃，胃者，肉其應；腎合三焦膀胱，三焦膀胱者，腠理毫毛其應。」〔註22〕臟腑亦與三陰三陽經脈對應，如手太陰肺經、手陽明大腸經、足陽明胃經、足太陰脾經等，見《素問・本輸》。當醫家說肺臟、脾臟，實際包含了肺與脾

〔註22〕《黃帝內經靈樞譯解・本藏》，P.356。

的臟器，肺經、脾經，及二經經脈所循行之處。因此醫家的臟腑不單指西醫解剖學上的臟器，且是統合了身體結構與相關功能的整體思維模型。心、肝、脾、肺、腎，指心功能系統、肝功能系統、脾功能系統、肺功能系統、腎功能系統。臟腑之名實爲功能系統的符號、代碼，可以概括人體表裡其他器官、組織，並將身體連結成完整的氣血循環。〔註23〕這樣各司其職、相輔相成的身體結構，形成有如政府體系，故《素問‧靈蘭秘典論》曾借用官僚體系比喻臟腑的功能：

> 心者，君主之官也，神明出焉。肺者，相傅之官，治節出焉。肝者，將軍之官，謀慮出焉。膽者，中正之官，決斷出焉。膻中者，臣使之官，喜樂出焉。脾胃者，倉廩之官，五味出焉。大腸者，傳道之官，變化出焉。小腸者，受盛之官，化物出焉。腎者，作強之官，伎巧出焉。三焦者，決瀆之官，水道出焉。膀胱者，州都之官，津液藏焉，氣化則能出矣。凡此十二官者，不得相失也。故主明則下安，以此養生則壽，歿世不殆，以爲天下則大昌。主不明則十二官危，使道閉塞而不通，形乃大傷，以此養生則殃，以爲天下者，其宗大危。〔註24〕

十二官都相當重要，缺一不可，故言「不得相失」。但十二官中，當有所主，「主明則下安」、「主不明則十二官危」。主並非是最爲重要的，而是作爲統領的意思。十二官中，〈靈蘭秘典論〉以心爲君主之官。五臟除了生理層面，還包含心理層面，而心所掌管的心理層面是廣義的意識，思考、理解、抉擇等都歸於心。其他十一官不會自作決定，而是以協調平衡爲原則，自然運作；相較於此，心的抉擇影響人體之活動可謂大矣，因此不得不「明」，方才能「養生則壽」。其餘五臟之功能，留待第四節詳論。

醫家這種借用官僚體系來比擬身體器官組織的想法，爲六朝佛、道教所接受及化用。客觀上來看，身體的器官組織的確是各有功能，互相平衡，共同維持整體的生命活動；另外，在修行理論上，如朝廷一般的架構體系正好展現生命之精微巧妙，也闡明人該如何知其輕重先後，便於掌握自己的身體。且舉（隋）智顗《釋禪波羅蜜次第法門》卷8爲例，言行者以三昧內願智之力，可以覺知身內：

〔註23〕見張其成：《易學與中醫—東方生命花園》，P.106。
〔註24〕《黃帝內經素問譯解‧靈蘭秘典論》，P.76-78。

心爲大王，上義下仁故，居在百重之內，出則有前後左右官屬侍衛。
肺爲司馬；肝爲司徒；脾爲司空；腎爲大海，中有神龜，呼吸元氣，
行風致雨，通氣四支，四支爲民子。左爲司命，右爲司錄，主錄人
命。齊中太一君亦人之主柱，天大將軍特進君王，主身內萬二千大
神。太一有八使者，八卦是也，合爲九卿。三焦關元爲左社右稷，
主姦賊，上焦通氣入頭中爲宗廟，王者於間治化，若心行正法，群
下皆隨則治正清夷。故五藏調和，六府通適，四大安樂，無諸疾惱，
終保年壽。若心行非法，則群僚作亂，互相殘害故，四大不調，諸
根暗塞，因此抱患致終，皆由行心惡法故。經言：失魂即亂，失魄
則狂，失意則惑，失志則忘，失神則死。當知外立王道治化，皆身
內之法。如是等義具如提謂經說。〔註25〕

佛教禪觀所重亦在心，所以此處也說心爲大王，取大王治化天下之意，言心
行正法或惡法，猶如推動正確或錯誤的政策，可以令天下太平安樂抑或動亂
不寧。這種以身體作爲世間，器官作爲有司之見，也算得上是另類的「內聖
外王」詮釋。而治理天下之法則，與治理一身之法則，並無差異，蓋眞理爲
道，而道通一切。此番比喻在先秦史傳與諸子中常見。

　　另外，去除心爲大王，《釋禪波羅蜜次第法門》卷8中的肝、脾、肺三者
便以三公稱之，即此三臟作爲心之首輔重臣，等第較其他器官爲高。然而，
同樣爲五臟的腎，卻有點不倫不類。兩腎作爲有司，職稱名爲「司命」、「司
錄」，並非人間之官，乃是六朝道教信仰中，位居天上，主掌、登載人類壽命
之神。腎又另外說爲大海，中有神龜呼吸元氣；還加上臍神太一君，主身內
萬二千大神。這些說法顯然是另有一套身體觀系統雜入人間行政體系中。不
過，智顗的禪觀並不眞的需要借助身體器官來修行，換言之，與存思、行氣
無涉，僅作爲一類觀照的對象，因此體系的混雜不會構成問題。

　　《釋禪波羅密次第法門》卷8「腎爲大海，中有神龜」乃至「三焦關元爲
左社右稷」此一大段內容出於仙道，泰半襲用出於魏晉的《老子中經》，下文
第四節談到內臟功能時會再提到。此處要關注的，是作爲早期存思要典的《老
子中經・第三十七神仙》也同樣以王室朝廷的架構來看身體：

肺爲尚書；肝爲蘭臺；心爲太尉公；左腎爲司徒公；右腎爲司空公；
脾爲皇后、貴人、夫人；膽爲天子、大道君；胃爲太倉，太子之府

〔註25〕《大正新脩大藏經》冊46，No.1916，P.532下-533上。

也，吾之舍也；大腸、小腸爲元梁使者；下元氣爲大鴻臚；中元氣
爲八十一元士；上元氣爲高車使者，通神於上皇。〔註26〕

雖然《釋禪波羅密次第法門》卷 8 襲用《老子中經》的文字，但其身體觀與
《老子中經》大異其趣。最爲明顯的，就是《老子中經》並不以心爲君王，
心統領一身的功能彷彿被取代了，而〈第三十七神仙〉稱膽爲天子，這是因
爲《老子中經》把膽說爲大道君——亦即「道」的神格化；另外《老子中經》
中其實還重視腦，只是不見於此篇引文，後文將會詳論。在此套體系中，與
《素問·靈蘭秘典論》相似的，是把胃作爲太倉，可是胃又作爲太子之府、
吾之舍，則胃的功用不只是消化、儲藏飲食，還有修煉上的目的；而同樣與
消化有關的脾、大小腸卻被另外配置，成爲後宮與元梁使者，逸出醫家觀點。
再來就是，《老子中經》的體系中不只排列有形的器官，亦包括無形的元氣：
下元氣爲大鴻臚，此乃行人之職，主掌朝貢慶弔祭祀的儀式進行，大概表示
身體中精氣的作業；中元氣作爲元士，看來是輔弼與衛護器官之臣；上元氣
則爲使者，出使的處所便是身體之外的天庭，與上帝交通。這表示流動之氣
亦是身體體系中的重要構成，沒有身體中流動出入的元氣，就會無法聯繫身
體中的各單位，則體系不成體系，甚至無從天人相應。

　　根據上文，《老子中經》用職官體系看待身體器官與部位，完全走自己的
一套系統，是爲了相應《老子中經》身中有神的理論。可見仙道論及身體體
系，隨其用途，便擴而充之、改而用之，比附的意味很強，不是眞正近乎生
理的體系。中國傳統思想中，畢竟將身體看作是分工合作、交通牽涉的統一
系統，很自然地就拿來類比天地現象或是國家朝廷架構，而此種一身相與爲
一的整體觀，恆常爲醫家、仙道所共同取之。

二、身神

　　中國傳統上常將形、神對舉，形指有形的軀體，神乃是無形而在形軀上
表現爲整體性的生命活動的核心或諸般心理層次的主軸；傳統思想又多主張
神爲生之本，亦即神之存亡決定了個體的存續或消亡。神的相關討論，參見
下節。這裡要提到的是，秦漢以來的道家、黃老乃至醫家等子家在談論神與
身體的聯繫，往往用出入、去留、來去等詞說明，神已有能自主活動的意味。

〔註26〕《雲笈七籤·三洞經教部·老子中經》卷 19，《正統道藏·太玄部》冊 37，
　　　　P.313-2。

那麼，當形神之「神」其概念被納入道教之中，與神祇、鬼神之宗教信仰混融雜揉，則身體中原本比喻臟腑功能的職官體系被道教神格化，成為居於身體的神靈體系，此亦勢所必然。再加上仙道修煉時會進入冥思、存想、內視的狀態，可能產生恍惚之幻覺、冥契體驗，或是經歷無意識浮現於意識表層而象徵化的心靈圖象，如此則更強化了身中居神的信念。

　　仙道身中之「神」很大程度上跳出醫家謂「神」為生命活動或心意識的慣用範疇，以宗教的眼光認為身體各部位都有具體神靈坐鎮，各司其職。上節提到出於漢代之《洞玄靈寶二十四生圖經》是最早將人身內諸神建構起有系統的組織，三部八景二十四神大致為全身上下之重要部位，傳二十四首贊詩並圖、符（圖今已佚去），即是存思其圖、服配其符，贊詩既可幫助存思，也隱含二十四身神的特性。且舉詠上真一景腦神（名覺元子，字道都）之贊詩為例：

> 天河灌東井，石景水母精。圓光拂靈曜，玄輝應高明。元始披長夜，
> 天人逐月生。沐浴蘭池上，龍負長綆餅。金童灑香華，玉女流五星。
> 冠帶灌玉津，鍊度五仙形。體香萬神降，乘景登高明。〔註27〕

道教已知腦主意識思維（見本章第四節），故其名為「覺」；「元」本即為首腦，又寓意二十四神之首。其詩則語多隱晦，難以明確解讀。《二十四生圖經》以下，介紹身體構造功能的道經，不能忽略《黃庭經》。《黃庭經》約出於東漢末，有「外景」、「內景」之別。〔註28〕《黃庭內景經・心神章》記載了五臟之神的名字，其名均有意義，特徵亦合乎五臟五行之搭配，如：「心神丹元字守靈」〔註29〕，心屬火而色赤，故稱「丹」；「肺神皓華字虛成」，肺屬金而色白，故稱「皓」；「肝神龍煙字含明」，肝屬木位於東方，東方青龍、木燃生煙，故名「龍煙」；「腎神玄冥字育嬰」，腎屬水而色黑、位於北方，北方天帝之名即是玄冥；「脾神常在字魂停」，脾屬土位居中央，不偏於四時中任一時，

〔註27〕《洞玄靈寶二十四生圖經・真人沐浴東井圖・上部第一真炁》，《正統道藏》冊 57，P.577-2。

〔註28〕《外景》應先於《內景》，參《正統道藏總目提要》0331、0332 條，P.333-337。亦參龔鵬程著：《道教新論（二集）・黃庭經論》（嘉義：南華管理學院，1998），P.84-92。本文無意比較內、外景二經細部差別，但以通觀角度來呈現六朝仙道對於身體器官的看法。

〔註29〕《太上黃庭內景玉經》，《正統道藏・洞玄部・本文類》冊 10，P.108-1。下文五臟神名亦引自此，不另出注。

〔註30〕故稱常在。《內景經》所記五臟神的字號，則與醫家言五臟功能有關，如醫家言心藏神，心神即字「守靈」；肺以其肺泡空間之脹縮而主呼吸，肺神之字乃爲「虛成」；肝主目之精明，故字「含明」；腎乃收納先天精元之處，又以其精氣而能孕育下一代生命，其字「育嬰」再恰當不過；脾主後天水穀之精運化，亦即吸收營養，字「魂停」可能意謂有脾神運作可維持生命，用仙道及醫家的說法，即是令魂魄常居人身不離。凡此均是仙道運用文字來賦予身神定位與意義的例子。

　　仙道存思法中呼喚身神之名、字也是修煉儀式的一部分，可以令身神回到並保持在身體之歸宿中。認爲名字具有力量，是宗教與巫術的重要觀點，名字代表了鬼神的特性，通曉鬼神之名，也就相當於握有趨吉避凶的鑰匙，如《抱朴子·登涉》提及知精怪之名可避其害，〈雜應〉提到誦兵器神之名可避刀兵。當然，道經中也有許多身神之名、字頗爲奇特，無法一望即能解析、推測命名的由來，如此則又見道教其神祕不可解釋一面。

　　《老子中經》同樣主張身中有神，其身神不僅有名字、職稱、衣冠、身長，無一不缺，連身中居所都有鄉里之稱。更進一步的，身神不只是身神，還對應天上神靈。其開篇依尊卑先後敘述五十五位天上神仙，配合道生化天地的次序，並且與人身部位相配，如上上太一在人頭頂之上，象徵先於天地者；無極太上元君存於眉間，象徵自然之道化生的元氣，可以說是天地之間最先產生的存有，相通於腦中的泥丸宮之神；東王公、西王母存於左右眼，象徵日月與陰陽。本文以無極太上元君爲例，〈第二神仙〉云：

> 無極太上元君者，道君也。一身九頭或化爲九人，皆衣五色珠衣，冠九德之冠，上上太一之子也，非其子也，元氣自然耳。正在兆頭上，紫雲之中，華蓋之下住。…太清鄉，虛無里，姓朱愚，名光，字帝卿，乃在太微勾陳之內一星是也，號曰天皇太帝耀魄寶。兆常念之勿忘也。人亦有之，常存之眉間，通於泥丸，氣上與天連。〔註31〕

除了將元氣神格化爲無極太上元君，還必須在天界給予明確位置以便崇祀，所以無極太上元君又定爲太微垣勾陳六星之中的勾陳一，即我們熟知的北極

〔註30〕醫家有將土之季節配在夏秋之間，稱爲常夏；但亦有將各月中某些固定天數配給土，見《白虎通義·五行》：「土王四季各十八日。」（《白虎通疏證·五行》，P.190）。若依後說，則土於四時中自是常在。

〔註31〕《雲笈七籤·三洞經教部·老子中經》卷18，《正統道藏·太玄部》冊37，P.299-1 至 299-2。

星是也。此種說法也同當時的天文學觀點相契合，如《晉書‧天文志上‧中宮》：

> 鉤陳，後宮也，大帝之正妃也，大帝之常居也。北四星曰女御宮，八十一御妻之象也。鉤陳口中一星曰天皇大帝，其神曰耀魄寶，主御羣靈，執萬神圖。〔註32〕

蓋北極星居中天不動，而羣星拱而轉之，有帝王之象徵。由此可知仙道亦參考吸收當時的天文學論述，爲諸般神靈安排了星宿以落實其神格。而無極太上元君所在的北極星，對應在人身小宇宙，則爲眉間泥丸宮，顯示《老子中經》已經開始重視身中的泥丸宮所在。關於泥丸宮功能的討論，詳見下節。爲了連結天上神靈與人身神之間的對應，便說其氣「上與天連」，是以眉間泥丸中之神能與天上天皇大帝相感通。

　　《老子中經》所展現的，不只是以治理天下的王室架構比擬身體器官治理生命而已，更甚者，就是將身體當成由天庭眾神治理的世界。〈第二十三神仙〉列舉：

> 肺神八人，大和君也，名曰玉眞宮，尚書府也。…
> 心神九人，太尉公也，名曰絳宮，太始南極老人元光也。…
> 肝神七人，老子君也。名曰明堂宮，蘭臺府也。…
> 膽神五人，太一道君也。居紫房宮。…
> 脾神五人，玄光玉女，子丹母也。…
> 眞人子丹在上臥胃管中，黃雲氣爲帳，珠玉爲床，食黃金玉餌，飲醴泉玉液服太一神丹，噉玉李芝草，存而養之，九年成眞矣。…
> 胃神十二人，五元之氣，諫議大夫也。臍中神五人，太一八人，凡十三人。合二十五人，五行陰陽之神也。…
> 腎神六人，司徒、司空、司命、司錄、司隸校尉、廷尉卿也。…
> 丹田神三人，人之根也。…
> 三焦神六人，左社、右稷、風伯、雨師、雷電、霹靂也。
> 大腸、小腸神二人，爲元梁使者。…

經中同時將天上神仙說爲體內的身神，人身中之神與天庭神靈無別，只是一在大宇宙，一在小宇宙，印證六朝仙道中，吾身即小宇宙，與大宇宙相應之

〔註32〕（唐）房玄齡等撰：《新校本晉書‧天文志上》（台北：鼎文書局，1980）卷11，P.289。

身體觀。《老子中經》以爲身中主要之神統理其他從官，共有萬八千人，存思修煉最後要達到的，就是「天之神萬八千人，人之神萬八千人，都合三萬六千人，共舉一身昇天即神仙矣」〔註33〕，以身中諸神完全會通天上諸神，呈現出仙道在宗教上所想像的天人合一樣態。

　　道教身體觀中發展出身中有神的體系，可以說道教把人身部位與器官的功能神格化，身神的形象即反映了人體自行運作、分工合作的生理活動。儘管神靈之職掌彷彿可見醫家原先的功能分析，仙道對於身神內涵與外延的擴充，卻遠過醫家理論。然則道教的存思身神，不僅僅只把身神當作是象徵或比喻，必得確實相信身中有神。因爲道經中的身神系統乃是純粹的宗教信仰，欲修仙道則無可質疑。六朝仙道的存思修煉，其操作原則便是想像爲眞。而這些身神的形貌如此仔細嚴謹，本文以爲未必完全出於編造，實有可能出於修煉者專注於冥想、存思時所內視到的心靈圖象。此種心靈圖象的樣態當然與各民族習慣的文化內涵有關，所以道教之身神仍是中國形式的，而身神形象的生成根源可以追溯至心靈底層的無意識。榮格解讀道教內丹學著作《太乙金華宗旨》時，對於無意識顯現於意識面之看法或可作爲參考：

> 在高層意識位階上的兩極聯合，並非理智之事，也與意志渺不相干；它是經由象徵，才能攤展開自己的一種心靈歷程。歷史一再顯示，這種歷程永遠是以象徵的形式表現出來的；直至今日，人格的發展依然因象徵的圖形，才能加以具體化。…當幻象主要是以思考的形式表現出來時，直覺在朦朧模糊間，會將感受到的原理或法則加以呈現出來。開始時，此表現是戲劇化的，或人格化的。…〔註34〕

這是說無意識之力量透過象徵呈現於意識之中，意識唯有接納此種象徵才有機會完成個體化的歷程，而中國道教內丹學乃是這一歷程的東方表述與方法。本文引用此段並非認爲榮格的看法就是道教中身神由來的定論，乃表明道經中記述這些彷彿具人格的身神也許有實際的心靈根據，非是憑空虛擬編造。當然，六朝道教存思身神與榮格論述還是有所差別，因爲修煉者在存思時已先閱讀過道經，受其影響，預先存有身神之信念，因此即便是無意識的

〔註33〕　以上，《雲笈七籤・三洞經教部・老子中經》卷18，《正統道藏・太玄部》冊37，P.307-1至308-1。
〔註34〕　榮格（Carl Gustav Jung）著；楊儒賓譯：《黃金之花的祕密——道教內丹學引論・導論》（台北：商鼎文化，2002），P.41。

浮現，也仍可能受到意識之描繪想像。

　　六朝存思法這樣的有爲操作、非出於直覺，就榮格的心靈煉金理論而言，顯然是謬誤的。在唐宋內丹學承繼並發展的存思法，則會主張意念專注於身體某處卻不加想像，一任身體之感受與心靈之光明自然生起，如此修正的存思操作，恰好呼應了榮格所說「在高層意識位階上的兩極聯合，並非理智之事，也與意志渺不相干」。於是，東、西方同樣借鏡於煉丹／煉金術而探究個人心靈整合的兩種學說，直待內丹學成熟，乃能對話參同。

　　約略了解道教身體觀的體系後，接著透過道經對身體中精、氣、神等流行，以及身體器官、部位等兩大面相的論述，比對醫家觀點，當可看出更多六朝仙道身體觀的特點。下面二節將舉其要者分析。

第三節　身體中的流行

　　中國傳統看待身體運作，其中最爲複雜、完備的，莫過醫家。醫家眼中的身體，除了可辨識的內臟、器官，還關注到從內到外各種器官互相關聯對應。器官之間的關聯性可以說是用功能來統合，所謂五臟非只是單個的臟器，實爲五臟功能延伸而遍及全身的系統。舉腎之系統爲例，五臟中的五行生剋與配屬情志暫且不論，兩腎之外，尚納入六腑中與腎相表裡的膀胱、五官中的耳朵、身體最深層的骨髓、身體外表的頭髮，以及與生殖、排泄相關的二陰孔竅：

> 北方黑色，入通於腎，開竅於二陰，藏精於腎，故病在谿。(《素問·金匱眞言論》)
>
> 北方生寒，寒生水，水生鹹，鹹生腎，腎生骨髓，髓生肝，腎主耳。(《素問·陰陽應象大論》)
>
> 腎者，主蟄，封藏之本，精之處也；其華在髮，其充在骨，爲陰中之少陰，通於冬氣。(《素問·六節藏象論》)
>
> 腎合三焦膀胱，三焦膀胱者，腠理毫毛其應。(《靈樞·本藏》)〔註35〕

醫家認爲，這些看似毫不相干的器官主要靠經脈聯繫。經脈即人體內運行氣血的通道，《素問·調經論》云：「五藏之道，皆出於經隧，以行血氣。」

〔註35〕以上，《黃帝內經素問譯解》，P.40、52、90；《黃帝內經靈樞譯解·本藏》，P.356。

〔註36〕腎之主要經脈爲足少陰腎經，《靈樞·經脈》扼要描述如下：

> 腎足少陰之脈，起於小趾之下，邪走足心，出於然谷之下，循內踝
> 之後，別入跟中，以上踹內，出膕內廉，上股內後廉，貫脊，屬腎，
> 絡膀胱；其直者，從腎上貫肝膈，入肺中，循喉嚨，挾舌本；其支
> 者，從肺出絡心，注胸中。〔註37〕

凡是足少陰腎經所經過之處，皆與腎的系統相連屬。醫家何以診脈就可判症、針砭就可治療，即依靠循行身體的經脈網絡。加上臟腑的經脈有還有表裡關係，如《靈樞·九鍼論》所言：「足：陽明、太陰爲表裡，少陽、厥陰爲表裡，太陽、少陰爲表裡，是謂足之陰陽也。手：陽明、太陰爲表裡，少陽、心主（即手厥陰心包經）爲表裡，太陽、少陰爲表裡，是謂手之陰陽也。」〔註38〕如此一來又更擴大了臟腑的系統。以腎爲例，則足少陰腎經與足太陽膀胱經相表裡，互相牽連，解釋了爲什麼五臟的腎與六腑的膀胱關係密切。

在經脈中溝通串連整個身體各個功能系統的「氣血」，是生命活動的基礎，如果沒有氣血的運行，那身體也無運作可言。（日本）石田秀實研究中國醫家學說後，甚至認爲：「對於中國醫學來說，作爲『固定物體』的臟器、消化管、骨骼等，儘管是重要的，但還不是醫療的主要目標。若更準確地說，這些不過是容器或管道，只有在其中流動的物質，才是人體的本質。」〔註39〕其實這個想法早在唐代孫思邈已言及，孫思邈認爲：「人身虛無，但有遊氣，氣息得理，即百病不生。」〔註40〕直言人身之中並無其他更爲重要之物，全賴精氣遊行而活，若能調理精氣得宜，身體便無病無痛。在身體中的流行是判定身體存亡的關鍵，究竟身體之中的流行包括哪些狀態、內涵功用爲何？此爲本文所欲探討六朝身體觀之一大面相。

「氣血」乃概略的統稱，其中除了有形的血液，還包括無形的氣之能量，甚或心理意識的部分，而其共同的特徵就是：相對於固定的臟腑、器官，「氣血」可以流動轉移、在身體中循行不息。以下先扼要辨明醫家之觀點，以作

〔註36〕《黃帝內經素問譯解·調經論》，P.456。
〔註37〕《黃帝內經靈樞譯解·經脈》，P.123。
〔註38〕《黃帝內經靈樞譯解·九鍼論》，P.591。關於經脈表裡，亦可見《素問·血氣形志》。
〔註39〕石田秀實著；楊宇譯：《氣·流動的身體：中醫學原理與道教養生術》（台北：武陵，1996），P.25。
〔註40〕（唐）孫思邈著：《備急千金要方·養性第五·調氣法》（台北：中國醫藥研究所，1990）卷27，P.483-2。

爲參照，再談及仙道對於醫家觀點之異同取捨。

一、醫家觀點下的氣、精、神

醫家對身體中流行之論述不少，《靈樞·決氣》所云清晰可參：

> 黃帝曰：「余聞人有精、氣、津、液、血、脈，余意以爲一氣耳，今乃辨爲六名，余不知其所以然。」岐伯曰：「兩神相搏，合而成形，常先身生，是謂精。」「何謂氣？」岐伯曰：「上焦開發，宣五穀味，熏膚、充身、澤毛，若霧露之溉，是謂氣。」「何謂津？」岐伯曰：「腠理發泄，汗出溱溱，是謂津。」「何謂液？」岐伯曰：「穀入氣滿，淖澤注於骨，骨屬屈伸，泄澤補益腦髓，皮膚潤澤，是謂液。」「何謂血？」岐伯曰：「中焦受氣，取汁變化而赤，是謂血。」「何謂脈？」岐伯曰：「壅遏營氣，令無所避，是謂脈。」〔註41〕

此處表明醫家以爲在身體中的流行原出一氣，只是型態、功能不同。所謂脈即是經脈血管之類，是（營）氣或血所循行的通道，所以說「壅遏營氣，令無所避」，嚴格來說不屬於流動的氣，但由於氣之流動與經脈脫不了關係，故爾合併而論。其次，血、液都來源於飲食，由飲食精微通過胃、脾、肺、三焦等臟腑的共同作用而化生，在今日往往合稱，細分則有別：「血」是水穀精微上輸到心肺，再經肺的氣化作用而成，由心輸布全身，通常在經脈之內；「液」則流動於經脈外，遍於組織間隙之中，液之清稀者分布在肌膚之間以溫潤肌膚，液之粘濁者濡養關節、腦髓、孔竅。由此定義，「液」相當於現代醫學中的各種組織液或淋巴。再者，〈決氣〉所談的狹義之「津」實指由身體排泄而出的汗或小便，故言「腠理發泄，汗出溱溱」，《素問·靈蘭秘典論》所說亦同：「膀胱者，州都之官，津液藏焉，氣化則能出矣。」其「津液」指的就是小便。

以上數種流行都是肉眼可見，與現代醫學所見差異不大。另外的氣、精，則是醫家身體流行之說中不同於西方醫學的觀點，且與中國傳統思想中的氣、精概念相交纏。

各種民族於其文化中都具有類似「精」的概念：此類存在是神祕性質或力量的來源，並具有交通、互滲的流動性，以解釋諸般現象或作爲巫術的基

〔註41〕《黃帝內經靈樞譯解·決氣》，P.271。

礎。陳德興總結說：「『精』在古人看來，是一種神祕物質與力量的來源，不論人或鬼神或萬物，其靈動都是由『精』的凝聚或『精』的力量作用而來。這種對『精』的認識，在當時應是一種普遍的看法。」〔註42〕「精」之討論，已見於前文氣論。醫家引入「精」的概念，以爲有此生命中最爲基本、最初之存在，生命才能夠萌發。《靈樞·決氣》云「兩神相搏，合而成形」，指父母之精相結合而受孕，人身之發生由精而始。照上文引《素問·金匱眞言論》、《素問·六節藏象論》所述，「常先身生」的精藏於腎中，《素問·上古天眞論》稱爲腎氣，言腎所藏先天精氣而發揮之生命功能：

> 歧伯曰：「女子七歲，腎氣盛，齒更髮長。二七而天癸至，任脈通，太衝脈盛，月事以時下，故有子。…丈夫八歲，腎氣實，髮長齒更。二八，腎氣盛，天癸至，精氣溢瀉，陰陽和，故能有子。…腎者主水，受五藏六腑之精而藏之，故五藏盛乃能瀉。今五藏皆衰，筋骨解墮，天癸盡矣。故髮鬢白，身體重，行步不正而無子耳。」帝曰：「有其年已老而有子者，何也？」歧伯曰：「此其天壽過度，氣脈常通，而腎氣有餘也。此雖有子，男不過盡八八，女不過盡七七，而天地之精氣皆竭矣。」〔註43〕

〈上古天眞論〉又特稱身體進入成熟階段、用於生殖功能的精氣爲天癸。從「男不過盡八八，女不過盡七七，而天地之精氣皆竭矣」可知，腎中之「精」確由先天稟賦而來，主導人一生中身體狀況的發展，隨著生命的歷程與活動而漸漸耗損。精雖言藏於腎，但腎氣推動生命歷程，當然也是精之作用，故亦可說充於身中。《黃帝針灸甲乙經·陰受病發痹》云：「眞氣者，所受於天，與水穀氣而充身者也。」〔註44〕可見受於天之氣與水穀之氣並非不同，從生命運作的角度來看，二者其實相通，僅特指之性質有所差異。天癸、眞氣等專名，就是專爲表明此乃身體之氣中較精粹、特別的部分，凸顯生命因稟賦了天地元氣之精微而存有。

《靈樞·決氣》中所說的「氣」則指運行於身體中的氣，所謂「宣五穀味，熏膚、充身、澤毛，若霧露之溉」，乃生於水穀精微、源於脾胃，有營養周身作用的氣；從「上焦開發」，意爲主要由脾胃入於胸中然後發散。胸中是

〔註42〕陳德興撰：《氣論釋物的身體哲學·第二章》，P.65-66
〔註43〕《黃帝內經素問譯解·上古天眞論》，P.4-8。
〔註44〕《黃帝針灸甲乙經·陰受病發痹》卷10，P.817。

一身之氣運動輸布的出發點，其中包含「宗氣」——由飲食水穀所化生的水穀之氣，與口鼻吸入的清氣二者結合而成，積存胸中，同呼吸、發聲有關，又隨著呼吸而灌注心肺、推動氣血運行。醫家所言狹義之「氣」則通常不含呼吸，專指行於身中的營、衛二氣，《靈樞·營衛生會》有言：

> 人受氣于穀，穀入于胃，以傳與肺，五臟六腑，皆以受氣，其清者為營，濁者為衛，營在脈中，衛在脈外，營週不休，五十度而復大會，陰陽相貫，如環無端。〔註45〕

「營氣」——水穀化生之精微，其性柔順，轉輸於肺，隨宗氣而送入經脈中營養全身，乃名為「營」或「榮」。「衛氣」——是水穀化生之氣中性質較為剽疾滑利者，一樣出於上焦，但因善於遊走穿透，不受經脈約束，故行於脈外。因為具有保衛體表，抗拒外邪的功能，故名為「衛」；即便如此，衛氣仍具有溫養臟腑、溫潤肌膚、滋養腠理、啟閉汗孔等功能。前文用《素問·陰陽應象大論》曾引到：「陰在內，陽之守也；陽在外，陰之使也。」據此，或可說衛屬陽而營用陰，所以從所處位置而言，便有「營行脈中，衛在脈外」之說，雖非絕對，仍可大致分判營、衛的主要差異。

由於營衛二氣與血液都是輸布全身、供給營養，是以氣與血的運行在醫家通常不必強加分別。《靈樞·營衛生會》即云：「中焦亦並胃中，出上焦之後，此所受氣者，泌糟粕，蒸津液，化其精微，上注於肺脈乃化而為血，以奉生身，莫貴於此，故獨得行於經隧，命曰營氣。」這是從生理的角度而言，醫家以為營、衛氣與血根本是混同合流。〈營衛生會〉續云：「黃帝曰：『夫血之與氣，異名同類。何謂也？』岐伯答曰：『營衛者，精氣也，血者，神氣也，故血之與氣，異名同類焉。』」〔註46〕此所以醫家常將氣血合稱。值得注意的是，同樣歸攝於流動之氣的大類下，「精氣」與「神氣」異名同類，「精氣」強調的是氣血中蘊含精微，就是上章第二節所說「一切神祕的東西裡面的有效本原」；「神氣」強調的是身體流行中表現的神妙生命活動。然而，「神」與「氣」怎麼連結在一起？有必要先了解「神」在醫家身體觀中的意義為何。

中國傳統上常將形、神對舉，像是《荀子·天論》：「天職既立，天功既成，形具而神生。」〔註47〕形指有形的軀體，與形相對的，神乃是無形卻在

〔註45〕《黃帝內經靈樞譯解·營衛生會》，P.194。
〔註46〕以上，《黃帝內經靈樞譯解》，P.198、199。
〔註47〕《荀子集釋·天論》，P.366。

形軀上表現的生命活動。完整的「身體」，不僅要包括具體的「形」，也要包括不具體卻仍然存在的「神」。如司馬談〈論六家要旨〉有名的形神觀點：

> 凡人所生者，神也；所託者，形也。神大用則竭，形大勞則敝，形
> 神離則死，死者不可復生，離者不可復反，故聖人重之。由是觀之，
> 神者，生之本也。形者，生之具也。〔註48〕

觀察生命發展，如《荀子‧天論》所說「形具而神生」，是先有形軀方有神之活動，但就邏輯上來說，若無「神」，形軀即便存在，也因爲不具正常生命活動而無意義，是以〈論六家要旨〉乃言「凡人所生者神也」、「神者，生之本也」，表明了「神」才是生命主要的本體，而形軀則是生命表現之所憑藉的載體。形、神雖然二者相依，顯然神重於形。換句話說，有「神」才表示這具形軀有生命可言。至六朝時，這樣的看法仍是主流觀點，如《抱朴子內篇‧至理》：

> 夫有因無而生焉，形須神而立焉。有者，無之宮也。形者，神之宅
> 也。故譬之於堤，堤壞則水不留矣。方之於燭，燭糜則火不居矣。
> 身勞則神散，氣竭則命終。〔註49〕

同樣認爲形體不能沒有精神，故「形須神而立」，而形體是神所居住的屋宅，雖非生命之本，卻是保護神、給予神憑依的載具，如同防水之堤、燃火之燭。使用有、無來對照形、神，與六朝時有、無之辯相關，除了彰顯邏輯上是神先於形，也再度點出古人雖然相信「神」對身體相當重要，神的內涵卻似乎無可名說。

在醫家論述中，「神」常用來指廣義的生命活動，見《靈樞‧平人絕穀》：

> 胃滿則腸虛，腸滿則胃虛，更虛更滿，故氣得上下，五藏安定，血
> 脈和利，精神乃居，故神者，水穀之精氣也。…故平人不食飲七日
> 而死者，水穀精氣津液皆盡故也。〔註50〕

不同於思想論述多半虛懸一個「神」的抽象概念，醫家實際而客觀地看待「神」之存在——生命的基礎活動就是消化運用營養、能量（津液、精氣），有消化吸收供身體運用，生命才得以達到存活的最低限度，是以直接說「神」來自於水穀之精氣（由水穀精氣推動而身體有所作用活動）。有「精」供給能量，

〔註48〕《史記三家注‧太史公自序》卷130，P.3292。
〔註49〕《抱朴子內篇校釋‧至理》卷5，P.99。
〔註50〕《黃帝內經靈樞譯解‧平人絕穀》，P.279。

於是有「神」之表現，因此醫家以「精神」合稱，指整體生命的表現，與單提「神」字的意涵大約等同。檢諸秦漢子家，亦泰半如此。稱「形者，神之宅也」、「精神乃居」，似乎把「精神」想像成可以在身體中出入活動的物事，而精、神在《靈樞・營衛生會》中本就是營衛與血的別稱，統屬於在身體中流行的氣：「營衛者，精氣也，血者，神氣也，故血之與氣，異名同類焉。」這是透過醫家與氣論的理路，建立精神能活動的根由。

　　復次，中國傳統思想中，「神」或「精神」另有心理意識的意涵，類似今日所用的「精神」之義。此種意涵並非獨立於上文所說的「透過氣血（精氣）流行而作用的生命活動」之外，醫家用「神」之一字，往往同時蘊含生命表現與心理意識兩個層次，如《靈樞・天年》的「神氣」即是：

　　黃帝曰：「何者爲神？」岐伯曰：「血氣已和，營衛已通，五藏已成，

　　神氣舍心，魂魄畢具，乃成爲人。」〔註51〕

魂屬氣、魄屬形，指人有形（形軀）、無形（精神）的身體都已完備、身心運作正常，統稱爲「（有）神」。「神氣舍心，魂魄畢具」說的是生命能量已經各在其位，如此是完整的人；其中也包含人的心理意識層面完備，具有感受、認知、思惟的功能。「神氣」居於五臟之「心」，與醫家把認知思惟的功能和心聯繫起來有關，《素問・調經論》：「心藏神。」〈靈蘭秘典論〉：「心者，君主之官也，神明出焉。」〔註52〕這樣的看法令我們想到第二章討論的心氣工夫論。工夫論主張意識可決定精氣之出入，言虛靜之心令精氣自來、神留在身，是意識可影響精氣；而這裡則說「神氣舍心」爲神氣會支持意識，有神氣留居於心，人的意識才能正常運作。二種看似對立的觀點恰好互補，加強了氣與意識之間的連通關係。

　　由第二章第二節「精氣」的討論已知，古人相信氣中蘊含的神祕性質既賦予生命，精氣中的神祕性質也可以建構性情、產生智慧。說得更清楚一些，智慧、性情這些心理層次的活動同樣屬於生命活動的一種，只是乃生命活動中較爲晚出、更爲複雜的表現。醫家會將「神」與「氣」連用合稱，自是認爲生命活動的表現乃至心理意識就是透過流動之氣來運作的。上文引《靈樞・營衛生會》之「血者，神氣也」，可知「神氣」在醫家的觀點而言，固然蘊含神祕的性質或能量，卻相當於身體中確實流動的血，一點也不虛緲。配合《素

〔註51〕《黃帝內經靈樞譯解》，P.279、395。
〔註52〕以上，《黃帝內經素問譯解》，P.456、76。

問・痿論》所說：「心主身之血脈。」〔註53〕則將心、血、神氣等詞彙連成一氣，亦即身體資訊的操控、傳遞，在西方醫學認爲經由神經來傳導，而中國的醫家則會以爲透過氣血來交流。

　　醫家認爲氣血作爲資訊或能量之載體，流動於身體之中，不僅作用在生理方面，也作用在心理方面。如此理路非僅用於五臟之心，《素問・宣明五氣》便云：「心藏神，肺藏魄，肝藏魂，脾藏意，腎藏志。」〔註54〕這類心理層面與其他生命活動不截然分別，亦屬於五臟之氣的範疇，如《難經・三十四難》云：

> 五臟有七神，各何所藏耶？然。臟者，人之神氣所舍藏也。故肝藏魂，肺藏魄，心藏神，脾藏意與智，腎藏精與志也。〔註55〕

魂、魄、神、意、志等心理層面之「神」即是「神氣」，「神氣」與五臟都相連繫，五臟的功能系統兼具生理與心理的面相。五臟系統與人身中有形無形的流動，及心理狀態的相應配置，其合併論述可見於《靈樞・本神》：

> 肝藏血，血舍魂，肝氣虛則恐，實則怒。脾藏營，營舍意，脾氣虛則四肢不用，五藏不安，實則腹脹，經溲不利。心藏脈，脈舍神，心氣虛則悲，實則笑不休。肺藏氣，氣舍魄，肺氣虛則鼻塞不利，少氣，實則喘喝胸盈仰息。腎藏精，精舍志，腎氣虛則厥，實則脹，五藏不安。必審五藏之病形，以知其氣之虛實，謹而調之也。〔註56〕

血、營、脈、氣、精的配置大概基於醫家對人體的觀察與推理，如：肝中確實貯藏大量血液；脈之搏動來自心臟；脾臟運化飲食營養；肺臟主管呼吸、氣體的交換；而腎乃最初形成之臟器，與生命的存續繁衍有關。引文云「必審五藏之病形，以知其氣之虛實」，談的是五臟活動的旺盛或虛弱，然氣既以「虛實」論，便是表示氣之神祕性質或能量的多寡，充足便說爲氣實，五臟的活動自然旺盛。五臟之氣既是器官的活動能力的表現，同時也是流動於五臟系統與全身之間的氣。《靈樞・脈度》便提到五臟之氣連結到五官：

> 五藏常內閱於上七竅也，故肺氣通於鼻，肺和則鼻能知臭香矣。心氣通於舌，心和則舌能知五味矣。肝氣通於目，肝和則目能辨五色

〔註53〕《黃帝內經素問譯解・痿論》，P.337。
〔註54〕《黃帝內經素問譯解・宣明五氣》，P.210。
〔註55〕《難經本義新解・三十四難》卷下，P.170。
〔註56〕《黃帝內經靈樞譯解・本神》，P.89。

矣。脾氣通於口，脾和則口能知五穀矣。腎氣通於耳，腎和則耳能
聞五音矣。〔註57〕

五臟之氣的調和充足，表示身體能量充足，令內外各部器官皆運作良好。而
所謂「知臭香」、「知五味」、「辨五色」、「聞五音」則是臟氣溝通與協調了感
官的資訊。

事實上，古人認爲：正是因爲氣流行於身體，意識才能夠感知、調控身
體各處，以及對外在境況有所感受、回應，此皆屬「神」指揮「氣」所達成
的作用。《淮南子・原道訓》就是這樣看的：

> 今人之所以眭然能視，覺然能聽，形體能抗，而百節可屈伸，察能
> 分白黑、視醜美，而知能別同異、明是非者，何也？氣爲之充，而
> 神爲之使也。何以知其然也？凡人之志各有所在而神有所繫者，其
> 行也，足蹟趹塪、頭抵植木而不自知也，招之而不能見也，呼之而
> 不能聞也。耳目非去之也，然而不能應者，何也？神失其守也。故
> 在於小則忘於大，在於中則忘於外，在於上則忘於下，在於左則忘
> 於右。〔註58〕

人之所以能夠控制肢體屈伸、透過感官察覺外物、判斷辨別抉擇，端賴氣流
行於形軀，讓神能夠與形軀連結、使喚形軀。其證據在於人若別有所思，常
會視而不見、聽而不聞，或是專注於此則忽略身體其他感受，因爲「神」偏
於一處而不遍其身。有神（意識）之所在，生命活動才是明確而可感知的，
這大約是秦漢以至六朝的共通觀點，譬如嵇康〈養生論〉有云：「精神之于形
骸，猶國之有君也。神躁于中而形喪于外，猶君昏于上，國亂于下也。」〔註
59〕以君主治國的比喻來說神主形。之所以神躁動便喪形，就是神不能善加掌
握形軀的情況。從這樣的觀點可以更深入地理解，何以中國傳統思想會重神
甚於重形。

綜合上文所述，醫家對於身體的看法向來不依有無形質來劃分，生理、
心理都歸於氣之統籌，本就是同一套整體的有機系統。形體中各部器官（主
要是五臟）的運作中已包含心理方面的層次，各種情志都有相應的五臟系統
處理，身心互相連動。心理認知、情志等運作都與臟氣——五臟之活動——

〔註57〕《黃帝內經靈樞譯解・脈度》，P.190。
〔註58〕《淮南鴻烈集解・原道訓》卷1，P.40。
〔註59〕《全上古三代秦漢三國六朝文・全三國文》卷48，P.1324-1。

有關，皆屬於身體中氣的作用。精、氣、神三者用於描述生命的內涵，概括言之，精是來源、氣是載體、神是表現，三者在醫家論述中往往相通或合用。儘管醫家分別出這麼多不同型態的流體，不論形質與能量、或者生理與心理，皆是一氣所出，各種流體同樣滋養、支持著生命。而心理對身體的感受、認知、調控亦藉由看似屬於生理的氣血來傳遞交流。透過這些或有形質或無形質的流體，能量與訊息也隨之周流全身，展現複雜的生命活動。

二、道教觀點下的氣、精、神

以醫家觀點作為代表，檢視了氣、精、神等身體中抽象而流動的存在面相後，便可以回過頭討論六朝道教理論中這方面的身體觀。

在中國傳統思想的背景下，道教把氣視為構成萬物的元素，如《太平經·乙部·守一明法》：「元氣行道，以生萬物，天地大小，無不由道而生者也。故元氣無形，以制有形，以舒元氣，不緣道而生。」〔註60〕元氣是一切的構成元素，推本溯源，萬物由氣而生，人自不例外，受生於天之「氣」，《太上三十六部尊經·太清境黃庭經》云：「人物異形，受生惟一氣。」〔註61〕同一元氣落於人身，由種種因素，而各具殊相，說已見第二章。在道教中，氣常與精、神合論，《太平經·令人壽治平法》即言：

> 三氣共一，為神根也。一為精，一為神，一為氣。此三者，共一位也，本天地人之氣。神者受之於天，精者受之於地，氣者受之於中和，相與共為一道。故神者乘氣而行，精者居其中也。三者相助為治。故人欲壽者，乃當愛氣、尊神、重精也。〔註62〕

精、氣、神三者都是瀰漫、貫串天地人之氣，只不過來源不同或層次不同。「神者乘氣而行，精者居其中也」，顯示在天地人三才之中，氣的運行模式都是一樣的：「氣」為載體、「精」為基礎、「神」則呈現於精氣之上。人如果要長壽，就得保持精、氣、神三者相合、相輔的模式，缺一不可。

上述是精、氣、神三者並列之說，道教中另外也有三者先後生成的說法，此即氣從原非生命之狀態轉變為具有生命（道教中特指人）的變化過程，可

〔註60〕《太平經合校·乙部·守一明法》，P.15。
〔註61〕《太上三十六部尊經·太清境黃庭經》，《正統道藏·洞真部·本文類》冊2，P.78-2。
〔註62〕《太平經合校·癸部》，P.728。

見《太平聖君祕旨》之說：

> 夫人本生混沌之氣，氣生精，精生神，神生明。本於陰陽之氣，氣
> 轉爲精，精轉爲神，神轉爲明。〔註63〕

道教看人體中的「精」，是氣之精微者或氣之凝聚者，《論衡·超奇》已言：「天
稟元氣，人受元精。」〔註64〕元氣落於人則化爲發生生命及繁衍後代的「元
精」。《老子想爾注》注「窈冥中有精」、「其精甚眞」即言：「有道精，分之與
万物，万物精共一本」、「生死之官也，精其（甚）眞，當寶之也。」〔註65〕
都以「精」作爲生命之基礎。從混沌或陰陽之氣轉爲精，精再轉爲神，然後
才是完整的人，大抵是漢魏六朝之道教對身體中精氣運作的看法。出於東晉
之《洞眞九丹上化胎精中記經》亦云：「夫天地交運，二象合眞，陰陽降氛，
上應於九天，流丹九轉，結氣爲精，精化成神，神變成人，故人象天地，氛
法自然。自然之氛皆是九天之精化爲人身。」〔註66〕三者順序並無不同，只
是說得更加仔細。「流丹九轉，結氣爲精，精化成神，神變成人」可與《太平
經·分別形容邪自消清身行法》的說法互爲註腳：

> 道之生人，本皆精氣也，皆有神也，假相名爲人。愚人不知還全其
> 神氣，故失道也。能還反其神氣，即終天年，或增倍者，皆高才。
>
> 〔註67〕

「本皆精氣也，皆有神也」表明人的生命構成不外精氣，以精氣的結合而有
生命活動，即具整全性之「神」，由此方形塑出人之個體。另外，〈分別形容
邪自消清身行法〉認爲，看起來整體的人只是假相，生命的重點在於「神氣」。
此一詞彙包含精氣與精氣所化之神，點出道教修煉關注所在。〔註68〕

由於仙道的修煉想讓生命的狀態回歸天人合一、與道合眞，當然至爲關

〔註63〕《太平經合校·附錄·太平經佚文》，P.739。

〔註64〕《論衡校釋·超奇》卷13，P.615。

〔註65〕《老子想爾注校箋》，P.29。

〔註66〕《無上祕要·人品》卷5，《正統道藏·太平部》冊42，P.179-1。

〔註67〕《太平經合校·癸部》，P.723。

〔註68〕蕭進銘認爲，由肉身、精、氣、神及道之間的相互統屬關係，道教的身體觀
可名爲「可變的」或「多層次的」身體觀。肉身的本質是精氣，精氣的本質
是神，神的本質是道。精、氣、神、道（特別是道）方爲生命的眞正主宰及
本質。見氏撰：〈六朝以前道教丹田說及其修行法研究〉，收入楊儒賓、馬淵
昌也、艾皓德編：《東亞的靜坐傳統》（台北：國立臺灣大學出版中心，2012），
P.383，注15。然而就本文的例證看來，六朝道教的身體觀中，精氣固然是肉
身的本質，但神乃是精氣所化的高級生命活動型態，並非精氣的本質。

切先天而來的精、氣。源於天道的精、氣在身體中如何運作乃至修煉化神？
且舉《太上三十六部尊經・太清境黃庭經》為代表：

> 惟人以精為母，以氣為主，五臟各有精，精中生氣，五臟各有氣，
> 氣中生神。神能生壽，長生保命，鍊精為丹，養氣為神。真仙上聖，
> 修真養氣，自然而然，內真外應，有作必成。〔註69〕

「五臟各有精，精中生氣」、「五臟各有氣，氣中生神」看起來是取用了醫家
所謂「五臟之氣」運作生命、「五臟藏神」表現為生命活動等概念。不過，在
道經中其意義並不在描述生命運作的狀況，而只關注精、氣、神在長生延年
這方面的功能。醫家只言腎藏精，《太清境黃庭經》則說「五臟各有精」，乃
是為了建立修煉時以五臟精氣為煉丹材料的理論根據，五臟中的氣都是先天
之「精」，方可用於「鍊精為丹」。再者，由氣之精微的作用產生所謂「神」，
在人體當然指生命活動的表現；然而又不只如此，經云「神能生壽，長生保
命」顯然賦予「神」作為生命延續的關鍵。並非任何身體中的「氣」都能自
然而然地生「神」，唯有修道者才能「養氣為神」。而這樣養氣而生之神能讓
身體不會衰壞，也能與身外天地相應，是真仙上聖的生命運作型態。

　　身體中的氣稟於天地，那麼推想精、氣在人體中的運行與天地同一規律，
也就在情理之中。《太上三十六部尊經・太清境黃庭經》即言：

> 真氣大運，隨天元氣；真氣小運，隨日元氣。五臟之中，腎為精海，
> 心為氣館；真精在腎，餘精自還下丹田；真氣在心，餘氣自朝中元，
> 悉歸黃庭正景。〔註70〕

亦即人體氣行的大運行和天地一樣，一年循環一回；小運行則一日循環一回。
「腎為精海，心為氣館」，是把身體中的氣區分為真精與真氣，兩者運行路徑
不同。約出於魏晉的《老子中經・第五十一神仙》有類似的話可為參考：「心
為虛，腎為元。虛氣以清上為天，元氣以寧下為地，入於太淵。」〔註71〕元
指凝而沉之精；虛為輕盈而升之氣。由於心、腎的位置相當於天、地，套用
同類相應、同氣相求的原理，一歸於天，一歸於地。此是身體正常的運作狀

〔註69〕《太上三十六部尊經・太清境黃庭經》，《正統道藏・洞真部・本文類》冊2，
　　　　P.78-2。
〔註70〕《太上三十六部尊經・太清境黃庭經》，《正統道藏・洞真部・本文類》冊2，
　　　　P.79-2。
〔註71〕《雲笈七籤・三洞經教部・老子中經》卷19，《正統道藏・太玄部》冊37，
　　　　P.317-2。

況。僅是如此，不足以修仙。當一個人的精、氣完足充滿於腎、心，供給正常生命所需之外，還能有多餘眞氣、眞精的話，餘氣就歸於中元（黃庭）、餘精就歸於下丹田，如此方能用於修煉，呼應上文的「鍊精爲丹」、「養氣爲神」。也就是求仙者想要跨入修煉的門檻，必先達到生命能量充足方具資格。像《神仙傳・劉根》一則亦提到先補養身體之虧損，令得復原乃可服藥成仙。所須復原者即是結胎受氣時所稟受、在生活中不斷耗散之精氣，《抱朴子・極言》有云：

> 夫有盡之物，不能給無已之耗；江河之流，不能盈無底之器也。凡人利入少而費用多者，猶不供也，況無錙銖之來，而有千百之往乎？人無少長，莫不有疾，但輕重言之耳。受氣各有多少，多者其盡遲，少者其竭速。其知道者補而救之，必先復故，然後方求量表之益。若令服食終日，則肉飛骨騰，導引改朔，則羽翮參差，則世間無不信道之民也。〔註72〕

這樣的生理條件限制不只可以解釋壽命長短，更重要的，是解釋了何以不是人人都能修仙，以及爲何有人學仙虔勤，卻少有效驗的問題所在。

　　從「神氣」、「養氣爲神」等語，會注意到神與氣二者緊密結合的用法，既見於醫家，也常見於道教，如《太平經・四行本末訣》說：「凡事人神者，皆受之於天氣，天氣者受之於元氣。神者乘氣而行，故人有氣則有神，有神則有氣，神去則氣絕，氣亡則神去。故無神亦死，無氣亦死。」〔註73〕氣與神皆是維繫生命的重要存在，二者不相分離，然而二者仍有別。神乘氣而行，意謂層次在氣之上又憑藉於氣而活動。《太平經・太平經鈔辛部》則云：「凡事安危，一在精神。故形體爲家也，以氣爲輿馬，精神爲長吏，興衰往來，主理也。若有形體而無精神，若有田宅城郭而無長吏也。」〔註74〕這是以精神爲身體之主宰，彷彿長吏管理田宅城郭。長吏如何發布命令、巡視各地？則有賴氣之運送。比喻淺顯明白，與醫家神氣的觀念差別不大。約爲南朝梁陳之際所出的《太上洞玄靈寶法燭經》也認爲：

> 何謂三因？一曰神，二曰氣，三曰形也。神因氣而立，氣因神而行，形因神而存，神因形而藏。神逝則氣散，氣散則形亡。故聖人先於

〔註72〕《抱朴子內篇校釋・極言》卷13，P.218。
〔註73〕《太平經合校・丙部》卷42，P.96。
〔註74〕《太平經合校・太平經鈔辛部》，P.699。

養神，次於養氣，次於養形，三者和而相得，乃能長生。

氣為神之基礎，而神為氣之調控；形乃神之載具，神為形之動力。其中，因為神具有主宰的地位，故欲長生，先重養神。從這些引文可以看到，仙道試圖在形神之間加入氣作為二者的中介，以便於調和形神之間過於二元的對立。事實上，早在漢代思想便有以氣調和形、神的嘗試。司馬遷在《史記・律書》中，從聲律談到神與形之間的鴻溝，因為「神者，物受之而不能知其去來」，故云：「神生於無，形成於有，形然後數，形而成聲，故曰神使氣，氣就形。」〔註75〕已提出「神」是透過「氣」來與形連結，才能使形作用。《淮南子・原道訓》曰：「夫形者，生之舍也；氣者，生之充也；神者，生之制也。」〔註76〕也暗含神透過氣以調控形的結構。這是因為氣介乎有、無或形上、形下之間，可動可靜，一方面「氣」既是建構形體的材料，還蘊含神祕有效的本原、性質，能賦予生命、意識；二方面，氣本有流動之特性，有氣化論與醫家理論的背景，氣可以藏乎五臟、輸布全身，達到形、神溝通的效果，令神能藉由氣而出入活動。六朝道教可謂繼承漢代已有的觀點，繼續運用發揮。

由《太平經》所謂「精神為長吏」看來，道教所用的「神」似乎有管理形體的意義。然而，六朝道教中「神」對形體的管理，有別於一般所說的意識思維指揮形體動作。約出於魏晉的《西昇經・生置章》便見分別：

> 生我者神，殺我者心。夫心意者，我之所患也。我即無心，我何知乎？念我未生時，無有身也，直以積氣聚血，成我身爾。我身乃神之車也，神之舍也，神之主人也。主人安靜神即居之，躁動神即去之。〔註77〕

言「心意」、「我即無心，我何知乎」可知，此心指的是意識之心。「生我者神，殺我者心」，是神、心意二者皆與人身密切聯繫、對生命有所影響，且二者對立——意識向外馳逐、貪欲憂慮，故傷身害命；而神居於身中，能維持生命活動。而且身靜則神安，身躁則神去的說法，與第二章討論心氣工夫論所引《管子・內業》如出一轍：「不以物亂官，不以官亂心，是謂中得。神自在身，一往一來，莫之能思。失之必亂，得之必治。敬除其舍，精將自來。」安不安靜是意識對身體之操控，「神」卻不在意識掌握的範圍內；反過來說，「神」

〔註75〕《史記三家注・律書》卷25，P.1252-1253。
〔註76〕《淮南鴻烈集解・原道訓》卷1，P.39。
〔註77〕《西昇經》卷中，《正統道藏・洞神部・本文類》冊19，P.255-2。

也不能決定身體是否安靜，可見「神」非關主觀意識。〈生置章〉反過來稱身體爲「神之主人」，是比較少見的說法，也和上文身爲「神之車」、「神之舍」不太相類，此語應是強調身體之作爲能影響神之去留。

　　早在《莊子・養生主》中，庖丁自述解牛之道，即已說：「臣以神遇而不以目視，官知止而神欲行。」〔註78〕「神」之主宰不必隨認知、感官而行動，則「神」與感官、認知不僅不同，而且顯然在生命活動的趨向上大異其趣。表明「神」才是生命真正的、更爲理想的主宰，應把人體與行爲交付給「神」。若從神之根源來推想：神由精氣所化、或藉精氣而展現，則「神」之活動想必是依循稟賦於天道的生命應有軌則。若然，「神」作爲生命活動之整體展現，其中即便有心理層面，也應是合於道的清靜狀態，〔註79〕有別於「心意」之認知、憶想、推理等自我思維活動。後世道教爲判別二種心理狀態，即言神分爲先天、後天，先天者稱爲元神，後天者稱爲欲神、識神。〔註80〕元神並非思慮之神，無意念活動，表現如同嬰兒般不識不知，又感應、靈動、覺照；識神則指通過思維活動而產生的種種意念。仙道修煉就是要放棄後天識神用事，恢復先天元神本能。《太上老君內觀經》出於南北朝末，經中提出：「太一帝君在頭，曰泥丸君，總眾神也。照生識神，人之魂也。」〔註81〕已分出通於天上神靈的腦神泥丸君，和後天照生之「識神」。不過識神、元神對立的觀念尚未見於六朝道教。《內觀經》所說的「神」，可謂純然先天，主觀的心意思維（識神）並不歸在精氣化神之脈絡裡。

　　前文所引《太平聖君祕旨》有「神生明」、「神轉爲明」之說，正可以佐證「神」屬於生命本然的清靜狀態。所謂的「明」，當是生命活動的高級功能的展現，「明」即是清楚明白，顯然屬於心理層面，是神運作到更高層次而達

〔註78〕《莊子集解・養生主》卷1，P.29。
〔註79〕約出於唐宋間的《高上玉皇心印經》：「上藥三品，神與氣精。恍恍惚惚，杳杳冥冥。」（《正統道藏・洞真部・高上玉皇心印經》冊2，P.302-1）曰恍惚、曰杳冥，可知唐宋道教確實視精氣神爲無形、爲先天。
〔註80〕如（宋）張伯端《青華祕文・神爲主論》：「蓋心者君之位也，以無爲臨之，則其所以動者，元神之性耳。以有爲臨之，則其所以動者，欲念之性耳。有爲者，日用之心；無爲者，金丹之用心也。…夫神者，有元神焉，有欲神焉。元神者，乃先天以來一點靈光也。欲神者，氣稟之性也。元神乃先天之性也。…且父母搆形而氣質具于我矣。將生之際，而元性始入。」（《玉清金笥青華祕文金寶內煉丹訣》卷上，《正統道藏・洞真部・方法類》冊7，P.4-2）
〔註81〕《太上老君內觀經》，《正統道藏・洞神部・本文類》冊19，P.85-1。

到的境界。「神」與「明」連繫用以指稱清明的心智狀態，於戰國時典籍已見，如《荀子》：

> 積土成山，風雨興焉；積水成淵，蛟龍生焉；積善成德，而神明自
> 得，聖心備焉。（〈勸學〉）
> 聖王之用也：上察於天，下錯於地，塞備天地之間，加施萬物之上，
> 微而明，短而長，狹而廣，神明博大以至約。（〈王制〉）〔註82〕

這裡的「神明」是通達萬物的清明心境，而「神明」是可以透過積累學習而成為自身性德以呈現。又，《鬼谷子・本經陰符七篇》云：

> 心欲安靜，慮欲深遠。心安靜則神明榮，慮深遠則計謀成。神明榮
> 則志不可亂，計謀成則功不可間。意慮定則心遂安，則其所行不錯。
> 〔註83〕

心與神明二者不同但互為因果。心能安靜，則「神明」——清明的心境——就會顯現，藉由「神明」而清楚了解事情，那麼意志就不會受到擾亂動搖。《鬼谷子・本經陰符七篇》的觀點正與《西昇經・生置章》「安靜神即居之，躁動神即去之」相近，同是中國傳統思想常見的思惟理路。總之，當「神明」連用，乃是不受干擾的清靜心境，故人心虛靜合道方稱神明，如《太上老君內觀經》云：「道者，有而無形，無而有情，變化不測，通神群生，在人之身，則為神明，所謂心也。所以教人修道，則修心也。教人修心，則修道也。」〔註84〕《太平聖君祕旨》的「神生明」則是指由先天精氣所生化之神再昇華的心理狀態，是修煉「守一」自然而然達到的境界。二者都點明「神」乃至「神明」幾不由主觀意識而來，然意識可以歸於安靜，使「神」能留居身體，進而達到「神明」。

另一方面，我們注意到，六朝仙道所談身中之神已超出醫家所言的生命活動展現，像前引《太平經・令人壽治平法》的「神」是來源於天的神祕之氣；《太清境黃庭經》的「神」則是經過修煉提昇，能延長壽命、與天地呼應的高級之氣。若再從《太平經・令人壽治平法》的「尊神」來說，則「神」隱隱然有鬼神、神靈之義。這是道教從宗教的角度來解讀的「神」。

〔註82〕 以上，《荀子集釋》，P.7、181。
〔註83〕 （南朝梁）陶弘景注：《鬼谷子・本經陰符七篇》（臺北：臺灣商務印書館，1989）卷下，P.57。
〔註84〕 《太上老君內觀經》，《正統道藏・洞神部・本文類》冊19，P.86-2。

「神」之一字從示、申聲，本來即是具有大威力的神靈之義。此義於秦漢典籍亦多見，略舉數例如下：《禮記‧祭法》云：「山林、川谷、丘陵能出雲為風雨，見怪物，皆曰神。」〔註85〕此最接近原始民族對「神」之看法，亦即「神」是自然界未明、不可測又確實影響生活的力量。《左傳‧莊公三十二年》言：「神，聰明正直而壹者也。」〔註86〕謂神靈是超於人類之上，具有高尚品格與智慧的存在。《說文解字‧示部》言：「神，天神引出萬物者也。」〔註87〕明確說神就是天上的神靈，「引出萬物」則有化育萬物的意涵。倒是《大戴禮記‧曾子天圓》所言：「陽之精氣曰神，陰之精氣曰靈。」〔註88〕把精氣與神靈聯繫了起來，顯然受到漢代氣論釋物的影響，可說是以氣釋神之先驅。而「神」作為生命之本體，又與神靈之意義相勾連者，亦不待道教才有如此看法，請看《左傳‧昭公七年》：「人生始化曰魄，既生魄，陽曰魂。用物精多，則魂魄強，是以有精爽至於神明。」〔註89〕生時飲食呼吸所取用之「精」若充足，則魂魄能量較強，因此能於死後達到「神明」的狀態。這裡的「神明」近於鬼神之義。而《淮南子‧詮言訓》論到祭祀死亡之人主：

> 萬乘之主卒，葬其骸於廣野之中，祀其鬼神於明堂之上，神貴於形也。神貴於形也，故神制則形從，形勝則神窮。聰明雖用，必反諸神，謂之太沖。〔註90〕

與形對舉之神當然是生命活動的展現；而祀鬼神於明堂之上，則神已成為神靈。〈詮言訓〉之說論證神貴於形，恰好也說明了在中國傳統思想中，相信身體中的「神」與神靈具有轉換或相通的可能。由上述論據，即知道教視身中之「神」為神靈義，亦有民間信仰的來源。

相較於「生命活動之展現」這一意義的「神」，六朝道經中更常見到把身中之「神」視為神靈的論述，如《太平經‧錄身正神法》所謂：

> 故人乃道之根柄，神之長也。當知其意，善自持養之，可得壽老。不善養身，為諸神所咎。神叛人去，身安得善乎？為善不敢失繩纏，不敢自欺。為善亦神自知之，惡亦神自知之。非為他神，乃身中神也。

〔註85〕《重刊宋本十三經注疏‧禮記注疏》卷46，P.797-2。
〔註86〕《春秋左傳注‧莊公三十二年》，P.252-253。
〔註87〕《說文解字》，P.8上。
〔註88〕高明註釋：《大戴禮記今註今譯》（台北：臺灣商務印書館，1984），P.216。
〔註89〕《春秋左傳注‧昭公七年》，P.1292。
〔註90〕《淮南鴻烈集解‧詮言訓》卷14，P487-488。

這裡可以看到《太平經》對人類存在的重視。人爲（行）道之根柄，地位崇
高，神靈皆來護持。身中所居的善神會審視人之作爲而決定去留人身，若人
不善養身，則神靈離身，身無護持因而遭遇災殃疾患，這並非外在神靈降禍
所致。如此說法可謂周代以來依據自身言行決定禍福的人文精神，重又表現
爲宗教信仰；亦與後來民間所說「舉頭三尺有神明」的說法不無關連。其次，
身中的神靈也可以解釋人的健康狀況，如〈盛身卻災法〉：

> 少年神加，年衰即神減，謂五藏精神也，中內之候也。千二百二十
> 善神爲其使，進退司候，萬神爲其民，皆隨人盛衰，此天地常理。
> 若以神同城而善御之，靜身存神，即病不加也，年壽長矣，神明祐
> 之。故天地立身以靖，守以神，興以道。故人能清靜，抱精神，思
> 慮不失，即凶邪不得入矣。〔註91〕

正常來說，人身中有千二百二十善神，其職責就是維持身體的運作。體內神
靈數目隨人年齡衰老而減少，這是天地間正常的變化。如果意識常保持清靜、
常存念身神，那麼神不離身而佑之，故病邪不能入，身體就能更長久地維持
下去。反之，不能清靜存思，則神靈逐漸離去，凶邪就趁隙入體而傷身。像
「隨年老而精氣漸失」、「不善養生而加速耗傷精氣」、「邪氣傷人乃是趁人精
氣虛弱之時攻入」等都是醫家見解，〈盛身卻災法〉則是以宗教的方式重新詮
解了醫家之說。

三、意志及魂魄

　　心理方面的生命活動，以醫家而言，同屬於身體中的流行。然而，魄、
魂、意、志等心理意識層面如何定義，六朝以前的醫家除了以之與五臟配置
之外，其實論述頗少，大概僅見於《靈樞・本神》：

> 歧伯答曰：天之在我者德也，地之在我者氣也，德流氣薄而生者也。
> 故生之來謂之精；兩精相搏（疑爲搏）謂之神；隨神往來者謂之魂；
> 並精而出入者謂之魄。所以任物者謂之心；心之所憶謂之意；意之
> 所存謂之志；因志而存變謂之思；因思而遠慕謂之慮；因慮而處物
> 謂之智。〔註92〕

〔註91〕以上，《太平經合校》，分別出於〈乙部〉，P.12；〈癸部〉，P.722。
〔註92〕《黃帝內經靈樞譯解・本神》，P.85。亦可見《黃帝針灸甲乙經・精神五臟論
　　　　第一》卷1，P.657。

這裡的順序似有生命發展的前後關係。「天之在我者德也」是先秦子家常有的觀點，依第三章第二節關於「德」之意義的討論，意爲形而上之「道」落實到個體而成爲「個體生命先天稟賦之內在可能性」，德（生命屬性）仍屬形上的，故歸之於天；長養、組成出形下生命的根本、資源、條件便是氣，因此歸之於地。若把德視爲與道、氣、精、神同一範疇者，則「天之在我者德也，地之在我者氣也」即類似天地之氣交合而生萬物與人。有德有氣，合成了生命的原初基礎「精」。兩精相搏意謂父母之精血結合，生出「神」——生命活動的整體展現。魂、魄則像是生命基礎上更細微的表現，從「隨神往來者」、「並精而出入者」看，當亦具有流動特性，是隨著人的生命活動而活動的流體，可是實質內涵仍不清楚。

接下來「所以任物者謂之心」的「任物」是承擔生命——生命會產生意識來承擔其存在；或是以外物爲對象之意——生起意識來處理生活中面對的外物。以下意、志、思、慮、智等階段便是心理活動的不同層面，這些綜合起來大致相當於現今所說的自我意識。《靈樞・本神》描述了生命從基礎活動到複雜抽象思惟的生命活動發展順序，我們注意到，心、意、志、思、慮、智等與前面的德、氣、精、神、魂、魄截成兩套順序，〈本神〉將這些抽象的流體前後排序，隱然有心意識乃順身體中氣、精、魂、魄之脈絡而生成的意味，但沒有具體說明意識活動之「心」是如何形構的。然則醫家對於人之主體意識的理論猶有未明之處，而暫付闕如。

《靈樞・本神》談魂、魄、志、意、神等各有意涵，前面引文說搭配五臟亦具條理，不過翻檢《黃帝內經》、《難經》、《傷寒雜病論》等秦漢醫家典籍，會發現醫家多半將魂、魄與氣、血合言，像《靈樞・經水》：「五藏者，合神氣魂魄而藏之。」〈本藏〉：「五藏者，所以藏精神血氣魂魄者也；六腑者，所以化水穀而行津液者也。」這些魂、魄、志、意之類非實質形體的心理層面，僅知道與氣血的運行相似，皆在身體中流行，如〈本藏〉又云：「人之血氣精神者，所以奉生而周於性命者也。」不論流體有無形質，均是爲了充養生命而周流於全身。由於這些流體同源於氣、緊密牽連，會互相影響。而心理層次的意、志雖屬生命活動中較晚發展出的階段，卻對身體有主導權，〈本藏〉即說：「志意者，所以御精神，收魂魄，適寒溫，和喜怒者也。」〔註93〕志意可以掌控情緒起伏、精神動向與魂魄的出入。是以志意的淫佚失度，則

─────────

〔註93〕以上，《黃帝內經靈樞譯解》，P.154、349。

令精神、魂魄逸散體外而不收，精氣之耗損乃令身體沒有足夠的能量治癒疾病，故《素問・湯液醪醴論》言：「精神不進，志意不治，故病不可愈。今精壞神去，榮衛不可復收。何者？嗜欲無窮，而憂患不止，精氣弛壞，榮泣衛除，故神去之而病不愈也。」〔註94〕此番心對身或心對氣的影響，可與第二章第四節談心氣之工夫論互相參看。

　　又，魂魄在心理層面的功能究竟爲何，於秦漢醫家中不甚明朗，論述反不如秦漢典籍討論爲多。恐怕是因爲醫家的魂魄之說襲自傳統說法，關乎信仰而未可檢證，實際臨床上也難以分別喪失魂、魄之不同，是故重於實際的醫家不談人死之後魂魄的存否或去向，僅考慮魂魄與人的心理精神狀態有關，而暫且不論其所以然。「魂魄」一詞連用的意義與心理意識有關，早見於先秦，如《左傳・昭公二十五年》樂祁言：「心之精爽，是謂魂魄。魂魄去之，何以能久？」〔註95〕意思是說心理活動的高等層次，或是心理意識的精明部分稱爲「魂魄」，若是心神喪失了這個部分，則生命也無法長久持續下去。〔註96〕在中國的傳統觀念下，但凡精神不安的症狀，醫家皆統言魂魄之問題，如《靈樞・淫邪發夢》云：「正邪從外襲內，而未有定舍，反淫於藏，不得定處，與營衛俱行，而與魂魄飛揚，使人臥不得安而喜夢。」是說邪氣襲人而與營衛同在身中流動，便會造成精神上的不安，令魂魄不守於身，所以會多夢。這一方面與傳統所謂夢乃魂魄離體而作之說有關，另一方面也可視爲醫家認爲氣血與精神、魂魄並行的佐證。〈大惑論〉則提到眼睛之運作關乎臟腑的精氣，不僅有偏於生理的營衛之氣，還牽涉到魂魄：

> 目者，五藏六腑之精也，營衛魂魄之所常營也，神氣之所生也，故神勞則魂魄散、志意亂。是故瞳子黑眼法於陰，白眼赤脈法於陽也。故陰陽合傳而精明也。目者，心使也。心者，神之舍也，故神精亂而不轉。卒然見非常處，精神魂魄，散不相得，故曰惑也。〔註97〕

〔註94〕《黃帝內經素問譯解・湯液醪醴論》，P.114。

〔註95〕《春秋左傳注・昭公二十五年》，P.1456。

〔註96〕杜正勝的看法是：「大概在春秋末年以前，魂魄是不太分的，它們可能同質而異名，都用來描述人體之內超乎感官和心之上的存在，本質都屬於『氣』，是可以貫通生死分界的一種存在。」見氏撰：〈形體、精氣與魂魄：中國傳統對「人」認識的形成〉，收入黃應貴主編：《人觀、意義與社會》（台北：中央研究院民族學研究所，1993），P.65。

〔註97〕以上，《黃帝內經靈樞譯解》，P.330、603-604。

眼睛之所以關乎心理意識，是因爲心理意識的功用之一就是爲了處理外物，而眼睛正是面對外物而處理資訊量最多的一個感官。營衛魂魄等身心的營養、能量都會用於眼睛，是以用眼過度則勞神；抑或猝然見到非常之物事也會驚擾魂魄而造成眼睛運作功能不全，兩者皆令眼睛昏眩。以上所舉，皆是魂魄合用而不加區別。

即便到了六朝時期的醫家，魂魄的實質意涵也依舊含糊，譬如（晉）王叔和撰《脈經‧心手少陰經病證第三》提到魂魄不安的原因：

> 邪哭使魂魄不安者，血氣少也。血氣少者，屬於心。心氣虛者，其人即畏，合目欲眠；夢遠行，而精神離散，魂魄妄行。陰氣衰者即爲癲，陽氣衰者即爲狂。五藏者魂魄之宅舍，精神之所依託也。魂魄飛揚者，其五藏空虛也，即邪神居之，神靈所使，鬼而下之。脈短而微，其藏不足，則魂魄不安。魂屬於肝，魄屬於肺。肺主津液即爲涕泣，肺氣衰者，即爲泣出。肝氣衰者，魂不安，肝主善怒其聲呼。〔註98〕

血氣少使魂魄不安，乃由於心氣空虛，使得精神離散、魂魄妄行，類似身體的營養能量不足，則心理意識的運作也就薄弱不安。另外亦可解釋說，因五臟空虛、魂魄飛揚，則給予外來邪靈入侵身體的可趁之機，身體中既有其他外來的精神能量，便使得人的心理意識混亂而行爲異常。再者，魂、魄在這裡又通肝、肺之氣，魂魄離散與肝氣、肺氣衰竭互爲因果，因而導致好涕泣或好怒號的症狀。三種說法都相互關聯，共通處是心理與生理互相影響，氣血與精神相互依存。然而三種說法並列而未統合，可見醫家看待精神疾病的成因尚含推論、揣測的意味。醫家看待魂、魄，除了屬於五臟所藏的二種神氣，相較於神、精、意、志，仍舊是神祕未明的生命成分，僅知道其存亡反映了心理意識之狀態是否安穩。

吸收了醫家的觀點，南北朝末所出的《太上三十六部尊經‧太清境眞一經》自行建立一套體系，重新定義身體中的流行如下：

> 眞一之氣因道而生，受氣而生，受氣而成，而謂之命。自眞一稟形，能全其性，性命之動，皆主乎心。心若有所思，則謂之意。意之運動，有所思慮，而謂之志。思慮以至成事而無不固者，謂之智。智

〔註98〕（晉）王叔和撰：《脈經‧心手少陰經病證第三》（香港：商務印書館，1961）卷 6，P.89-90。

> 周萬物，謂之慮。動以營身，謂之魂。靜以鎮身，謂之魄。流行骨
> 肉，謂之血。保形養神集氣，謂之精。神和而悅，氣清而快，謂之
> 和。神集氣而後有所營護，總括百骸，謂之身。眾象備見，謂之形。
> 塊然不動，謂之質。形貌可則，謂之體。小大有分，謂之軀。眾思
> 不得，謂之神。漠然變化，謂之靈。氣來入身，謂之生，氣去于形，
> 謂之死。所以通生，謂之道。〔註99〕

以「命」替換了《靈樞・本神》的「德」。相較於「德」之周普萬物，言「命」
者，更強調萬物之殊異。於是能否修煉仙道、修煉能否有成，都要看人所受
之氣的內涵而定。同為南北朝所出的《太上老君內觀經》顯然採用《太清境
真一經》敘述的同一來源而另成一派說法：

> 從道受分，謂之命；自一稟形，謂之性。所以任物，謂之心。心有
> 所憶，謂之意。意之所出，謂之志。事無不知，謂之智。智周萬物，
> 謂之慧。動而營身，謂之魂。靜而鎮形，謂之魄。流行骨肉，謂之
> 血。保神養炁，謂之精。炁清而駃，謂之榮。炁濁而遲，謂之衛。
> 總括百神，謂之身。萬象備見，謂之形。塊然有閡，謂之質。狀貌
> 可則，謂之體，大小有分，謂之軀。眾思不測，謂之神。邈然應化，
> 謂之靈。氣來入身，謂之生。神去於身，謂之死。〔註100〕

其言命、性：「從道受分，謂之命；自一稟形，謂之性。」更為注重「命」、「性」
對生來即已設定的影響力，或許也意味著唐宋內丹學中性命雙修觀念自此逐
漸興起。有趣的是，唐宋內丹學言命功乃是修煉形軀，性功乃是修養心神，
是把性歸為抽象的、心理的，命歸為具體的、生理的，其分別恰好與《內觀
經》相反——命是「從道受分」，較偏抽象、形上；性是「自一稟形」，較偏
具體、形下。

　　其次，《太清境真一經》打破生命從身至心發展的先後次序，直接先談心、
意、志，且主張「性命之動，皆主乎心」，與道教後來認為心之意、志活動是
修煉的關鍵，比之醫家似更加強調意、志影響生命的地位。尤其《太清境真
一經》尚把原本《靈樞・本神》描述心理運作的慮、智：「因思而遠慕，謂之
慮；因慮而處物，謂之智。」講成心理狀況的圓滿：「思慮以至成事而無不固

〔註99〕　《太上三十六部尊經・太清境真一經》，《正統道藏・洞真部・本文類》冊2，
　　　　　P.72-1。
〔註100〕　《太上老君內觀經》，《正統道藏・洞神部・本文類》冊19，P.86-1至86-2。

者，謂之智。智周萬物，謂之慮。」從《太清境眞一經》的行文，可知「慮」、「智」必由心之「意」、「志」發展而來，是給予心理之發展成就極高的評價，只不過意識之「心」從何而來，依然缺乏清楚解釋。

再看《內觀經》的說法，似乎僅有些微改變，不過其中理路卻大爲不同：「事無不知，謂之智。智周萬物，謂之慧。」略去了思、慮等心理層次，代之以智、慧來表達通達萬物的境界，令人想到《大學》「物有本末，事有終始，知所先後，則近道矣」或《中庸》「至誠之道，可以前知」的神明之「知」，乃至佛教中言一切智、道種智等用「智」以稱呼對於世、出世間的大覺大悟。根據《內觀經》的行文脈絡，「智」、「慧」未必與心之「意」、「志」有所關連。前文已知《內觀經》之「識神」並非主宰身中神的腦神「泥丸君」，卻是泥丸君所「照生」，則所謂自我意識應該是由腦神活動所映現，解釋了「心」意識的來由。而此心是否清靜合道決定了人之禍福。《內觀經》遵循道家之說，反對感官追求，吸收了主張相近的佛教觀點，認爲意識是離道乃至煩惱之惡因：

> 所以流浪生死，沉淪惡道，皆由心也。妄想憎愛，取捨去來，染著聚結，漸自纏繞，輾轉繫縛，不能解脫，便至滅亡。猶如牛馬，引重趨泥，轉增陷沒，不能自出，遂至於死，人亦如是。始生之時，神元清靜，湛然無雜，既受納有形，形染六情，眼則貪色，耳則殢聲，口則耽味，鼻則受馨，意隨健羨，身欲肥輕，從此流浪，莫能自悟。

因爲心所妄想的各種念頭纏縛生命，讓自我不得解脫。這些妄想從何而來？就是在形軀之中受眼、耳、口、鼻、意、身等感官影響，而產生對外物感受好惡的欲望。經言「始生之時，神元清靜，湛然無雜，既受納有形，形染六情」顯然分出了由道所來、先天無雜之神元（泥丸君），與落於形下而來的後天處事之心（識神），故僅知使用後天主觀意識的話，必不能臻於通達萬物之智慧。其對治之法從改變觀念下手，類似佛教思惟義理：

> 所以內觀六識，因起六欲。識從何起？識自欲起。欲從何起？欲自識起。妄想顛倒，而生有識，亦曰自然，又名無爲，本來虛靜，元無有識。有識分別，起識邪見，邪見既興，盡是煩惱，展轉纏縛，流浪生死，永失於道矣！〔註101〕

〔註101〕以上，《太上老君內觀經》，《正統道藏・洞神部・本文類》冊 19，P.85-2 至 86-1；86-2 至 87-1。

意識爲逐欲而起，而欲望則因自我意識而生起，二者輾轉相生，是心理運作功能上的反饋循環。要打破後天意識爲實有主體的妄想，了悟到心本來虛靜，實相上並沒有那些貪著之欲、取捨之識的存在；若能熄滅後天識神之執著，則識神將只是純粹虛靜之心所映照的神明狀態，也就不會生起追逐外物的邪見了。這是徹底捨離後天意識的運作，令生命活動歸於自然、無爲，是一套與六朝仙道不甚同路，而向道家與佛教法門靠攏的修煉方法。〔註102〕

接下來，道教理論中的魂魄又是如何？相較於《靈樞・本神》「隨神往來者謂之魂」、「並精而出入者謂之魄」這樣只知會隨精、神出入人體，內涵仍嫌模糊的魂魄，道教的魂魄定位似乎稍微清楚一些。《太清境眞一經》乃云「動以營身，謂之魂。靜以鎭身，謂之魄。」《內觀經》說法亦同，如此魂魄則不牽涉心理，跟生命活動較爲有關，魂、魄相當於調控生命活動的樞紐，顯然參考了傳統觀念中魂屬氣、魄屬形的判別，如《禮記・郊特牲》：「魂氣歸於天，形魄歸於地。」〔註103〕主張能夠操控身體使之活動的是魂，維持身體型態的則是魄。〔註104〕但是道教中也有將魂魄聯繫於心理層面者，本章第一節曾引《周易參同契・養性延命章》敘述人體生成：

> 人所稟軀，體本一無。元精雲布，因氣託初。陰陽爲度，魂魄所居。
>
> 陽神日魂，陰神月魄。魂之與魄，互爲室宅。性主處內，立置鄞鄂。
>
> 情主營外，築垣城郭。城郭完全，人物乃安。〔註105〕

所設想的心理結構明顯具有「無→陰陽→魂魄→性情」這樣的發展脈絡，〈養性延命章〉可能認爲，人內在的本性或性格，與外顯的情志或情緒，乃是由先天元精氣化的陰陽之神再轉化而成。

六朝道教對魂魄的見解亦有不一之處，多數傾向於類似鬼神信仰。於南

〔註102〕否定自我意識的理論在世界宗教，特別是密契主義當中並不爲特例，Harold D. Roth 說：「它們包含一個系統地否定、遺忘或者清除個體日常生活中以自我經驗爲基礎之意識內容（知覺、情感、欲望、思考）的過程。這個系統的清除，致使寧靜狀態日益深沉，直到一個人體驗到完全集中的內在一體的意識，它充滿了光明與清澈，不受個體自我束縛。」見氏著；嚴明等譯：《原道：《內業》與道家神祕主義的基礎》（北京：學苑出版社，2009），P.89-90）

〔註103〕《重刊宋本十三經注疏・禮記注疏》卷26，P. P.507-1。

〔註104〕先秦關於魂魄之論述中已透顯出此種思惟，參蕭登福著：《先秦兩漢冥界及神仙思想探原・第一章》（台北：文津出版社，2001），P.9-16。本文僅集中於六朝道、醫而論。魂魄說之詳細討論，可參氏著：《道教與民俗・第七章》（台北：文津出版社，2002）

〔註105〕《周易參同契註》，《正統道藏・太玄部》冊34，P.250-1至250-2。

朝梁陳之際撰成的《太上洞玄靈寶法燭經》乃匯集眾家之作，一經之中便對魂魄有不同詮釋。其述身體中的五主時把魂魄當作管理感受認知的主體：

> 何謂五主？一曰精，主見五色；二曰神，主聞五音；三曰魂，主別善惡；四曰魄，主察清濁；五曰氣，主識痛癢。故形體者，是神魂之屋宅。五臟者，精魂之房室。九竅者，是神氣之門牖。欲人生目視耳聽、鼻息口言、形知痛癢者，皆是精神魂魄氣所爲也。

人體是神魂的屋宅，五臟是精魂的房室，爲秦漢至六朝之通說。從所述精、神、魂、魄、氣用以見色、聞聲、別道德、察清濁、知感受的功能看來，五主即構成意識的感受與判斷。身體之所以能夠活動，是因爲體內有精、神、魂、魄、氣在操控，否則無活動能力，也無感知能力：

> 若其一不存，則愚癡；二不存，則昏惑；三不存，則衰耗；四不存，則百疾生；五不存，則死亡。夫亡者，目不能有所見，耳不能有所聞，鼻不能復息，口不能復言，形不知痛癢，此豈復無耳目鼻口形耶，特是精神魂魄之亡耳。

一旦喪失五主之一，就會大大影響人體的運作，全喪則生命無法維持而死亡。這是將「神者，生之本；形者，生之具」及「神失其守」的看法加以延伸而產生的論述。其中的五主雖各有主持，不過從「一不存…」、「二不存…」可知，仍然未嚴格畫分五主主持的感知屬性，乃泛泛而論。《太上洞玄靈寶法燭經》另論身中三一：

> 人身中有三一者，神、魂、魄也。中央之一，神也，中和之精也，其氣正。左方之一，魂也，純陽之精，其氣清。右方之一，魄也，純陰之精，其氣濁。中央之一，即我神也，道之子也。左右各一，輔相我神，其氣清濁，則其行有善惡。左方之一，日日聞告我爲善，其功德日盛，我得成正道。右方之一，日日教告我惡事，牽我入惡中，我惡日深，淪沒邪城。爲道者若欲明此三一，覺悟善惡，分別邪正，唯當閑身靜意，熟讀諸經，還自思惟，則智慧自生，挫遣五慾，蕩滌六情，行修善積，則功德成就。則右方之一，邪魔羣鬼，悉皆慴伏，不能干我也。〔註106〕

言陰、陽與中和之精氣，承自《老子》與《太平經》。所謂「神」爲道之子，

乃性質不偏不倚、可以修煉仙道的主體之「我」；而魂、魄則各有其偏而影響我神，純陽清氣所化之魂好行善事，純陰濁氣所化之魄好行惡事。二者皆非主體意識，卻都有人格化的特性。修道者要運用智慧判別、抉擇，使魄不能干擾我之修煉。以清陽爲善、濁陰爲惡，乃源自漢代崇陽抑陰的看法，非取自醫家；而分身體三氣爲中、右、左，則類同於印度瑜伽身中具三條最重要的氣脈（Nadi）之說。

上述《太上洞玄靈寶法燭經》的魂魄屬於心理層面，具備人格，有自己的意志，甚至接近身中神靈的概念，已與醫家相去甚遠，當來自於民間信仰。而這樣類似神靈的魂魄定義，其實更爲六朝道教所接受。約編纂於南北朝，摘錄上清眾經以供修煉者修身行道之用的《上清修行經訣》已有所謂三魂七魄，是三魂七魄之說起於六朝也。至於爲何魂爲三、魄爲七？元代俞琰在《席上腐談》曾提出：

> 醫家謂肝屬東方木而藏魂，肺屬西方金而藏魄，道家乃有三魂七魄之說。魂果有三，魄果有七乎？非也，蓋九宮數以三居左：七居右也。〔註107〕

從九宮魔方陣數的排列來解釋，恰好能夠對應。以古人對術數的廣泛應用來說，不無可能。則三魂七魄說雖非醫家觀點，但道教可能借用其五臟的五行方位配置，再疊上河圖洛書的魔方陣而設立了魂魄的數目。

在《上清修行經訣》中，三魂、七魄是生來即有、居於身中又獨立於主觀意識之外，具有自己人格的流動存在。〈拘三魂法〉言三魂名爲胎光、爽靈、幽精，和《太上洞玄靈寶法燭經》告人爲善的「魂」又不太相同：

> 凡月三日、月十三日夕，是此時也，三魂不定，爽靈浮遊，胎光放形，幽精擾喚。其爽靈、胎光、幽精三君，是三魂之神名也。其夕皆棄身遊遨，颷逝本室，或爲他魂外鬼所見留制，或爲魅物所得收錄，或不得還反，離形放質，或犯於外魂，二氣共戰，皆躁競赤子，使爲他念，去來無形，心悲意悶也。學生者皆當拘而留之，使無遊逸矣。〔註108〕

三魂有點接近現今所說的靈體，能影響人的心理意識，不過非身中之善神。

〔註107〕（元）俞琰撰：《席上腐談》卷上，收於《續百子全書》（北京：北京圖書出版社，1998）冊18，P.41-42。

〔註108〕《上清修行經訣》，《正統道藏・洞玄部・玉訣類》冊11，P.411-1。

人人皆有，卻不安於人體，一旦離開本體，就容易爲外在鬼魂所犯，牽連本體——所謂赤子，當即先天本有之心神——於是令人心悲意悶、胡思亂想。凡是修學長生之人都要學習拘留三魂在身，《黃庭內景經・上賭章》亦云：「方寸之中念深藏，…三魂自寧帝書命。」〔註109〕存思精氣藏於心宮，可令身中三魂安寧，如此方可成仙。而三魂在後來《雲笈七籤・魂神部・說魂魄》中，設定得更清晰了：「夫人身有三魂，一名胎光，太清陽和之氣也；一名爽靈，陰氣之變也；一名幽精，陰氣之雜也。」形成之來源各不相同，性質也就不一：

> 第一魂胎光，屬之於天，常欲得人清淨，欲與生人延益壽算。絕穢亂之想，久居人身中，則生道備矣。…第二魂爽靈，屬之於五行，常欲人機謀萬物，搖役百神，多生禍福，災衰刑害之事。…第三魂幽精，屬之於地，常欲人好色嗜慾，穢亂昏暗，耽著睡眠。爽靈欲人生機，生機則心勞，心勞則役百神，役百神則氣散，氣散則太清一氣不居，人將喪矣。幽精欲人合雜，合雜則厚於色慾，厚於色慾則精華竭，精華竭則名生黑簿，鬼錄罪著，死將至矣。〔註110〕

是三魂不待外遊就可遊說人的意識，其中只有胎光來自天上太清陽和之氣，故純爲清淨，亦欲人清淨；來自五行與地者皆屬陰氣，其在意識上引起的作用乃與機心謀慮、嗜欲昏昧有關。〈說魂魄〉的三魂顯然特意配置，用以對應處理人身中的神、氣、精，第一魂胎光因爲近乎先天，故當爲高級的精神層面；關聯氣、精的後二魂則類似受生理與物欲驅動的本我意識。身體受第二、三魂所煽動，致使生命朝向謀慮、嗜欲方面活動，如此人的氣、精就耗竭而夭折。

又，依《上清修行經訣・制七魄法》，七魄名尸狗、伏矢、雀陰、吞賊、蜚毒、除穢、臭肺，乃身中之濁鬼也：

> 月朔、月望、月晦夕，是此時也，七魄流蕩，遊走穢濁，或交通血食，往鬼來魅，或與死尸共相關入，或淫赤子聚姦伐宅，或言人之罪，詣三官、河伯，或變爲魍魎，使人厭魅，或將鬼入身，呼邪殺質。諸殘病生人，皆魄之罪；樂人之死，皆魄之性；欲人之敗，皆

〔註109〕《太上黃庭內景玉經》，《正統道藏・洞玄部・本文類》冊10，P.109-2。

〔註110〕以上，《雲笈七籤・魂神部・說魂魄》卷54，《正統道藏・太玄部》冊37，P.669-2、669-2至670-1。

魄之疾。〔註111〕

三魂只是喜歡向外遊盪，七魄則恨不得人死而能長久離身逍遙，故其流蕩則會主動招致邪魅、淫惑人心爲惡，或前往三官、河伯之所告人罪狀。凡是人之殘病敗死，皆七魄爲之。七魄均屬不利身中之靈體，然而此靈體之由來卻未曾說明。

《雲笈七籤・魂神部・說魂魄》還收羅另一種魂魄的說法：「夫人身有三魂，謂之三命：一主命、一主財祿、一主災衰。一常居本屬宮宿，一居地府五嶽中，一居水府。以本命之日，一魂歸降人身，唯七魄常居不散。若至本命日，一魂歸降，檢行生人，與魄合察衰敗壯健。若三魂循環不絕，則生人安穩無病。」這裡的三魂倒像人身與天地溝通的使者，抑或天地對人身之監察，只有在本命日才歸降巡察。以三魂主管壽命、財祿、災衰這三件人生重大面相來解釋人生之遭遇。相對於三魂，此說認爲七魄乃常居人身不散，七魄雖不離人身，卻同樣具有害人的意圖：「魄者，陰也。常欲得魂不歸，魂若不歸，魄即與鬼通連，魂欲人生，魄欲人死。…三魂絕而不歸，即魄與五鬼爲徒，令人遊夢怪惡，謂之遊魂，身無主矣；令人行事昏亂，耽睡好眠，災患折磨，求添續不可得也。」〔註112〕《雲笈七籤・魂神部・說魂魄》言三魂可動而七魄不動的說法，與《內觀經》之「動以營身，謂之魂。靜以鎮身，謂之魄」的動靜配置一致，不過意義上大不相同。

七魄令人爲惡或擾亂心靈，其說緣由目前難以察究。若翻撿道教中關於「三尸」的說法，就會發現，道經對於七魄的看法，可能與「三尸」互有影響。《抱朴子・微旨》：

> 又言身中有三尸，三尸之爲物，雖無形而實魂靈鬼神之屬也。欲使人早死，此尸當得作鬼，自放縱遊行，享人祭酹。是以每到庚申之日，輒上天白司命，道人所爲過失。〔註113〕

三尸是人體內三種作祟之蟲，亦近乎居於身中之魂魄等靈體。出於魏晉的《太清中黃眞經・食氣玄微章》，其注約出於南北朝，注引《洞神玄訣》曰：「上蟲居上丹田，腦心也，其色白而青，名彭居，使人好嗜慾痴滯」；「中蟲名彭

〔註111〕《上清修行經訣》，《正統道藏・洞玄部・玉訣類》冊11，P.411-2至412-1。
〔註112〕以上，《雲笈七籤・魂神部・說魂魄》卷54，《正統道藏・太玄部》冊37，卷P.670-2至671-1。
〔註113〕《抱朴子內篇校釋・微旨》卷6，P.114。

質，其色白而黃，居中丹田，使人貪財、好喜怒，濁亂眞氣，使三魂不居、七魄流閉」；「下尸其色白而黑，居下丹田，名彭矯，使人愛衣服，耽酒，好色」。〔註114〕與前文談七魄擾亂意識、教人爲惡頗爲類似。《抱朴子・微旨》又認爲，三尸在人身中專窺人罪過，每到庚申日或月望晦朔，便上白天曹司命，述人過失以損人壽命，非常雷同於《上清修行經訣・制七魄法》中的七魄「言人之罪，詣三官、河伯」。

本文發現，三尸與七魄屬於不同的系統，且二者不相混雜，故言七魄爲惡時則無三尸作亂，言三尸爲惡時則無七魄作亂。〔註115〕三尸與七魄擾亂意識、告發人惡這樣的說法未知何者爲先，但二說互相影響卻至爲明顯，均是道教用以解釋人之意識何以會有慾望衝動、低劣惡念，以及身體衰損、壽命夭減的情況。三魂、七魄中僅有一魂爲善，其餘均可能導人爲惡，可說是另一種「人心惟危，道心惟微」的表達形式。據此而論，則禁制三魂七魄或三尸，實乃道教對意識所作之規範，亦可說道教對於教徒道德之要求，除了透過戒律告誡，還經由禁制魂魄、去除三尸來達成。道德的修養在此也轉化爲仙道修煉的成效，如《神仙傳・劉根》言：「必欲長生，先去三尸，三尸去，則意志定，嗜欲除也。」〔註116〕修煉有成則三尸已除、七魄被禁，便能表現出高尚之品格、修道之轉變。道教禁制魂魄之法除了儀式之外，往往要求存思精氣、內守其神，與《禮記・中庸》所提點的「君子戒愼乎其所不睹，恐懼乎其所不聞。莫見乎隱，莫顯乎微，故君子愼其獨也」〔註117〕相比，一爲宗教修煉、一爲儒家工夫，方法雖異而目的、效果差相彷彿。

總之，七魄、三尸均不利於人，人若有戕性傷生之舉，大多可歸罪於七魄，亦即道教將人心理上爲惡、亂性、害生之衝動，解釋爲意志受到身體之中、意識之外的其他心理活動——包括七魄，以及三魂中的後二魂——所影響。然則我們不禁疑惑：認爲身中居住善神尚可想像，爲何會認爲身中住有害性傷生的靈體呢？榮格在《黃金之花的祕密——道教內丹學引論・導論》談精神錯亂、歇斯底里、強迫性神經症及夢遊症等：

〔註114〕《雲笈七籤・三洞經教部・太清中黃眞經》卷 13，《正統道藏・太玄部》冊 37，P.255-1 至 255-2。

〔註115〕《太清中黃眞經・食氣玄微章》之注，言中蟲之害處使七魄流閉，其七魄與三魂並舉，顯然是泛指身體中的心理精神層面，而不言及善惡。

〔註116〕《神仙傳校釋・劉根》卷 8，P.300。

〔註117〕《重刊宋本十三經注疏・禮記注疏》卷 52，P.879-1。

在日常生活裡面，我們也可以發現情念是自主的，它們總是頑強地抵抗人的意志，儘管我們以費盡九牛二虎之力壓抑它們，後者卻反而壓過了自我，強驅使自我臣服在他們的控制之下。這也就難怪當初民看見了這樣的情景時，會認爲他們是中邪入迷，或視爲靈魂喪失所致。

與《雲笈七籤·魂神部·說魂魄》云「三魂絕而不歸，即魄與五鬼爲徒，令人遊夢怪惡，謂之遊魂，身無主矣」相符，正類同於精神疾病的症狀。若然，仙道對魂魄的看法或可援引榮格心理學以參照。榮格認爲意識中的生理欲望、原始衝動或莫名情緒等，是無意識對意識造成之影響：

> 西洋人應該眞實體驗到惡魔之爲幻象有其眞實的一面，而不要老是認爲惡魔僅是種幻象。他應該重新學習辨別這些心靈的力量，而不要用最痛苦的方法，讓他的心境、神經狀態、妄想症等將事情突顯出來之後，才了解他自己並不是自家住宅唯一的主人。他的諸種解體傾向具有心靈的人格性，這是有相對的眞實性的。當它們不被認爲眞實的，結果卻往外投射呈現時，它們反而變成眞的了；當它們與意識產生關聯時（借用宗教的術語，也就是當一種崇拜儀式存在時），它們是半眞的；但當意識本身與其內容疏離時，它們就不再是眞的。〔註118〕

由於無意識浮現於意識，造成意識之解體，其解體出的部分「具有心靈的人格性」，像是三魂七魄或三尸處於人身的情況。這些解體心靈部分也試圖掌握身體，故云「自己並不是自家住宅唯一的主人」，正對應六朝道教對於身體中意志與魂魄掙扎拔河的看法。引文所說的二種處理模式恰好可對應內在修煉的過程：「當它們與意識產生關聯時（借用宗教的術語，也就是當一種崇拜儀式存在時），它們是半眞的」，就是承認或覺察解體的心靈部分，而利用宗教儀式來禁制魂魄；當內修成就，《太上老君內觀經》所謂「本來虛靜，元無有識」，以榮格的話來說，即完成意識與無意識的統合，那麼魂魄這樣的解體心靈部分自然也就「不再是眞的」。對照榮格理論而觀，六朝道教對於魂魄之禁制並不只是宗教儀式，還具有心理治療的意義。承認魂魄之存在其實是正視無意識對於意識造成的心靈解體，正因爲能夠正視且藉由象徵圖象來把握它

〔註118〕以上，《黃金之花的祕密——道教內丹學引論·導論》，P.51、55-56。《氣·流動的身體》亦提及三尸、陰魄等汙濁之神是精神深層的「原意識」（P.201）。

們，其信仰信念在心理上相當於催眠暗示，而可以確實地處理這方面的精神問題。

以下小結本節。在身體的流行之中，醫家有營、衛、血、液、津等分類，並觀察、歸結出詳細的氣血運行系統。相對而言，道教向來少言實質的津、液、血等流體，連氣之營衛亦不分別，像《太上三十六部尊經・太清境眞一經》僅用一句「流行骨肉，謂之血」就帶過；《太上老君內觀經》談到「氣清而駛，謂之榮」、「氣濁而遲，謂之衛」，也只是照抄醫家觀念。而《太清境黃庭經》雖說到五臟精氣的流動，卻幾乎未及於經脈走向。大致可以判定，道教對於身體中的流行，主要還是著重精、氣、神較爲抽象的層次，像前述《太平經》之引文，或《太清境眞一經》所說：「保形養神集氣，謂之精。神和而悅，氣清而快，謂之和。神集氣而後有所營護，總括百骸，謂之身。」或《內觀經》謂：「保神養氣，謂之精。…總括百神，謂之身。」如此說法放在介紹身體流行的脈絡下，彷彿保養神氣是人生於世自然而然應爲的舉動，訓誡道教徒：凡身爲人皆當循此理則。

至於道教忽略血液、經脈等概念，可能因爲醫家的氣血經脈理論過於複雜，讓六朝仙道一時難以化用；可能也由於仙道重在修煉，而修煉的邏輯只求復返生命根源，不需關心平時的氣血狀態，也不必在乎後天的水穀精微如何運化，仙道相信保養與轉化先天本有的氣、精、神，就可以掌握生命令身體不死。本文第五章討論存思、服氣等修煉法，皆只關心氣、精、神的保養、導引，不及於營衛血脈；即使是服食，也鮮少從氣血之角度言其功能，何況辟穀更棄絕了攝取一般的水穀精微，當然更不會注重飲食之氣血運行。凡此，皆可爲道教修練忽略血液、經脈此一觀點之論據。

六朝仙道對「神」的一般定義，指神態、知覺、運動等人身生命活動現象的總稱，與醫家觀點差別不多。六朝道教看待人身，乃稟天地之氣，凝精化神而形成。精在人體中的運作亦說爲氣，此氣與先天之氣定義一狹一寬，略有不同；而精所發生之生命活動總稱爲神。概略言之，精爲生命構成的根本、身中之氣爲生命的運作狀態、神則生命活動之整體表現。高層次的生命活動即是心理狀態，此乃神的另一定義，神藉由氣而能溝通全身、維持與調控身體運作，亦可乘氣而出入人身。與醫家相異者，則是六朝道教之「神」特別注重由先天精氣所來，若涉及心理也是出於自然的清靜狀態，通常不涉及個人主觀的意識。如此的「神」或「神明」方能合於修煉的邏輯，亦即修

煉所運用的精、氣、神都是源於天、合於道者，故能復返於天、道。

　　六朝道教以宗教信仰的眼光來解讀生命，與天地造化同功，神化了生命現象乃至五臟活動的功能。說身中有諸神常在，產生出另一面相的「神」，意義與理性推論的醫家不同。神在人身的數量不定，但道教普遍認爲神常居人身則長生。在其他心理層面的流行中，道教如醫家一般看重意志對於身體的主導性。醫家以爲意志導致之想法、行動會影響人之身心狀態、生活作息，也就會改變氣血、精神之運行。而道教則看重意志決定了人是要走向傷生害命，抑或修煉長生之人生途徑。然而道教對於意識運作是否適合修煉，出現了另一種看法，像《太上老君內觀經》便認爲需要棄絕意識之主導，僅以虛靜的神明之心應對萬物，和先秦道家乃至佛教法門相近。

　　至於魂魄，醫家與道家觀點的相同處在於均認爲與心理狀態有關。醫家可能有限度地參考了宗教信仰對魂魄的解釋，僅認爲魂魄散失令心神不寧。醫家對於魂魄存而不論，可從醫家並未建構明確的魂魄解釋得知，或許亦與臨床上難以驗證有關。道教則從宗教信仰出發，其魂魄觀點詳盡得多，相信魂魄也如身中之神一樣，具有想法、人格，雖然是否出入人身有不同說法，不過會影響意志行善行惡或心理狀態的健康與否，而需要藉由存思加以禁制。另外，六朝道教禁制七魄或三尸，實乃道教對意識所作之道德規範，只是轉成宗教的表現模式。六朝道教對於魂魄之禁制並不只是宗教儀式，藉由魂魄之象徵圖象來把握無意識對於意識造成的解體心靈部分，可能具有心理治療的意義。

　　在下章討論修煉方式時，我們將看到仙道修煉若非需要存思居於身中之「神明」，就是需要清明之「神明」心境，不論何種「神明」之展現，都是仙道理論中修煉應具備的心理或生命特質。如《太上老君內觀經》既談到身中存在神靈，又談到本來虛靜無爲之心，經中言：「人能常清靜其心，則道自來居；道自來居，則神明存身；神明存身，則生不忘也。」〔註119〕依前文所言，經中「神明」即清靜合道的心境，但若解釋爲維持生命的身中神靈，義亦能通。即便是神格化的身中之神，仍意謂著天道賦予人生來即具之性德，生命若連通、發揚本有之性德而修煉，即有可能歸根復命，邁向成仙。

〔註119〕《太上老君內觀經》，《正統道藏・洞神部・本文類》冊 19，P.87-1。

第四節　身體的重要構成

　　由前述章節可以得知，醫家看待身體中的器官乃是以功能、經脈加以連屬的系統，其中六朝醫家最爲重視者，當屬五臟，可以由五臟串連起大部分的生命活動。六朝道教在五臟的觀點上多參考醫家，然而又根據修煉之需要而設置了另外的五臟功能，對於五臟之重要性亦有所更易；還加入了原屬六腑之膽與五臟並列。再者，六朝道教的身體觀發展出另一條脈絡，不是以五臟爲中心，而是以身體中軸爲中心，在此中軸上的器官或部位均受到特別重視。六朝道教身體觀的某些新見解，反而回過頭來影響了醫家之觀點。以下逐一分述仙道身體觀中身體的重要構成。

一、心

　　醫家言心主血脈，《素問・痿論》：「心主身之血脈。」《素問・六節藏象論》：「心者，生之本，神之變也，⋯其充在血脈。」皆指心氣充於血脈，推動血液在經脈內運行的功能，是維繫生命的根本，因爲血液中包含交換、輸送的精氣與濁氣。心臟輸送血液到達全身、掌控血液循環，故《素問・五藏生成篇》：「諸血者皆屬於心。」〔註120〕道教《黃庭內景經・心部章》亦云心的功能是「主適寒熱榮衛和」、「調血理命身不枯」。〔註121〕調節血液輸送全身之外，還點出血液運行提供體溫的調節。但仙道所稱的「心」的功能，顯然還強調「行氣」，除了「調血」外，「理命」之「命」與血對舉，應即指氣。〔註122〕血爲身體中有形之流動載體；氣則爲身體中無形之流動載體，細分則有「榮衛」之別。榮氣又稱營氣，乃消化水穀所得的精微之氣，行於血分之中，輸布全身供給能量；衛氣亦消化水穀所得，較爲粗悍，行於血分之外，敷遍全身抵擋外來病邪。然則心可調節氣血運行，使全身各處都受到滋養，凡是營養能量，不論有形無形，都由心來掌控。仙道清楚心臟輸送血液的功能，但在道教乃至中國傳統的身體觀中，人身不僅是有形之軀，也包含無形的部分，倘若心主血行，那麼理應也主氣行，蓋氣血形質雖別，作爲流動載體則一也。

〔註120〕以上，《黃帝內經素問譯解》，P.337、89、95。

〔註121〕以上，《太上黃庭內景玉經》，《正統道藏・洞玄部・本文類》冊 10，P.108-1、108-2。

〔註122〕傳爲唐代女仙人曹文逸所作〈靈源大道歌〉：「神是性兮氣是命。」（《群仙要語纂集・文逸曹仙姑大道歌》卷下，《正統道藏・正乙部》冊 54，P.707-2）

　　其次，心關聯到神，前文已見《素問・靈蘭秘典論》：「心者，君主之官也，神明出焉。」〈六節藏象論〉亦云「神之變也」，「神」或「神明」在醫家來看，當等於現今所稱的心理活動，包含意識、思惟、情志等，則「心」之範疇大於臟器之心可知。〔註123〕心主神或心藏神，出於中國傳統思想與文化背景，略舉《孟子・告子上》爲例：「心之官則思。」〔註124〕《荀子・解蔽》亦言：「心者，形之君也，而神明之主也，出令而無所受令。」〔註125〕此心主神的觀念，爲中國傳統廣爲接納。何以醫家認爲心主神？《素問・八正神明論》提供一個方向：「血氣者，人之神。」醫家所言廣義之「神」，指人體的生命活動。這是說心推動氣血循行全身，維持了人的生命活動，當然也會包括生命活動中層次較高的精神活動。第二章已論精氣作爲可起作用的神祕有效本原，因而能賦予人思想、情性，則氣血當中蘊含發生精神活動的因素亦可理解。《素問・陰陽應象大論》談到「心主舌…在竅爲舌」〔註126〕，便與心主意識、思維、情志有關，有舌能語是人類最重要的表達方式。《黃庭內景經・心部章》同樣說「外應口舌吐五華」〔註127〕與醫家一致，又額外談到「五華」——乃五臟所生之津液。在醫家而言，心與津液較無干係，仙道此說乃是延伸心爲五臟之主，以及可能指出用意識進行存思時，會令口中生出津液。

　　《素問・靈蘭秘典論》以心作爲君主之官，最爲重要，就是因爲心之系統還涵括了最高等的心理層面。醫家藏象學說認爲，神、魂、魄、意、志等神志雖分屬五臟，但心所主的神能照顧一身之生命活動，其餘四臟的魂、魄、意、志都受心之統轄，故曰心爲君主。此可見《靈樞・邪客》：「心者，五藏六府之大主也，精神之所舍也。其藏堅固，邪弗能容也。容之則心傷，心傷則神去，神去則死矣。」〔註128〕若不能明白臟腑和情志之間的功能與聯繫，

〔註123〕後代醫家如（明）李梴：《醫學入門・臟腑條分》言兩種心一有形一無形，不一不異。其云：「有血肉之心，形如未開蓮花，居肺下肝上是也。有神明之心，神者，氣血所化，生之本也，萬物由之盛長，不著色象，謂有何有，謂無復存，主宰萬事萬物，虛靈不昧者是也，然形神亦恆相同。」（見（清）陳夢雷等編：《古今圖書集成醫部全錄・臟腑門》（北京：人民衛生出版社，1988-1991）卷98，P.134）
〔註124〕《重刊宋本十三經注疏・孟子注疏》卷11，P.204-1。
〔註125〕《荀子集釋・解蔽篇》，P.488。
〔註126〕以上，《黃帝內經素問譯解》，P.226、50。
〔註127〕《太上黃庭內景玉經》，《正統道藏・洞玄部・本文類》冊10，P.108-2。
〔註128〕《黃帝內經靈樞譯解・邪客》，P.494。

胡亂生活，則各器官系統相互聯繫的能量閉塞不通，整體的生命就危殆了。佛家智顗的看法與〈靈蘭秘典論〉相近似，以心為大王，為諸臟腑所護衛，主宰一身行止；「若心行非法，則群僚作亂，互相殘害故，四大不調，諸根暗塞」，因此人如抱患致終，都是因為心行惡法之故。

由於存思或行氣需靠意識，心主神可謂道教中存思修煉之關鍵，《黃庭經》對於心的功能承繼傳統的「心主神明」、「心者，五藏六府之大主也」觀念，並未更易太多，而在此基礎上進一步發揮，主張用心來操作存思。《黃庭經》特別云：

> 心為國主五臟主，意中動靜氣得行，道自持我神明光。（《黃庭外景經·試說章》）
> 心典一體五藏王，動靜念之道德行，清潔善氣自明光。（《黃庭內景經·心典章》）〔註129〕

二處經文均指意念動靜會影響精氣之運行，故以心導引存想，乃可操控身中之氣，令精氣（《內景經》云「道德」）運行，倘若身中無有雜穢，達到意識清明的生命境界，便可內觀到身內明光。

《老子中經》的系統則與《黃庭經》大異，不以心為君主，但言心為太始南極老人。〈第九神仙〉解釋：

> 南極者，一也，仙人之首出也，上上太一也，天之侯王太尉公也。
> 主諸災變國祚吉凶之期，上為熒惑星，下治霍山。人亦有之，在長吳鄉，絳宮，中元里，姓李名尚，字曾子。〔註130〕

心屬火，色赤，故對應熒惑（火星）。中元者，標示心是身體中部，非左側胸腔跳動之心臟。作為臟腑中最上層的器官，稱為仙人之首出，但從敘述中看不出特別重視。經文中心神對應南極老人，還對應熒惑，兩者唯一的共通處是配於南方——仙道視人身上部為南、下部為北，和傳統輿圖的習慣相同——不過熒惑與南極在天象中層級與職掌差異極大，混淆之並無道理。《老子中經》中，南極老人同時也是腦神泥丸君的名號，一名二用，含有將心與腦之功能相通的企圖，詳見下文談腦部分。經文中不曾強調心的決策與神明，推測這

〔註129〕《太上黃庭外景玉經》，《正統道藏·洞玄部·本文類》冊 10，P.115-2；《太上黃庭內景玉經》，《正統道藏·洞玄部·本文類》冊 10，P.111-2。

〔註130〕《雲笈七籤·三洞經教部·老子中經》卷18，《正統道藏·太玄部》冊37，P.301-1。

是表面上襲用傳統藏象與存思之說，而更易體系架構的內涵，心的權限遭到架空而餘名銜。

二、肺與臍

醫家認為肺主氣，《素問・六節藏象論》：「肺者，氣之本。」指肺有主持、調節各臟腑經絡之氣的功能。其中一方面是主呼吸之氣，《素問・陰陽應象大論》：「天氣通於肺。」指天上之清氣和肺的功能相應。第二方面，肺主一身之氣，《素問・五藏生成》云：「諸氣者皆屬於肺。」〔註131〕肺的呼吸如何主氣？《靈樞・邪客》：「五穀入於胃也，其糟粕津液宗氣，分為三隧。故宗氣積於胸中，出於喉嚨，以貫心脈，而行呼吸焉。」肺吸入清氣，清氣又同飲食消化後產生的水穀精氣相結合，在胸中形成宗氣。呼吸會產生一股動力，使宗氣上出喉助肺之呼吸，呼出體內濁氣；又將水穀精微與津液下送全身滋養，灌於心脈助心行氣血，推動人身各處活動。如《靈樞・營氣》所云：「營氣之道，內穀為寶。穀入於胃，乃傳之肺，流溢於中，布散於外，精專者，行於經隧，常營無已，終而復始，是謂天地之紀。故氣從太陰出注手陽明，上行注足陽明，下行至跗上，注大指間，與太陰合；上行抵髀，從脾注心中…」〔註132〕可見精氣周而復始流行循環於經脈中，與自然界循環的現象一致。人體的各種運作都是氣的運行，透過呼吸，肺升降宗氣、出入清濁，其實不只管呼吸空氣，而是主一身之氣。現今醫學定義呼吸，包含肺部進行的氣體交換，與體內組織對血球進行的氣體交換，換言之，其實全身都在呼吸。《素問・靈蘭秘典論》故說「肺者，相傅之官，治節出焉」。《黃庭內景經》亦認為，肺神所主不單肺臟而已，與醫家所稱的肺是整個呼吸系統的觀念相合。《老子中經・第三十七神仙》云「肺為尚書」〔註133〕，可能著眼於肺輔佐心對全身進行治理和調節的作用。

《黃庭內景經・肺部章》提到肺「七元之子主調氣，外應中嶽鼻齊位，」〔註134〕《內經》亦云肺於五官中主鼻，〔註135〕是《黃庭經》對於肺的功能多

〔註131〕以上，《黃帝內經素問譯解》，P.90、57、95。

〔註132〕以上，《黃帝內經靈樞譯解》，P.488、186。

〔註133〕然《釋禪波羅密次第法門》卷8言「肺為司馬」，司馬乃掌武事之官，則頗不可解。或與肺主皮毛，而皮毛乃抵禦風邪的第一道防線有關。

〔註134〕《太上黃庭內景玉經》，《正統道藏・洞玄部・本文類》冊10，P.108-1。

〔註135〕《素問・陰陽應象大論》：「肺主鼻。」《素問・金匱真言論》：「西方白色，入

採納醫家之說。鼻爲氣之出入管道與肺相應，並無疑義。值得注意的是《黃庭經》提到「齊」，即臍也，道教認爲肺與臍也相應，此則是醫家未加以關注，而六朝仙道所獨特發揮處。現今已知胎兒在母親的子宮內成長，是靠著與母體胎盤聯繫的臍帶來供給所需的氧氣和營養，胎盤和臍帶可說是胎兒的消化、呼吸、排泄器官；胎兒時期的肺充滿液體，不能執行氣體交換，是以臍帶在胎兒時期負責呼吸，與肺之系統相應相當合理。肚臍雖非器官，其位置卻與丹田、命門接近，所以仙道對於臍也特別予以重視。

仙道之所以會注意到臍，可以說是出於修煉時對身體感之體察，亦與仙道希望逆反先天的目的密切關聯。此在唐宋內丹學更爲明顯，內丹學講吐納行氣，還主張修煉「胎息」，意在復歸嬰兒，而胎息之操作即與鼻、臍部位密切關聯。北宋末、南宋初道教學者曾慥編撰的《道樞・黃庭篇》所言，可以作爲扼要的胎息之說：

> 神能御氣則鼻不失息，如嬰兒之在胎者也。故胎息者，上至於氣關，下至於氣海，非若口鼻之勞也。眞人之息以踵何也？氣伏於下元，則其息長而遠矣；出於三焦之上，則其息短而促矣。葛眞人曰：靈龜俊鵠，千歲不食者，善息故也。〔註136〕

此即認爲，修煉胎息是不再用口鼻呼吸，氣息沉降氣海、下元（丹田），則氣息綿長。由於醫家也說肺主皮毛，「胎息」有可能是修行者在柔和勻細的呼吸狀態下感到呼吸似乎不在口鼻進行，而與皮膚毛孔的一開一合相聯繫，此又是肺主氣、氣貫全身在仙道修煉的體現。

對於脫離胚胎狀態的人來說，臍僅是身體一個部位，連器官都不是，可是由於來源與位置的特殊性，在存思法中也神化顯赫。智顗《釋禪波羅密次第法門》卷 8 云「齊中太一君亦人之主柱，天大將軍特進君王，主身內萬二千大神。」原出於《老子中經・第十三神仙》：

> 璿璣者，北斗君也，天之侯王也。主制萬二千神，持人命籍。人亦有之，在臍中，太一君，人之侯王也。柱天大將軍，特進侯也。主

通於肺，開竅於鼻。」（《黃帝內經素問譯解》，P.52、39）《靈樞・五閱五使》：「鼻者，肺之官也。」《靈樞・脈度》：「肺氣通於鼻，肺和則鼻能知臭香矣。」（《黃帝內經靈樞譯解》，P.300、190）

〔註136〕《道樞・黃庭篇》卷 7，《正統道藏・太玄部》冊 35，P.236-2。

身中萬二千神。〔註137〕

《老子中經》以臍爲璿璣北斗君，璿璣一般指北斗前四星，然亦可指北極星，見《後漢書・天文志上》（晉）劉昭注引《星經》：「琁璣者，謂北極星也。」〔註138〕不論是北斗或是北辰，其區域都可以說爲領導眾星運轉之權柄，《老子中經・第十四神仙》也說到：「臍者，人之命也。一名中極，一名太淵，一名崑崙，一名特樞，一名五城。」〔註139〕「中極」、「特樞」之名可證。蓋臍爲人身中央一點，正如北極爲天之中央，眾星皆繞北極而轉，故臍中神象人之主柱，又像大將軍爲君王統領軍隊，主身中萬二千神。

三、肝

醫家言肝與血有關，這點與西醫看法相符。西醫已知肝臟中貯有一升左右的血液，《素問・五藏生成》：「人臥血歸於肝，肝受血而能視。」〔註140〕是說人睡眠時血液會回歸肝臟，若血不得歸於肝則枯乾，血枯者目不得靈動。《靈樞・本神》則云：「肝藏血，血舍魂。」是肝藏血，能調節全身血液分布。肝在五官中開竅於目，《靈樞・脈度》：「肝氣通於目，肝和則目能辨五色矣。」〔註141〕這是因爲肝氣屬木，向外發散，而五官中唯眼睛向外發散，故五官中以目配肝；肝氣不足則眼睛僵直。道教《黃庭內景經・肝部章》：「主諸關鏡聰明始」、「外應眼目日月精」，與醫家意見類似。〈肝氣章〉：「肝氣鬱勃清且長，羅列六腑生三光」及《黃庭外景經・肝之章》：「肝之爲炁修且長，羅列五藏生三光。」〔註142〕，不管是通於五臟還是六腑，都提到肝氣通達則耳目口俱鮮明有光。

其次，《素問・靈蘭秘典論》云：「肝者，將軍之官，謀慮出焉。」所謂「將軍」、「主謀慮」，若從西醫的認知來看，即是指肝的生理功能：解毒、代謝，與身體免疫防禦；肝功能運作良好，人的活力便旺盛。後世醫家所說肝

〔註137〕《雲笈七籤・三洞經教部・老子中經》卷18，《正統道藏・太玄部》冊37，P.303-1。
〔註138〕《新校本後漢書・天文志上》，P.3213。
〔註139〕《雲笈七籤・三洞經教部・老子中經》卷18，《正統道藏・太玄部》冊37，P.303-2。
〔註140〕《黃帝內經素問譯解・五藏生成》，P.95。
〔註141〕以上，《黃帝內經靈樞譯解》，P.88、190。
〔註142〕以上，《太上黃庭內景玉經》，《正統道藏・洞玄部・本文類》冊10，P.108-2、112-1；《太上黃庭外景玉經》，《正統道藏・洞玄部・本文類》冊10，P.115-2。

主疏泄，是從肝在五行中屬木，帶有生長、伸發、蔓延的性質而言，當與代謝有關，只是六朝時醫家似無此說。

至於《黃庭內景經·肝部章》還提到「和制魂魄津液平」、「攝魂還魄永無傾」〔註143〕二句，是肝具有調和陰陽的作用。此點須從《素問·六節藏象論》：「肝者，罷極之本。」〔註144〕來切入。「罷極」古來多解，依劉力紅《思考中醫》的說法，罷極就是物極必反，在四季爲年終轉換到年始，也就是陰陽之極的轉換。〔註145〕肝經在醫家經脈學說中屬厥陰，乃人體六經最內一層，亦可謂陰陽黏合之架構，用五行來解釋，便是水（陰）生木、木生火（陽），木爲水火間的中介。至於魂與魄，《黃庭經》的用法較像單純視之爲流行的精氣，而不像會唆使人爲惡的三魂七魄，但也一樣認爲需要將魂魄留在體內，而這就是存思肝神的功能之一。若根據《禮記·郊特牲》：「魂氣歸於天，形魄歸於地。」〔註146〕《左傳·昭公七年》子產論魂魄「人生始化曰魄，即生魄，陽曰魂」，孔穎達疏：「人之生也，始變化爲形。形之靈者名之曰魄也。既生魄矣，魄內自有陽氣，氣之神者名之曰魂也。…附形之靈爲魄，附氣之神爲魂也。」〔註147〕綜合來看，魄屬形氣爲陰，魂屬神氣爲陽，二者相守爲一是形神相合，人才有生命活動。《黃庭內景經》云肝主「攝魂還魄」，與醫家言人身陰陽靠厥陰經相合並不相悖，厥陰肝經乃負責和制魂魄、使陰陽不離。〔註148〕

《老子中經·第三十七神仙》說「肝爲蘭臺」，蘭臺乃漢代宮中藏書之所；《釋禪波羅密次第法門》卷8則言「肝爲司徒」，司徒掌理教化。兩者的看法與醫家不同，以此官職與處所言肝之功能，其義目前未明。就《老子中經》〈第六神仙〉、〈第七神仙〉所說，肝中之神「老子」與肺中之神「太和」的功能主要是相應天之魂、天之魄，但並未進一步解釋身中魂魄與天上魂魄的意義，

〔註143〕《太上黃庭內景玉經》，《正統道藏·洞玄部·本文類》冊10，P.108-2。附帶一提，〈肝部章〉言「津液平」，推測是因爲肝雖不主水，但肝屬木而水能生木，故若有津液溢濫失控，依五行而論，當傳遞入肝，由肝吸收之。

〔註144〕《黃帝內經素問譯解·六節藏象論》，P.90。

〔註145〕參劉力紅著：《思考中醫：對自然與生命的時間解讀·第三章》（台北：積木文化出版，2005），P.118。

〔註146〕《重刊宋本十三經注疏·禮記注疏》卷26，P. P.507-1。

〔註147〕《重刊宋本十三經注疏·春秋左傳注疏》卷44，P.764-1。

〔註148〕另有「肝藏魂」、「肺藏魄」之說，此屬於五臟藏精氣及五臟主情志的層面，與此處《內景經》論身體精氣之陰陽，是不同的問題。

可以視爲《老子中經》僅在表面上採用了醫家五臟藏神說中「肝藏魂」、「肺藏魄」的配置，卻未有意圖加以發揮，單單作爲自然之道的呈現，常侍於道君（膽神）左右。換句話說，肝與肺如同心的地位一般，三者俱不爲《老子中經》所重。

四、脾與胃

後天之精氣的補充，端賴呼吸與飲食。在醫家看來，二者並非可截然劃分爲呼吸系統與消化系統，如《素問》所論：

> 帝曰：氣口何以獨爲五藏主？岐伯曰：胃者水穀之海，六府之大源也。五味入口，藏於胃，以養五藏氣，氣口亦太陰也。是以五藏六府之氣味，皆出於胃，變見於氣口。故五氣入鼻，藏於心肺，心肺有病而鼻爲之不利也。（〈五藏別論〉）

> 天食人以五氣，地食人以五味。五氣入鼻，藏於心肺，上使五色修明，音聲能彰。五味入口，藏於腸胃，味有所藏，以養五氣，氣和而生，津液相成，神乃自生。（〈六節藏象論〉）

接觸外界的主要的攝取器官，五氣從鼻而入、相應於肺，化爲心肺區域的宗氣；五味從口而入、相應於胃，《素問·經脈別論》：「飲入於胃，游溢精氣，上輸於脾。脾氣散精，上歸於肺，通調水道，下輸膀胱。」〔註149〕食物經胃消化後將精氣傳輸到脾，由脾轉化爲水穀精微，統攝而送至肺，在肺中形成宗氣，借肺之呼吸散布全身，此所謂「養五藏氣」、「味有所藏，以養五氣，氣和而生，津液相成」，維持了正常的生命活動。

飲食運化的過程是脾胃共同完成，醫家往往二者不分，《素問·靈蘭秘典論》便云：「脾胃者，倉廩之官，五味出焉。」言倉廩者，指脾胃如同糧倉供給食物一般，滋養身體；醫家甚至將與消化、吸收、排泄相關的臟腑都括入「倉廩」的範疇，〈六節藏象論〉：「脾、胃、大腸、小腸、三焦、膀胱者，倉廩之本，榮之居也，名曰器，能化糟粕，轉味而入出者也。」蓋有入有出，方爲完整的攝食運化系統。此所以〈經脈別論〉也說脾「通調水道，下輸膀胱」，言脾的運化還包含水的代謝，一方面將精氣化爲津液，另一方面將無用之水液排入膀胱。脾若運化失常，則身體易生痰飲，〈至眞要大論〉曰：「諸

〔註149〕以上，《黃帝內經素問譯解》，P.102、88、189。

淫腫滿,皆屬於脾。」〔註150〕不過,詳加分別的話,胃是「水穀之海」,主腐熟水穀,也就是現今的受納飲食與消化;脾才主運化精微,〈太陰陽明論〉:「四肢皆稟氣於胃而不得至經,必因於脾乃得稟也。」雖然水穀精氣來自於胃,若沒有經過脾之調節,精氣不得入於四肢;也因為脾主身之充養,故亦關連肌肉,〈痿論〉云:「脾主身之肌肉。」〔註151〕就醫家的系統來說,五臟的重要性與基礎性略重於六腑。

智顗言「脾為司空」,未言及胃。司空者,掌水土營建之事,與脾屬土、脾為後天精氣之源,可謂一致。在道教《黃庭內景經·脾部章》來看,脾胃之消化與運化也多半合論:「消穀散氣攝牙齒,是為太倉兩明童。」〈隱藏章〉則說「脾神還歸是胃家」。消化功能好,氣血營衛充沛,自然不會身虛體弱,是以〈脾部章〉言「主調百穀五味香,辟卻虛羸無病傷」、〈脾長章〉言「治人百病消穀糧」〔註152〕。《黃庭經》所認識的脾胃功能,大抵與醫家相同。但《黃庭經》之所以詳於脾而略於胃,也有可能與經中的修行主張不食水穀有關。由於需要辟穀,因此用不著腸胃等六腑的受納、消化功能,只需要脾來運化所服食之精氣。《黃庭經》僅論及五臟和沒有直接參與消化的膽,或可作為此一看法的旁證。〔註153〕

在《黃庭經》的修行理論中,脾乃長生延命不可或缺的存思對象。《黃庭外景經·常存章》:「時念太倉不飢渴」,是存念脾胃所在可助辟穀,其中緣由,見〈顏色章〉云「脾神還歸依大家,藏養靈根不復枯,至於胃管通虛無」,〔註154〕乃是存思脾神,使脾神返還身中;胃通虛無,應是精氣充盈於胃,用食氣取代了一般飲食;辟穀食氣的話,則靈根不枯———一說靈根為舌,指口中津液不竭;或說靈根指生命之本,指養精之丹田能得精氣充養。

存思脾神在《黃庭經》中如此神奇,除了將醫家所言脾之功能放大引申,也與《黃庭經》的「黃庭」信仰有關。脾所在的位置可能就是黃庭,因脾在五行中屬土,土色為黃,《黃庭外景經·脾中章》講得最為清楚:

〔註150〕以上,《黃帝內經素問譯解》,P.77、90、189、662。
〔註151〕以上,《黃帝內經素問譯解》,P.246、337。
〔註152〕以上,《太上黃庭內景玉經》,《正統道藏·洞玄部·本文類》冊10,P.108-2、
　　　　112-1、108-2、109-1。
〔註153〕見龔鵬程著:《道教新論(二集)·黃庭經論》,P.135。
〔註154〕以上,《太上黃庭外景玉經》,《正統道藏·洞玄部·本文類》冊10,P.114-2、
　　　　116-1。

脾中之神遊中宮，朝會五神和三光，上合天氣及明堂，通利六府調

五行。金木水火土爲王，通利血脈汗爲漿。〔註155〕

即主張土能調和五行，故脾神爲五臟中的五行之首。且脾位在人身中央，位
置獨具意義，故《黃庭內景經》也云：

脾長一尺掩太倉，中部老君治明堂。（〈脾長章〉）

黃衣紫帶虎龍章，長精益命賴君王。（〈脾長章〉）

萬神方胙壽有餘，是爲脾建在中宮。（〈隱藏章〉）〔註156〕

這其中只有一句說到脾爲君王，另外則多把脾說成是明堂、中宮，顯然《內
景經》偏向把脾作爲靜態的存在。明堂、中宮二處都是治理國事的帝王所在，
表示脾對於生命來說，是相當於朝廷所在的功能，有如醫家所說，脾主運化
精微，由脾將水穀精微分配到身體各處，《內景經》則認爲身中之神在此裁決
生命活動之輕重緩急。宋代《道樞・黃庭篇》直言：「脾者，橫津也。脾長一
尺，橫津長三寸有六分，在心之下，謂之黃庭之府焉。」〔註157〕直接將脾看
作是《黃庭經》中最爲重要的存思之處。此說不無可能，不過，「黃庭」之「庭」
字點出一處空間，故也許指脾所在的身體中央位置，未必定要鎖死在臟器之
脾上。關於此點，下文談及丹田時猶有可論。

當然，《黃庭經》這樣的講法，會在其理論中立出二王──心與脾，究竟
何者才是主？這固然可能是《黃庭經》系統不明朗甚或未曾統一，若仔細比
較心與脾於存思中的功能，二者實不扞格，甚且密切相應：心之重要性在於
能思能想的心意識，所謂「意中動靜氣得行」、「動靜念之道德行」，著重在其
進行存思之主體性；而脾之重要性在於它是最重要的存想對象，在經中偏於
靜態，故多以朝廷之建築如「中宮」、「明堂」來稱呼。此約略能看出心爲能
思，而脾爲所思之分別也。若不強作解人，但謂心、脾二者並爲《黃庭經》
的身體觀中最爲重視的器官亦可也。

相對於脾在《黃庭經》的重要，胃反而特別爲《老子中經》所特別重視，
甚至將胃的功能整個形象化，《老子中經・第二十神仙》：

胃爲太倉，三皇五帝之廚府也。房心爲天子之宮，諸神皆就太倉中

飲食，故胃爲太倉，日月三道之所行也。又爲大海，中有神龜。神

〔註155〕《太上黃庭外景玉經》，《正統道藏・洞玄部・本文類》冊 10，P.116-1。

〔註156〕《太上黃庭內景玉經》，《正統道藏・洞玄部・本文類》冊 10，P.109-1、112-1。

〔註157〕《道樞・黃庭篇》卷 7，《正統道藏・太玄部》冊 35，P.236-2。

龜上有七星北斗，正在中央。其龜黃色，狀如黃金盤，左右日月照
之。故臍下為地中，中有五嶽四瀆，水泉交通，崑崙弱水，沉沉況
況，玄冥之淵也。日月之行，故天畫日照於地下，萬神皆得其明。
人亦法之，畫日下在臍中，照於丹田，臍中萬神皆得其明也。夜日
在胃中，上照於胸中，萬神行遊嬉戲，相與言語，故令人有夢也。…
夜月在臍中，下照於萬神。畫月在胃中，上照胸中。萬神更相上下，
無有休息。〔註158〕

《老子中經》發揮醫家之說，以「太倉」之名，直言胃是廚府，身中諸神都
在胃中飲食。而胃被稱為「水穀之海」，受納食物不會滿溢，故經中逕說為大
海，又見到人身模擬天地的呈現：神龜之上有北斗七星，指的是臍神，所謂
璿璣北斗君；人體中的日月指腎中精氣，會隨著畫夜升降於胃海上下。〔註159〕
人體中日月的升降方向恰好與真實的天地相反，白畫時日下照丹田、月上照
胸中；夜晚時，日上照胸中、夜下照丹田。隨著日月的升降，身中諸神也隨
之移動，以此表示生命的循環呼應外在畫夜，且運作無有休息，而身中諸神
的行遊嬉戲言語，則形成人的夢境。

　　《老子中經》特別重視胃，自與其存思之法有關。身中諸神眾多，宜存
思最主要的一位以為綱領，此即身中與道合一之真吾，〈第三十七神仙〉：「萬
道眾多，但存一念子丹耳。…子丹者，吾也。吾者，正己身也。道畢此矣。」
此真吾住於身中何處？太倉胃管（脘、脯）者，「太子之府也，吾之舍也」。
真吾子丹說為太子，取將來踐祚之義：現今尚非成仙，但具有成仙的潛力、
資格，一旦功德圓滿則升為神仙。〈第十二神仙〉所言更詳：

吾者，道子之也。人亦有之，非獨吾也。正在太倉胃管中，正南面
坐，珠玉床上黃雲華蓋覆之，衣五絲珠衣。母在其右上，抱而養之；
父在其左上，教而護之。故父曰陵陽，字子明；母曰太陰，字玄光
玉女。己身為元陽，字子丹。真人字仲黃，真吾之師也，常教吾神
仙長生之道，常侍吾左右，休舍太倉，在脾中與黃裳子共宿衛吾，

〔註158〕《雲笈七籤・三洞經教部・老子中經》卷18，《正統道藏・太玄部》冊37，
　　　　P.306-1。
〔註159〕《老子中經・第十神仙》：「日月者，…人亦有之，兩腎是也。…為日月之精，
　　　　虛無之氣，人之根也。」《老子中經・第三十七神仙》：「胃為上海，日月之所
　　　　宿也；臍為下海，日月更相上下至胃中。」分見《雲笈七籤・三洞經教部・
　　　　老子中經》卷18，《正統道藏・太玄部》冊37，P.301-2、314-1。

給事神所當得，主致行廚。故常思眞人子丹正在太倉胃館中，正南

面坐，食黃精赤氣，飲服醴泉。

言眞吾己身爲元陽，即知眞吾就是先天元精的神格化；字子丹者，子則嬰兒之謂，丹乃金丹之喻。談存思修煉的道經中常見「子丹」，只是各家主張子丹居所不同，《黃庭外景經・明堂章》則說：「明堂四達法海源，眞人子丹當吾前。」〔註160〕是《黃庭經》之子丹居於黃庭。眞人子丹是存思修煉所要成就的仙胎，修成方能成仙——眞人一詞見於《莊子》、《黃帝內經》，也象徵脫胎換骨才稱得上眞正的人——此種概念可謂後世內丹學「元神」之濫觴。

《老子中經》稱身中神有子丹之父、母、師，共教養使其成長。《老子中經》把脾的職官稱爲皇后、貴人、夫人，也許與醫家說臟皆屬陰，而脾者尤爲至陰相關，《素問・金匱眞言論》：「腹爲陰，陰中之至陰，脾也。」〔註161〕在本經的系統中，脾爲子丹之母所居的皇后素女宮，見《老子中經・第十一神仙》：「皇后者，太陰玄光玉女，道之母也。正在脾上中斗中也。衣五色珠衣，黃雲氣華蓋之下坐，主哺養赤子。」〔註162〕脾中之神運化精微，目的就在哺養將來成仙之仙胎。

《老子中經》會視太倉胃管爲眞吾子丹居所，就是看重胃受納與消化的功能，《老子想爾注》注「我欲異於人，而貴食母」中亦如此看：

仙士…但貴食母者，身也，於內爲胃，主五藏氣。俗人食穀，穀絕

便死；仙士有穀食之，無則食氣；氣歸胃，即腸重囊也。〔註163〕

胃能受納水穀甚至精氣，有胃運作就得以存活，故以胃爲一身之食母。即便不食一般飲食，仙道認爲身體所採之精氣同樣會入於胃然後再作運用。因此之故，《老子中經》乾脆設立眞人子丹住於胃中，將醫家所言胃之功能用於修煉，存思眞吾坐於胃中，飲食黃精、赤氣、醴泉，便是以歸存胃中之精氣養育子丹。

《老子中經》不僅模擬了自然現象與政府架構，也將人倫關係用進其存思之法；〔註164〕而且於五臟六腑中重視胃，這是該部道經獨特的身神體系，

〔註160〕《太上黃庭外景玉經》，《正統道藏・洞玄部・本文類》冊10，P.114-1。

〔註161〕《黃帝內經素問譯解・金匱眞言論》，P.38。

〔註162〕以上，《雲笈七籤・三洞經教部・老子中經》卷18，《正統道藏・太玄部》冊37，P.302-2。

〔註163〕《老子想爾注校箋》，P.28。

〔註164〕前文所見《周易參同契・姹女黃芽章》雖言「肝青爲父，肺白爲母，心赤爲

未見於其他存思修煉的道經。

五、腎

　　腎於五行中屬水，故亦主水，調理津液的代謝，《素問·逆調論》：「夫水者，循津液而流也，腎者，水藏，主津液。」〔註165〕與西醫的看法相去不遠。《靈樞·脈度》：「腎氣通於耳，腎和則耳能聞五音矣。」〔註166〕腎在五官中外應於耳的道理在於，耳朵一方面象腎之形，而耳乃收納聲音不向外散發，與腎主藏精收攝較爲一致。醫家向來認爲，腎氣不足的人容易耳鳴、耳背。道教《黃庭內景經·腎部章》也云「主諸六府九液源，外應兩耳百液津」〔註167〕，凡體內臟腑經脈中的津液都源於腎，由腎滋生出九竅的津液。

　　然而，腎眞正爲醫家與仙道所關注的，乃在其爲先天之本，也就是藏精所在，腎所藏之精維持人體生命和生長發育。前文已見《素問·六節藏象論》言：「腎者主蟄，封藏之本，精之處也。」腎所藏的精有先天之精，《素問·上古天眞論》稱爲「天癸」，先天稟賦之精是構成生命的基本，人一生的生長壯老已都與腎的運作（腎氣）有關；另外，腎中所藏還包括後天之精，就是人服食水穀化生的精氣，若臟腑中精氣有餘便藏於腎，《素問·上古天眞論》：「腎者主水，受五藏六府之精而藏之，故五藏盛乃能瀉。」〔註168〕

　　《黃庭經》論腎同樣強調腎之作用主要在收藏精氣以延壽命，如《黃庭內景經·經歷章》云：「兩腎之神主延壽，轉降適斗藏初九。」初九取於易爻，指陽氣初起，陽氣動則導之下降，令藏於腎。腎既藏先天精氣，人之壽命長短就取決於此。道教中斗君神主壽命生死，以喻腎主壽命。《黃庭外景經·循護章》則云：「伏於太陰成其形，五藏之主腎爲精。出入二烝入黃庭，呼吸虛無見吾形，強我筋骨血脈成。」〔註169〕從《外景經》看來，腎雖主精，但養精行氣之處，仍在黃庭。腎藏先天之精，故爾能決定人之壽夭；若對應於天

　　　　女，腎黑爲子，子五行始，脾黃爲祖。」只是表明五臟有五行相生的次序關
　　　　係，並非眞的有人倫系統。
〔註165〕《黃帝內經素問譯解·逆調論》，P.272。
〔註166〕《黃帝內經靈樞譯解·脈度》，P.190。
〔註167〕《太上黃庭內景玉經》，《正統道藏·洞玄部·本文類》冊10，P.108-2。
〔註168〕《黃帝內經素問譯解·上古天眞論》，P.8。
〔註169〕以上，《太上黃庭內景玉經》，《正統道藏·洞玄部·本文類》冊10，P.111-2；
　　　　《太上黃庭外景玉經》，《正統道藏·洞玄部·本文類》冊10，P.116-2。

上的行政架構，就相當於司命。智顗《釋禪波羅密次第法門》卷8：「（腎）左為司命，右為司錄，主錄人命。」乃襲用《老子中經・第十二神仙》的說法：

> 日月者，天之司徒、司空公也。主司天子人君之罪過，使太白辰星，
> 下治華陰恒山。人亦有之，兩腎是也。…兩腎各有三人，凡有六人：
> 左為司命，右為司錄，左為司隸校尉，右為延尉卿，主記人罪過，
> 上奏皇天上帝太上道君。兆常存之，令削去死籍，著某長生。〔註170〕

不過，《老子中經》中的腎神非能延壽，相反的，乃相通於天上之日月，如日月司人君之罪過，腎神則記錄眾人之罪過，上奏於天而扣減人壽；故須常存念之，方使腎神聽己心意，削去死籍而長生。延壽與減壽都是對於生命長短的影響，呈現的是主宰生命之神一體兩面的看法。

約出於東晉的《洞真高上玉帝大洞雌一玉檢五老寶經》，為上清派三奇之一，經中〈太一帝君洞真玄經存五神法〉云：「中央司命君者，或曰制命丈人，主生年之本命，攝壽夭之簡札。」又言司命所居：

> 白日治幽極宮通御陰房，出入神廬兩門中；夕治在玄室地戶之中，
> 幽宮之下，六合宮之上一界中耳。陰房者，是鼻之兩孔中也。司命
> 出入，當由鼻孔，不兩眉間也。夕在玄室為玉莖之中，地戶亦為陰
> 囊中也；若女子存之，令在陰門之內北極中。〔註171〕

則把原為腎神的司命移到生殖器官中，令其主生命發生之義更為顯明。但如此一來，便失卻了五臟對應的關係。這或許是《洞真高上玉帝大洞雌一玉檢五老寶經》一種較為偏頗的異說。

《洞真高上玉帝大洞雌一玉檢五老寶經》提到司命神日間會從鼻孔中出入，象徵呼吸與壽命的連結，有呼吸才存活；不只如此，要是考慮仙道眾多服氣、行氣等修煉方術，便曉得呼吸與延年長生大有關係，《黃庭外景經》二次提到「呼吸廬間入丹田」、「呼噏廬間以自償，保守完堅身受慶」，〔註172〕顯見仙道重視意念專注於吐納呼吸，對於延命的重要性。

呼吸與司命，二者之間還有精氣運行的內在關聯。《黃庭內景精・腎部章》

〔註170〕《雲笈七籤・三洞經教部・老子中經》卷18，《正統道藏・太玄部》冊37，P.301-2。

〔註171〕《洞真高上玉帝大洞雌一玉檢五老寶經・太一帝君洞真玄經存五神法》，《正統道藏・正乙部》冊56，P.174-2至175-1。

〔註172〕分見〈老子章〉、〈宅中章〉，《太上黃庭外景玉經》，《正統道藏・洞玄部・本文類》冊10，P.114-1。

言「中有童子冥上玄」，〔註173〕指下玄（腎）與上玄（心）精氣冥合，《老子中經・第三十七神仙》稱心爲太尉公，與左腎、右腎並列三公，或許暗示心與腎相似的層級。心腎之間氣血的交流，見《老子中經・第五十一神仙》：

> 心爲虛，腎爲元。虛氣以清上爲天，元氣以寧下爲地，入於太淵。故虛氣生爲呼，元氣生爲噓。心爲日，腎爲月，脾爲斗。心氣下，腎氣上，合即爲一，布行四肢，不休息。故心爲血，腎爲氣，合即流行，名曰脈。脈者，魂魄，人之容也。魂魄以去，主人寂寂。故百脈盡即氣絕，氣絕即死矣。是以爲道者，不可不存其神，養其根，益其氣。〔註174〕

元氣指凝而沉之精，位於腎；虛氣，即醫家所言呼吸所入之清氣，在心肺間形成宗氣。照《老子中經》的說法，則精氣上下布行身體四肢，其中實融有腎中元氣；心爲日、腎爲月，一陰一陽，此即前文胃海中的日月也。心腎之氣血行於四肢之通路即是「脈」，「脈者，魂魄，人之容也」這裡是把「魂魄」對應氣血，相當於支持生命的神、形兩方面，一有形、一無形。《老子中經》將吐納呼吸與心腎活動連結在一起，之後南宋《道樞・黃庭篇》卷7更直言心腎之間有氣脈貫通：

> 腎堂者，玄關也。心腎合爲一脈，其白如線，其連如環，其中廣一寸有二分，包一身之精粹，是爲九天眞一靈和之妙氣，至精活命之深根者也。〔註175〕

心腎合爲一脈的區域，大致與奇經八脈的沖脈重疊。言腎藏「九天眞一靈和之妙氣」與《洞眞九丹上化胎精中記經》人受生稟九天之氣可相發。

　　心腎氣脈相通之說，後來在內丹學中更借用了煉丹術的術語，發展爲坎離交濟，腎水、心火成爲修煉內丹之主要材料。後世中醫常言的心腎相交，心陽下降至腎，溫養腎陽，腎陰上升至心，涵養心陰，其說先秦至六朝醫家未有明言，所謂心腎相交當本於仙道修煉而來。〔註176〕從來多是仙道採用醫家觀點，心腎相交卻是仙道影響醫家的一個例子。

〔註173〕《太上黃庭內景玉經》，《正統道藏・洞玄部・本文類》冊10，P.108-2。

〔註174〕《雲笈七籤・三洞經教部・老子中經》卷19，《正統道藏・太玄部》冊37，P.317-2至318-1。

〔註175〕《道樞・黃庭篇》卷7，《正統道藏・太玄部》冊35，P.237-2。

〔註176〕還可參王敏、任偉：〈中醫心腎相交學說與道家內丹術關係的探析〉，《中醫藥學報》39卷5期（2011）。

六、膽

西方醫學認爲，膽不直接參與消化，只是貯存膽汁和輸出膽汁輔助消化，與胃腸等器官不同。醫家將膽歸爲奇恆之腑，也是因爲膽與其他六腑不同，膽雖爲中空器官，卻藏有膽汁，《靈樞・本輸》：「肝合膽，膽者中精之腑。」〔註177〕運作上類腑之瀉而不藏；但又並非直接參與水穀運化或排泄糟粕。關於膽藏膽汁，《黃庭內景經・膽部章》也許化用醫家之說，乃云「膽部之宮六府精」，強調膽是六腑中的重點，提到膽集六腑中之精氣。膽神服色則是「九色錦衣綠華裙，佩金帶玉龍虎文」〔註178〕，言「九色」、「龍虎文」之雜色即表現其雜六腑之精的意涵。

《內景經》特別關注膽，似不因爲膽的輔助消化功能，而強調膽集合精氣產生的膽力。《黃庭內景經・心神章》除五臟神之外，獨獨列出「膽神龍曜字威明」：膽與肝相表裡，因此同具火之屬性，膽神名「龍」「曜」正是木與火相結合，〈膽部章〉：「雷電八振揚玉旌，龍旂橫天擲火鈴」〔註179〕，以屬木之雷電及火光形容膽神勇悍之力量。

膽與肝相表裡，肝主謀慮，相對於肝，《素問・靈蘭秘典論》則言膽爲中正之官、主決斷，似有權衡肝之功能的意味，而且不僅只針對肝，膽腑還負責操控身體諸般狀況，對於調節人體氣血的正常運用、促使臟腑功能互相和諧，有重要作用。若配合膽經之循行路線密集經過頭部，在今日看來其決斷的功能很可能與調節人體生理的延腦或腦內下視丘相應。《黃庭內景經・膽部章》也有類似的說法，但更爲強烈：「主諸氣力攝虎兵，外應眼童（瞳）鼻柱間」、「能存威明集慶雲，役使萬神朝三元」〔註180〕。此種威武的氣勢來自傳統中國對於膽氣壯則勇武、怒則睚眥俱裂的觀點，亦甚爲分明。《內景經》言及膽，但未見於《外景經》，或許存思膽神的部分是《黃庭經》一系的修行理論中較爲遲出者。

醫家言膽於六腑中屬奇恆之腑，雖然特別，但也僅此而已。《黃庭內景經》則重視膽，與五臟並列。前文註腳引過《文子・九守》云「肝主目，腎主耳，脾主舌，肺主鼻，膽主口」、「膽爲雲，肺爲氣，脾爲風，腎爲雨，肝爲雷」

〔註177〕《黃帝內經靈樞譯解・本輸》，P.29。
〔註178〕以上，《太上黃庭內景玉經》，《正統道藏・洞玄部・本文類》冊10，P.109-1。
〔註179〕以上，《太上黃庭內景玉經》，《正統道藏・洞玄部・本文類》冊10，P.109-1。
〔註180〕以上，《太上黃庭內景玉經》，《正統道藏・洞玄部・本文類》冊10，P.109-1。

等語。大約因心主意識之故，而獨立於其他內臟，〈九守〉以肝、腎、脾、肺、膽爲五臟。倘若《文子》確屬先秦道家，則早在《文子・九守》時就已經視膽與五臟並列。如此或可解釋，仙道爲何獨獨於六腑中重視膽。

六朝仙道中，《老子中經》更是將膽的地位大幅提昇，相比於描述心神之簡略，〈第五神仙〉乃大篇幅論述膽神，取代了心君主之官的角色：

> 道君者，一也。皇天上帝中極北辰中央星是也。乃在九天之上，萬丈之巔，太淵紫房宮中，衣五色之衣冠，九德之冠上有太清元氣，雲曜五色，華蓋九重之下，老子、太和侍之左右。姓制皇氏，名上皇德，字漢昌。人亦有之，在紫房宮中華蓋之下，元貴鄉，平樂里，姓陵陽，字子明。…正在紫房宮中，華蓋之下。其妻太陰玄光玉女，衣玄黃五色珠衣，長九分。思之亦長三寸，在太素宮中。

膽神對應天庭中至高的皇天上帝，爲道的化現。〈第三十七神仙〉文末亦云：「『一』，道也，在紫房宮中者，膽也。」〔註181〕紫房象膽之紫色，同時也是帝王之紫色。膽作爲身中之一，其地位超越於五臟之上。另外，膽在身體中的位置大約處於肝、肺之間，在《老子中經》裡也有所對應，說膽神「道君」由肝與肺之神靈「老子」及「太和」夾侍。膽何以在《老子中經》中會提升到如此高的地位？目前所能想到的醫家之說，是《素問・靈蘭秘典論》：「膽者，中正之官，決斷出焉。」〈六節藏象論〉：「凡十一藏，取決於膽也。」〔註182〕即人身臟腑系統的運作中，緩急先後、分工合作，端賴膽之決斷。然尚且不足以說明《老子中經》膽神對應於上帝和道的象徵意義，緣由蓋另有出處。

從膽與臍共用「中極」、「北辰中央星」之名看來，《老子中經》看待臍與膽乃是表裡關係，一爲天子、一爲將軍，一爲眾身神之主、一統身中萬二千神。要注意的是，膽爲天子，卻沒有主管意識。前已知醫家之「決斷」蓋從協調身體系統運作的方面來說，《老子中經》或許也如此看：膽在身體中，類似天子無爲而治。膽之地位雖然重要，也許還及不上胃中眞人子丹對修煉成仙的重要性。膽神與脾神即居於胃館中眞人子丹之父母。就尚未成仙的身體來說，膽爲君王、脾爲皇后，是一身生命之主；但身中諸神主要任務，就是養育眞人子丹，以待來日眞人養成而繼位，意謂著此身成仙，展開新的生命。

〔註181〕《雲笈七籤・三洞經教部・老子中經》卷18，《正統道藏・太玄部》冊37，P.300-1 至 300-2、314-2。
〔註182〕以上，《黃帝內經素問譯解》，P.77、91。

七、腦

　　《素問‧五藏生成》：「諸髓者皆屬于腦。」〔註183〕髓，指脊髓與骨腔內的髓質，都屬於腦。《靈樞》談腦較《素問》為多，如〈海論〉云：「腦為髓之海。」腦為髓海，意即髓之匯聚。髓之功用為何？骨為支撐形體之模架，髓則充填於骨中，醫家可能認為髓乃支持生命活動之模架。〈海論〉後續論述可以為證：「髓海有餘，則輕勁多力，自過其度；髓海不足，則腦轉耳鳴，脛痠眩冒，目無所見，懈怠安臥。」耳鳴、暈眩、目無所見，是頭部的問題，若加上脛痠、懈怠安臥，當可視為無力支持生命，因而生命活動低落。腦髓由何構成？如何充填？〈口問〉：「上氣不足，腦為之不滿，耳為之苦鳴，頭為之苦傾，目為之眩。」便知仍與精氣相關。實際上，腦髓就是精氣所成，〈經脈〉：「人始生，先成精，精成而腦髓生。」由此，腦之生成和腎有密切關係，因為腎是藏精之臟，先天元精生成髓，髓匯集在顱腔內就形成腦；腦髓的生長還有賴後天之精不斷滋養和充實，〈五癃津液別〉云：「五穀之津液，和合而為膏者，內滲入於骨空，補益腦髓。」〔註184〕

　　腦在現代醫學中亦受到重視，人的心理層面，包括情緒、認知、記憶、意識都與腦有關。依醫家之說，腦並不是思考中樞，或是意識所在，這部分劃歸於五臟中的心。但從腦與人的感官、運動有關，中醫當已了解腦協調感知的功能，《素問‧脈要精微論》云：「夫精明者，所以視萬物別白黑，審短長，以長為短，以白為黑。如是則精衰矣。」「精明」指的是目中精光，乃精氣所集，醫家認為眼睛能夠視物端賴精明，而「頭者精明之府，頭傾視深精神將奪矣」〔註185〕，以腦髓精氣不足來解釋兩眼無神、視物不清。但猶以心主神，因為醫家之心非只是單個臟器，五臟既包含生理層次，也包含心理層次；至於腦，先秦至六朝的醫家均未特別關注。

　　相較之下，六朝仙道重視腦的程度遠遠過於當時醫家，而且仙道中都認為腦與意識相聯繫，這是當時仙道獨特提出的見解。

　　六朝仙道以為身中有神，腦部自不例外。早在《洞玄靈寶二十四生圖經》就提到上部第一真為腦神，名覺元子，字道都，見本章第二節。《黃庭外景經》之言較隱晦，〈崑崙章〉提到「崑崙之山不迷誤，蔽以紫宮丹城樓」，崑崙喻

〔註183〕《黃帝內經素問譯解‧五藏生成》，P.95。
〔註184〕以上，《黃帝內經靈樞譯解》，P.281-282、262、104、296。
〔註185〕以上，《黃帝內經素問譯解‧脈要精微論》，P.133。

身體之至高處，當指頭部，〔註186〕而頭部之神居於腦中，如有宮城衛護；〈常存章〉則說「常存玉房神明達」〔註187〕，玉房位置不明，一說指腦；從「不迷誤」、「神明達」來看，《外景經》顯然覺得腦部功能良好，意識便會清楚明白。《黃庭內景經・至道章》擴充言之：「泥丸百節皆有神」，而且頭部之神甚多，除了外部的髮神、眼神、鼻神、耳神、舌神、齒神外，腦部也有九神住於九宮：「一面之神宗泥丸，泥丸九眞皆有房，方圓一寸處此中。」即九宮各有神靈居守。頭部內外諸部皆有神靈管理，表徵頭面掌握身體的各種感知資訊。主管每一方面功能的頭部神靈皆宗主「腦神精根字泥丸」，由於腦神爲頭部九神之主，是以存思時只須存想泥丸即可：「同服紫衣飛羅裳，但思一部壽無窮。」〔註188〕《黃庭外景經》尚未強調腦部之神，《黃庭內景經》雖言存思腦神泥丸，但腦神所管仍限於頭面感官，而感官等運作的功能其實尚賴五臟協調。本文推測，撰作兩部《黃庭經》之時，已經開始流行存思腦部的修煉法（如《洞玄靈寶二十四生圖經》），《內景經》雖納入腦部諸神之名，由其功能未顯、地位未明，便曉得《黃庭經》的系統仍舊以五臟爲主要存思之身神。而唐代梁丘子作註時，腦部九宮之說已爲上清派存思法的主流之一，故註解腦部較原經文詳細許多。〔註189〕

由於不是《黃庭經》所述的重點，《內景經》只說頭部九宮在腦中各間隔方圓一寸。約撰於晉世的《洞眞太上素靈洞元大有妙經》，爲上清派重要的三奇之一，該經乃明確標出九宮的位置：「兩眉間上卻入三分爲守寸雙田，卻入一寸爲明堂宮，卻入二寸爲洞房宮，卻入三寸爲丹田宮（也作泥丸宮），卻入四寸爲流珠宮，卻入五寸爲玉帝宮；明堂上一寸爲天庭宮，洞房上一寸爲極眞宮，丹田上一寸爲玄丹宮，流珠宮上一寸爲太皇宮。凡一頭中有九

〔註186〕梁丘子注《黃庭内景經》「太一流珠安崑崙」引《洞神經》：「頭爲三台君，又爲崑崙，指上丹田也。」（（唐）梁丘子註：《黃庭内景玉經註・若得章》卷中，《正統道藏・洞玄部・玉訣類》冊11，P.211-1）

〔註187〕以上，《太上黃庭外景玉經》，《正統道藏・洞玄部・本文類》冊10，P.115-1、114-2。

〔註188〕以上，《太上黃庭内景玉經》，《正統道藏・洞玄部・本文類》冊10，P.107-2、108-1。

〔註189〕《中國道教科技發展史・南北朝隋唐五代卷》附錄《黃庭内景經》的腦學說和心腦關係〉（參該書P.633-640），認爲《內景經》有兩套存思系統，一爲五臟，以心爲主；一爲腦部，以泥丸爲主。不過，其論腦部之依據多爲梁丘子註，只能表示這是梁丘子理解下的《黃庭内景經》系統，而非原本的《黃庭內景經》系統。

宮也。」〔註190〕把腦部描述爲嚴密的體系，這當然是因爲存思之法需要仔細，不得訛誤，不過，仙道大費周章地設立（或者說是相信）九宮與複雜的頭部諸神，便知道上清一派的存思法以爲腦部是成仙之要。

《內景經・至道章》言腦神名「精根」字「泥丸」，與《老子中經・第八神仙》的說法相合：「泥丸君者，腦神也，乃生於腦，腎根心精之元也。華蓋鄉，蓬萊里，南極老人泥丸君也。」〔註191〕「泥丸」的名稱或來自佛教「涅槃」（Nirvāṇa／Nibbāna）之舊譯「泥洹」，〔註192〕如三國吳・沙門維祇難等譯《法句經・述佛品》卷下曰：

> 佛爲尊貴，斷漏無婬，諸釋中雄，一群從心。快哉福報，所願皆成，
> 敏於上寂，自致泥洹。
>
> 我已無往反，不去而不來，不沒不復生，是際爲泥洹。〔註193〕

「泥洹」乃修行得道，跳脫生死因果、安樂解脫之義。〔註194〕道教轉用於腦神或腦宮之名，想是相對於仙道之成仙，言存思於此可修得不死逍遙。《老子中經・第八神仙》中的腦神地位尚不特出。出於南北朝或晉代的《洞眞太上道君元丹上經》，是進一步闡述《洞眞太上素靈洞元大有妙經》的道經，便將腦中泥丸神描述得玄之又玄：

> 腦宮員虛而適眞，萬毛植立，千孔生煙，德備天地，混同太玄，故
> 名之曰泥丸。泥丸者，體形之上神也。〔註195〕

〔註190〕《洞眞太上素靈洞元大有妙經》，《正統道藏・正乙部》冊56，P.194-2。

〔註191〕《雲笈七籤・三洞經教部・老子中經》卷18，《正統道藏・太玄部》冊37，P.301-1。

〔註192〕參石田秀實著：《氣・流動的身體》，P.68、97。

〔註193〕以上，《大正新脩大藏經》冊4，No.0210，P.567中、573中）

〔註194〕佛教經論中較常釋涅槃義，略舉如下：《阿毘達磨大毘婆沙論・雜蘊第一中愛敬納息》卷32：「問何故擇滅亦名涅槃？答：槃名爲趣，涅名爲出，永出諸趣，故名涅槃。復次，槃名爲臭，涅名爲無，永無臭穢諸煩惱業，故名涅槃。復次，槃名稠林，涅名永離，永離一切三火、三相、諸蘊稠林，故名涅槃。復次，槃名爲織，涅名爲不，此中永無煩惱業縷，不織生死異熟果絹，故名涅槃。」（《大正新脩大藏經》，冊27，No.1545，P.163上-163中）主要言「涅槃」乃出離生死煩惱。《中論・觀涅槃品》卷4：「受諸因緣故，輪轉生死中。不受諸因緣，是名爲涅槃。」（《大正新脩大藏經》，冊30，No.1564，P.35中）則言「涅槃」是跳脫因果輪迴。《妙法蓮華經憂波提舍・方便品》卷下：「唯有如來證大菩提，究竟滿足一切智慧，名大涅槃。」（《大正新脩大藏經》，冊26，No.1519，P.7中）以「涅槃」爲證道成佛之義。

〔註195〕《洞眞太上道君元丹上經》，《正統道藏・正乙部》冊56，P.522-1。

所謂「德備天地，混同太玄」即生命性德全於天地，生命型態合於大道，如此生命在道教來說，豈非等同於佛教之泥洹乎？〔註196〕

《老子中經》除了接收醫家的腦腎關連說之外，還另外藉由「腎根心精之元」把心主神的功能也與過渡給腦。元者，首領、基本、最大也。表示心腎精氣在腦中匯集，精化爲神，成爲精氣之元首。前文與心神相應的南極老人，在此也是泥丸君的名號。如此一來，一方面呼應了前文心腎精氣相交；二方面，若腦與心相通，則仙道以腦主意識便不爲矛盾。腦神泥丸君作爲人體精神意識之代表，當由六朝仙道肇始。由此還可見《老子中經》開始脫離依附醫家五臟藏象的系統，另立仙道存思之法。這又是六朝仙道理論爲了修行所需，有其自己的核心關懷，故而挪用調整醫家說法以合己用的又一著例。

八、丹田

前節討論腎之功能時，提到腎中精氣有出有入，如同呼吸，腎生元氣爲吸，心生虛氣爲呼，呼吸之間，心腎之氣就匯合而行於身中。智顗《釋禪波羅密次第法門》卷8即言：「腎爲大海，中有神龜，呼吸元氣，行風致雨，通氣四支。」將元氣之出入通達四肢，比喻爲天地之風雨灌潤；神龜則說明呼吸元氣之綿長，中國傳統以來認爲龜能長壽，以其息長，《黃庭外景經‧璇璣章》：「送以還丹與玄泉，象龜引炁至靈根。」〔註197〕元氣呼吸的意象，前引《老子中經‧第二十神仙》以胃海中日月出入來描述；《老子中經‧第十二神仙》又云：「（兩腎）爲日月之精，虛無之氣，人之根也。」表明人體中的日月出沒，即腎中精氣上下也。

依《老子中經‧第二十神仙》說胃爲大海、中有神龜，依《釋禪波羅密次第法門》卷8則說腎爲大海、中有神龜。難道兩說不同？原來《釋禪波羅密次第法門》卷8之說本出《老子中經‧第十九神仙》：

> 兩腎間名曰大海，一名弱水。中有神龜，呼吸元氣，流行作爲風雨，
>
> 通氣四支，無不至者。〔註198〕

〔註196〕蕭進銘則以爲泥丸取義與腦部型態及內景有關，如腦漿似泥，有混沌玄同之象；丸可能形容腦宮爲圓形。若從內丹角度看，泥丸或許可理解爲代表人之本體眞性的「黍米珠」或「一點靈光」。其說亦不無道理。參氏撰：〈六朝以前道教丹田說及其修行法研究〉，見《東亞的靜坐傳統》，P.405-406。

〔註197〕《太上黃庭外景玉經》，《正統道藏‧洞玄部‧本文類》冊10，P.115-2。

〔註198〕以上，《雲笈七籤‧三洞經教部‧老子中經》卷18，《正統道藏‧太玄部》冊

可知智顗引用不全，致生誤會，大海不位於腎，實位在二腎之間。前引《老子中經・第二十神仙》即有「故臍下爲地中，中有五嶽四瀆，水泉交通，崑崙弱水，沉沉況況，玄冥之淵也。」《老子中經・第三十七神仙》尚說：「胃爲上海，日月之所宿也；臍爲下海，日月更相上下至胃中。」兩處可證。是《老子中經》認爲身中有地上大海（即胃海）；與地中弱水（即臍下、兩腎之間）。日月爲心腎（或兩腎）之氣在兩處水中循環升降。待得《道樞・黃庭篇》卷7承襲此說，由於不主胃而主腦，遂更易此說：

> 二腎所生，如日月之氣常隨呼吸而出入焉，內灌于生門，上入于泥丸，
>
> 　上下通流如日月之運行，人之動靜呼吸，心宜常存之者也。〔註199〕

二腎所生之精氣隨著呼吸在體內升降，上至腦部泥丸，下至生門，正似日升月落。然則臍下地中之弱水何謂？《洞眞九丹上化胎精中記經》中「九天之炁，則下布丹田，與精合凝，結會命門，要須九過，是爲丹田，上化下凝，以成於人」，即精氣結精以生人的丹田所在。

　丹田位於何處？六朝醫家未言，《素問》、《難經》俱無丹田一詞。〔註200〕後人或以爲即是命門，諸說常引《難經・三十六難》：「腎兩者，非皆腎也，其左者爲腎，右者爲命門。命門者，諸神精之所舍，原氣之所繫也。」〔註201〕以左右分腎與命門，可能與醫家脈法言左尺爲腎陰、右尺爲腎陽（命門）同一來源；〔註202〕但此並非六朝仙道所主張的丹田，也與內丹學之丹田無法對應。蓋仙道以爲切要者，爲人身之中軸，不偏不倚，故所重視的部位如泥丸（丹田宮，兩眉間卻入三寸）、心（絳宮）、脾胃區域（黃庭）、膽（北辰中央星）或後來內丹學關切的衝脈等，無不想像其位於一身中軸之上，而《難經》

37，P.301-2、305-2。

〔註199〕《道樞・黃庭篇》卷7，《正統道藏・太玄部》冊35，P.235-1。

〔註200〕《黃帝針灸甲乙經》：「石門，三焦募也，一名利機，一名精露，一名丹田，一名命門。在臍下二寸，任脈氣所發。」見《黃帝針灸甲乙經・腹自鳩尾循任脈下行至會陰凡十五穴》卷3，P.709。言石門穴別名丹田，大約是針灸之醫者，參考仙道說法而別稱之。

〔註201〕《難經本義新解・三十六難》，P.178。

〔註202〕《脈經・兩手六脈所主五藏六腑陰陽逆順第七》：「脈法讚云：肝心出左，脾肺出右，腎與命門，俱出尺部。…腎部，在左手關後尺中是也，足少陰經也，與足太陽爲表裏，以膀胱合爲府，合於下焦，在關元左。…腎部，在右手關後尺中是也，足少陰經也，與足太陽爲表裏，以膀胱合爲府，合於下焦，在關元右。左屬腎，右爲子戶，名曰三焦。」即知雙手尺部之脈，左爲腎，右爲子戶（命門）。見（晉）王叔和撰：《脈經》（香港：商務印書館，1961）卷1，P.5-6。

所言命門卻非如此，故知仙道對於丹田另有所立。關於丹田位於身體正中的描述，還可參考：

> 上有魂靈下關元，左爲少陽右太陰，後有密户前生門，出日入月呼吸存。
>
> 上有黃庭下關元，後有幽闕前命門。呼吸廬間入丹田，玉池清水灌靈根。〔註203〕

此處術語頗多異說，就連《黃庭經》本身系統也有矛盾。且置各處確切位置不論，仍可知《黃庭經》用上下左右前後來界定丹田的位置。於是，丹田既夾於前後左右上下之中，乃人體中而又中的位置。如是更加證明仙道重視人身中央的觀點。

若然，《難經‧八難》便有仙道所謂丹田之線索：

> 諸十二經脉者，皆係於生氣之原。所謂生氣之原者，謂十二經之根本也，謂腎間動氣也，此五藏六府之本，十二經脈之根，呼吸之門，三焦之原，一名守邪之神。〔註204〕

兩腎之間有精氣萌動，《難經》認爲這是產生精氣的根源，也是臟腑與經脈的根本，又作爲呼吸功能的關鍵，乃是抵禦病邪的樞紐。再考慮到《黃庭內景經‧腎部章》「兩部水王對生門」，此腎間動氣之位置，即是仙道所談之丹田，大致不差。〔註205〕丹田在兩腎之間，於先前《老子中經》說到身中兩處大水時即已暗示過，特用水之意象，實即象徵積聚精氣的處所──胃集後天之氣；臍下、兩腎間存先天之氣。《老子中經‧第十七神仙》則明白點出：

> 丹田者，人之根也，精神之所藏也，五氣之元也。赤子之府，男子以藏精，女子以藏月水，主生子，合和陰陽之門户也。在臍下三寸，附著脊膂，兩腎根也。丹田之中，中赤，左青，右黃，上白，下（應作外）黑，方圓四寸之中，所以在臍下三寸者，言法天地人。天一，地二，人三，時四，故曰四寸，法五行，故有五色。…丹田名藏精宮。〔註206〕

〔註203〕《太上黃庭內景玉經》，《正統道藏‧洞玄部‧本文類》冊10，P.107-1。《太上黃庭外景玉經》，《正統道藏‧洞玄部‧本文類》冊10，P.114-1。

〔註204〕《難經本義新解‧八難》卷上，P.59。

〔註205〕蕭進銘所論丹田位置，與本文相同。參氏撰：〈六朝以前道教丹田說及其修行法研究〉，《東亞的靜坐傳統》，P.385-387。

〔註206〕《雲笈七籤‧三洞經教部‧老子中經》卷18，《正統道藏‧太玄部》冊37，P.305-1。

仙道重視丹田，如同醫家重視腎，可以說醫家視腎爲生命初始、藏精本根，仙道則將之轉移到丹田，是以〈第十七神仙〉云丹田藏精、月水等可以繁衍生殖的生命能量。〔註207〕本章第一節論人體胚胎發育已明瞭，能用以生人者，亦可復反而成嬰兒也。

丹田甚至在人身中，自成一個更小的完整天地——位於臍下三寸法天地人三才，爲宇宙根本三要件；大小爲方圓四寸，則象四時，乃時間的循環；丹田有五色法五行，具有物質基礎或者氣的五種型態。而且五色也呼應五臟，見於《老子中經・第三十五神仙》：

> 丹田中赤者，太陽之精也，心火之氣也。其外黑者，太陰之精也，腎水之氣也。其左青者，少陽之精也，肝木之氣也。其右黃者，中和之精也，脾土之氣也。其上白者，如銀盤而照覆之者，少陰之精也，肺金之氣也。其中有五人，即五藏之太子也，五行之精神也。
>
> 人須得丹田成，乃爲眞人。〔註208〕

在此將丹田部位及形態描述得清楚，是方便存思之用。云丹田中有五臟之太子，則丹田不僅法天地宇宙，亦等於小型的生命模型。此中太陽、太陰、少陽、少陰爲陰陽相搏、程度不等的四象，與火水木金各自搭配，而土爲陰陽平衡混融，故說中和。丹田的五行配置並非以土爲中央，而是考慮到五臟的位置，亦即上方爲肺，左右則有肝、脾。丹田本身的位置是在兩腎中間，已屬身體下方，所以不云下黑中赤，而是外黑內赤，象徵腎水包裹心火，合乎心腎相交的理論。此腎水包覆心火之象，在後來的內丹學，便說腎水中一點心火，即命門之火，以蒸動腎所主管的身中津液；還呼應《周易參同契》中的坎卦，二陰爻包覆一陽爻。《老子中經・第三十五神仙》賦予丹田仙道修煉的關鍵地位，如果要回歸天人合一、修成眞人，則必得成就丹田；名曰「丹田」者，當是謂出生金丹造化之田也。

仙道又有所謂「三丹田」之說，蓋亦兩晉時所提出。《抱朴子・地眞》言守眞一的位置：「一有姓字服色，男長九分，女長六分，或在臍下二寸四分下

〔註207〕《雲笈七籤・諸家氣法・胎息根旨要訣》亦以爲此處是命門：「所謂根本者，正對臍第十九椎，兩脊相夾，脊中空處，膀胱下近脊是也，名曰命蒂，亦曰命門，亦曰命根，亦曰精室，男子以藏精，女子以月水，此則長生氣之根本也。」（《正統道藏・太玄部・雲笈七籤》冊37，卷58，P.717-1）

〔註208〕《雲笈七籤・三洞經教部・老子中經》卷18，《正統道藏・太玄部》冊37，P.313-1。

丹田中，或在心下絳宮金闕中丹田也，或在人兩眉閒，卻行一寸爲明堂，二寸爲洞房，三寸爲上丹田也。」〔註209〕又，《洞眞太上素靈洞元大有妙經‧太上大洞守一內經法》：「兩眉間，上丹田也。心絳宮，中丹田也。臍下三寸，下丹田也。合三丹田也，赤子居上丹田宮，眞人居中丹田宮，嬰兒居下丹田。兩眉間上，卻入一寸爲明堂，卻入二寸爲洞房，卻入三寸爲丹田泥丸宮。卻入者，從面卻往就頂後之背也。」〔註210〕兩眉間卻入三寸丹田宮，是爲上丹田，此較無問題。中丹田有可能是心下金闕（即「黃庭」），抑或是心所在之絳宮，蓋心與脾都爲道經所重，不同系統各有所取。下丹田有說爲臍下三寸，有說二寸四分，大抵取數爲象徵，如三寸者應三才，二寸四分者應二十四眞也。總之，丹田爲一在身體中軸的區域，若是只在體表打轉，則失仙道之旨。

三丹田之說既興，究竟存思或守一要守何處，《抱朴子‧地眞》言三者取一即可，眞一皆同，是較爲素樸的系統；可想像這是將精氣定在身體的中軸上，至於位置在上中下何處，並不強行規定。《洞眞太上素靈洞元大有妙經‧太上大洞守一內經法》則在三丹田各立一神：「上元赤子，居在泥丸宮中華蓋之下。泥丸天帝，上一赤子諱玄凝天，字三元先」、「絳宮心丹田宮中，一元丹皇君處其中，中一丹皇諱神運珠，字子南丹」、「命門下一黃庭元王處此宮中，下元嬰兒諱始明精，字元陽昌」，〔註211〕如此複雜的想法，應該較爲晚出。仙道在人身中軸上之布置，從〈太上大洞守一內經法〉可以觀察到，以上元赤子對應天上元氣，中元眞人對應心神，下元嬰兒對應元精，初步有了氣、神、精的層次。不過，要注意的是，這與唐宋內丹學修煉精氣神的內涵與次序並不相同。

九、綜述

道教雖然掌握人體內臟的大致位置，卻不像西方醫學那樣描摹詳細而具體。道教參考醫家之說，對生理當有一定之了解，只是醫家所重的五臟六腑已然是功能系統，道教理當不會囿於單個的臟器。對於仙道修煉來說，存思所見毋寧較肉眼所看的臟器更爲重要。再者，六朝仙道看待身體中的秩序，乃是對稱平衡、中軸爲重。

〔註209〕《抱朴子內篇校釋‧地眞》，P.296。
〔註210〕《洞眞太上素靈洞元大有妙經》，《正統道藏‧正乙部》冊56，P.200-2至201-1。
〔註211〕《洞眞太上素靈洞元大有妙經》，《正統道藏‧正乙部》冊56，P.201-1至202-1。

　　「中」之概念於中國思想傳統已有之，中國文化裡向來重視「中」位，《周易‧象傳》常以「得中」、「中正」為吉位，如〈需〉：「需有孚，光亨貞吉，位乎天位，以正中也。」〈同人〉：「同人，柔得位得中，而應乎乾，曰同人。…文明以健，中正而應，君子正也。唯君子為能通天下之志。」〔註212〕又以「中」為適宜、適切之義，如《禮記‧中庸》：「喜怒哀樂之未發，謂之中；發而皆中節，謂之和；中也者，天下之大本也；和也者，天下之達道也。致中和，天地位焉，萬物育焉。」〔註213〕更不用提從天人相應觀來看天文，即可見眾星拱辰，運行不息而北辰獨於中央不動，這樣容易聯想至上帝或大道的意象。《莊子‧齊物論》：「彼是莫得其偶，謂之道樞。樞始得其環中，以應無窮。」〔註214〕以環中比喻道為樞紐在無對立處，因此環應四周皆無不可的任運自在。另外，身體之中軸可能也與氣之運行有關，前引《太上洞玄靈寶法燭經》論身中三一：

> 人身中有三一者，神、魂、魄也。中央之一，神也，中和之精也，其氣正。左方之一，魂也，純陽之精，其氣清。右方之一，魄也，純陰之精，其氣濁。中央之一，即我神也，道之子也。左右各一，輔相我神。〔註215〕

陰、陽、中和之精分身體三氣為中、右、左，類同於印度瑜伽身中具三條氣脈（Nadi）之說，而身體中軸又正是心腎之氣相交通所行的奇經八脈之冲脈，為後世內丹學所重。職是，六朝仙道之發展改變了醫家五臟作為人體中心的觀點，更易以腦、心、脾、丹田，貫串起人身的中軸，而且各為上、中、下部之中央，亦是其來有自。〔註216〕

　　至於身體中主要身神之職司與功能，本文用《太上老君內觀經》與上述道經相對照。《太上老君內觀經》約出於南北朝之際，經中納入仙道身體觀重要概念，試圖加以整合，故可以作為六朝仙道獨特身體架構之總結：

〔註212〕以上，《重刊宋本十三經注疏‧周易注疏》卷2，P.32-1、44-2。

〔註213〕《重刊宋本十三經注疏‧禮記注疏》卷52，P.879-1。

〔註214〕《莊子集解‧齊物論》卷2，P.14-15。

〔註215〕《太上洞玄靈寶法燭經》，《正統道藏‧洞玄部‧本文類》冊10，P.510-2。

〔註216〕如《老子中經‧第二十五神仙》已談到人身軀幹上中下三處中心，不過未及於頭部：「太（應作「心」）上神字元光，太一君，…乃天神南極老人元光也，下在人心中」、「心中神字光堅，中太一中極君也，在脾中」、「心下神字玄谷，北極君也，玄光道母也」（《雲笈七籤‧三洞經教部》卷18，《正統道藏‧太玄部‧》冊37，P.308-2）。

太一帝君在頭，曰泥丸君，總眾神也。照生識神，人之魂也。司命
處心，納生元也。無英居左，制三魂也。白元居右，拘七魄也。桃
孩住臍，保精根也。照諸百節，生百神也，所以周身神不空也。元
炁入鼻，灌泥丸也。〔註217〕

無英乃肝神名，白元乃肺神名，在存思的系統中往往見到，層級、居所、功
用略有差異。我們可以看到，醫家的肝藏魂、肺藏魄演變爲肝神制三魂、肺
神拘七魄，此處的魂魄不是五臟之氣，也非只心理層面，而是居於身中擾亂
意識的靈體；不過《內觀經》過渡了醫家五臟藏神說，改其定義以說明存思
肝神、肺神可禁制魂魄的功能。依《洞眞太上素靈洞元大有妙經・太上道君
守元丹上經》所云：「洞房中有三眞，左爲無英公子，右有白元君，中爲黃老
君。三人共治洞房中，此爲飛眞之道。」〔註218〕無英、白元、黃老君三神都
居住在腦中洞房宮，〔註219〕類似將腦部視爲人體的行政中心。各部門雖分列
人體，各有職掌，但主管之神卻都匯集於腦中，偶爾前往身體各處視察。然
則眞正禁制三魂七魄的，並非在臟器之肝或肺，而是腦中的無英公子、白元
君。這意味著仙道可能已經感受到，存想時的意識作用似乎在腦部。

　　總理身中諸神的腦神泥丸君稱太一帝君，相應於天上總管眾神的首領。
所謂「照生識神」，便了解泥丸君尚非我們用以思考憶想的心意識，而是思考
憶想的底層更爲基礎、根源的生命部分，爲了處理生活中遭遇的、作爲認知
對象的事物，顯化爲識神「人之魂」，是廣義的、掌控身心的靈魂，這才是人
的心意識活動。《內觀經》提出泥丸君與識神之本末、先後定位，經文中藏而
未說的，其實就是一般人的識神落於後天，其思慮抉擇之運作未必合乎生命
本然；然則應該藉由存思法修煉到識神返本還源與泥丸君感通，而泥丸君又

〔註217〕《太上老君內觀經》，《正統道藏・洞神部・本文類》冊19，P.85-1至85-2。
〔註218〕《洞眞太上素靈洞元大有妙經・太上道君守元丹上經》，《正統道藏・正乙部》
　　　　冊56，P.192-2。黃老君爲主脾之神，《黃庭內景經・脾長章》有云：「脾長一
　　　　尺掩太倉，中部老君治明堂。」「老君」即指黃老君。
〔註219〕依上清三奇之一的《洞眞高上玉帝大洞雌一玉檢五老寶經・中央黃老君大丹
　　　　先進洞房內經法》：「次存洞房宮，金室紫蓋上，左無英君，右白元君，並紫
　　　　華冠，龍裙鳳帔，中央黃老君，如始生嬰兒，黃繡華衣，三神並坐外向。」
　　　　（《正統道藏・正乙部》冊56，P.168-1）（唐）薛幽棲注：「無英、白元二神
　　　　名也，共居洞房宮，宮在眉間直入二寸，元英亦時在肝，一名公子；白元亦
　　　　時在肺，尊神即重指白元，非別號也。」見《度人上品妙經四註》卷3，《正
　　　　統道藏・洞眞部・玉訣類》冊3，P.66-1。

通於天上主神太一帝君，此即達成仙道中的天人感應，由此順合大道、轉化生命。後世內丹學有所謂修煉即是修成元神用事，不以識神用事，便是因爲識神乃生命中較爲後起的心理層面，去道已遠，而元神則純由先天精氣煉成，與道貫通。後世元神、識神分立之說殆受《內觀經》一系道經所啓發乎？

關於桃孩，在《黃庭內景經・脾長章》已可見：「桃孩合延生華芒。」（唐）梁丘子注引《仙經》曰：「命門臍宮中有大君，名桃孩，字合延。」〔註 220〕《洞眞高上玉帝大洞雌一玉檢五老寶經・太一帝君洞眞玄經存五神法》云：「命門桃君者，攝稟炁之命，此始氣之君也。…精變之始，由桃君以唱，以別男女之兆焉。桃君名孩道康，字合精延，一名命王，一名胞根。白日治在金門五城中，是爲臍中命門下丹田之宮也。」〔註221〕「五城」亦見於《老子中經・第十四神仙》，爲臍之別名，與本經相合。則桃孩即是稟賦於胚胎中，發生生命的精氣之始的神格化，故云「保精根」，這也是爲什麼〈太一帝君洞眞玄經存五神法〉說由桃君來區別生命是男是女。

前論《洞眞九丹上化胎精中記經》，曾提過第七階段的「神位布」可以說是身中諸神各在其位。身中諸神怎麼出現的？《太上老君內觀經》就給予一個理由：命門既然結精生人，命門之神桃孩同樣生出身中諸神：「照諸百節，生百神也。所以周身，神不空也。」用現代的話語可解讀爲，臍宮（命門）乃是一身之中央，職司主持全身，由此處將生命原初能量送達、照護全身，全身器官機能都運作起來，即是桃孩顯化出周身有神。

復次，關於心、腦功能夾雜不清的問題，《太上老君內觀經》重新整理出一個定位，清楚地以天地神靈的職掌判別心與腦：腦中泥丸君照生識神，主宰身體，猶如太一帝君主宰天地；心則改爲司命所居之宮，主人生年壽夭。「司命處心」，與《老子中經》、《洞眞高上玉帝大洞雌一玉檢五老寶經》的說法都不同，本文推想：是因爲腎的位置、功能同命門丹田相近，爲求體系能統一於身體之中軸，故爾把腎藏精的功能化入命門丹田，不再特別言腎；而原本腎主司命便劃歸至交出意識掌控、只餘虛銜的心。《太上老君內觀經》說心「納生元也」，相當於壽命爲司命所管，載於符籍、存於心宮；從「運動住止，關

〔註220〕（唐）梁丘子註：《黃庭內景玉經註・脾長章》卷中，《正統道藏・洞玄部・玉訣類》冊 11，P.206-2。

〔註221〕《洞眞高上玉帝大洞雌一玉檢五老寶經》，《正統道藏・正乙部》冊 56，P.175-1至 175-2。

其心也」而言，此心雖非意識，卻可能和人的行爲舉止、成長變化、個性遭遇等相關。

然而，在《太上老君內觀經》匯整的扼要系統中，我們發現消失的神靈也透露了重要的訊息。原本在《黃庭經》、《老子中經》中很注重的脾胃，所謂黃庭者，已不見於此。黃庭之消失，表示在《太上老君內觀經》的身體體系中黃庭不再是主要架構；更深一層的意思則是，雖然黃庭也位於身體中軸，但以黃庭作爲存思中心的修行系統被另外的系統所取代了，此一系統即是以守三丹田爲主的系統。關於這二點，討論另見第五章第四節。

以下小結本章。依據前文章節，道教在身體的認識架構上基本採用醫家論述的模式，同樣以功能系統各自連屬、歸類；不過，目的不同，輕重亦異。《素問》用十二官來談臟腑，是用來比喻五臟六腑功能的運作與彼此分工合作的配合；《黃庭經》、《老子中經》著眼於修行，故對於身體的架構之理解都考慮對於延命或修仙的幫助上。《黃庭經》援用醫學上的理論後，它本身的理論構造卻與醫家之說大相徑庭，最明顯的地方，便是不再建立在經絡的基礎上。經絡是就人體自然的生理的血氣流動現象而發展出來的理論說明，以十二經，配五臟、六腑、十二時、陰陽。《黃庭經》只局部採用了它的經穴部位說，並參考了它對穴位及功能的講法，而完全不談經絡血氣等問題。〔註222〕

不只是《黃庭經》，六朝的道經都甚少論述一般生命運作上的氣血運行與經絡走向。六朝醫家會談五臟六腑與經脈的關係，照後世內丹學所看，修煉與精、氣運行有關，六朝仙道理應也重視經脈。但事實上談修煉的存思、行氣等方法的道經卻不甚關心醫家經脈學說，仙道理論只關心來自先天的精、氣、神。這或許由於仙道修煉的邏輯只求復返生命根源，相信保養與轉化先天本有的氣、精、神，就可掌握生命運作、令身體不死。扼要言之，精是生命之基礎，有精方孕育生命；氣是流動在身中、維持生命、傳達資訊的中介，有氣則神能使形；廣義的神是生命活動的展現，狹義的神是心理層面的生命活動。六朝道教看「神」的意涵與醫家稍異，比較主張「神」是生來本有的清靜合道之心，故也將神明連用。精、氣、神三者因爲與生命存續密切相關，首重將其保養、存留於人身，則生命便能因此延長不死。至於存思精氣運行，和實際上氣血如何運行，是兩碼子事，故仙道對經脈略而不言。即便到後來內丹理論完備，也僅注重奇經八脈中的任、督、陽蹻，其餘少談。

〔註222〕參龔鵬程著：《道教新論（二集）·黃庭經論》。P.142。

　　仙道對人體的著眼點不同，故關注的焦點也有異。醫家重視五臟甚於六腑，透過表裡與經脈循行關係，將六腑聯繫到五臟，六腑大致屬於同一層次，膽雖說爲奇恆之腑，論述卻不特別標舉出來，至於腦、丹田則幾乎不談。仙道則因其修行理論之發展，於六腑中獨重視膽，且開始關注先秦至六朝醫家原先較略的腦部、黃庭、臍中命門／丹田等部位，甚至逐漸取代了傳統以五臟爲重的存思系統，另立一套身體中軸的架構。這套架構，後來反而回過頭來影響了醫家對腦部、丹田的看法。

　　在仙道中，由於主張身中居住諸神，且天人相應，職官都配合神靈，具有實質意義。道教以爲身中諸神各在器官坐鎮來表示各部位的特色與功能，展現道教認爲人體有一套上與天道呼應、下與修行連結的嚴密系統。這些敘述以象徵的語言勾勒人體器官，與現實生理解剖大相逕庭，顯然不是以肉眼看待身體，或許是修行者內觀所見的景象，或許是神靈所兆示的天機。總之，道教的修行者相信如此的認識比肉眼所見的身體更具功能性、更貼近生命的眞相。將身體配置爲神靈的住所，諸神各在其位的身體觀，與佛教密宗以曼荼羅來認識宇宙眞相，頗有異曲同工之妙。